U0526417

中国零售业生产率测度及影响因素研究

李子文 著

Productivity Measurement and
Influence Factors of Chinese
Retail Industry

中国社会科学出版社

图书在版编目（CIP）数据

中国零售业生产率测度及影响因素研究 / 李子文著. —北京：中国社会科学出版社，2020.10
ISBN 978-7-5203-7433-0

Ⅰ.①中⋯ Ⅱ.①李⋯ Ⅲ.①零售业—劳动生产率—测度（数学）—研究—中国 Ⅳ.①F713.32

中国版本图书馆 CIP 数据核字（2020）第 205022 号

出 版 人	赵剑英	
责任编辑	王 衡	
责任校对	王 森	
责任印制	王 超	

出　　版	中国社会科学出版社	
社　　址	北京鼓楼西大街甲 158 号	
邮　　编	100720	
网　　址	http://www.csspw.cn	
发 行 部	010-84083685	
门 市 部	010-84029450	
经　　销	新华书店及其他书店	

印刷装订	三河弘翰印务有限公司	
版　　次	2020 年 10 月第 1 版	
印　　次	2020 年 10 月第 1 次印刷	

开　　本	710×1000　1/16	
印　　张	15.5	
插　　页	2	
字　　数	216 千字	
定　　价	89.00 元	

凡购买中国社会科学出版社图书，如有质量问题请与本社营销中心联系调换
电话：010-84083683
版权所有　侵权必究

前　言

　　零售业是中国市场经济运行的重要中介和枢纽，是上下游供求信号传递的主要载体，是实现社会商品价值、推动生产和消费两侧相匹配的保障。改革开放以来，尤其是确立社会主义市场经济体制以后，得益于广阔的国内消费市场和低廉的人力成本，中国零售业得到了持续显著的发展，成为整个国民经济健康有序运行的基础性产业，在流通产业乃至国民经济运行过程中的重要性愈发凸显。但 2000 年后，中国零售业开始经历诸多前所未有的冲击。外资全面进入、网络购物兴起以及宏观经济下行，都深刻地改变了零售业发展的内外部环境，特别是在人口红利逐渐殆尽、商业租金持续攀升的背景下，零售业粗放式的增长路径基本走到了尽头。新古典经济增长理论认为，当要素成本相对低廉时，产出的扩大主要依赖于要素投入量的增长；一旦要素红利消失，粗放式增长将难以为继，只有全要素生产率才是经济持续发展的源泉。因此，要想客观、科学地认识中国零售业的发展状况和发展路径，就必须系统地测度和研究零售业生产率的演进过程，深入分析一系列因素对零售业生产率的影响；而对零售经营主体而言，从生产率的角度认识零售活动的发展规律和经营效率改进的路径也至关重要。

　　尽管对零售业生产率的研究具有现实的意义，但在生产率实证研究领域，无论是零售业还是整个流通产业，都不是学者研究的重要对象。这其中存在两个层面的原因。

从理论层面来看，虽然"流通先导论""流通基础产业论"等学界观点肯定了流通产业在国民经济发展中的作用，但"流通不创造价值、不属于生产性劳动"的陈旧观点依然存在，包括零售业在内的流通产业的重要性并没有得到深刻地认识。如果不在理论层面阐明零售活动存在产出、能够创造价值，对零售生产率的实证研究将成为空中楼阁，缺乏坚实的理论基础。

从技术层面来看，学界对包含零售业在内的服务业的产出一直存在概念界定不清的问题。和制造业不同，在零售活动中，零售主体的产出既包含物化的商品，也包含零售服务，而后者既是无形的，也是异质的。如果不能科学、准确地界定和测度零售活动的产出，测度、研究零售生产率自然也无从谈起。

总而言之，迄今为止零售业生产率研究的重要性尚未体现在零售领域的实证研究中。基于这种现状，在理论研究部分，本书综合传统流通理论、营销学和西方经济学的相关理论，系统界定了零售活动及其投入产出的内涵，同时构造了不同层面零售生产率的测度方法。在实证研究部分，本书从行业、企业和零售商店三个存在递进关系的层次，探索零售生产率合意的测度方法，研究影响零售活动生产率的因素。其中，行业层面的研究为政府产业部门认识零售业的发展路径及制定零售产业政策提供依据；企业、商店层面的研究则为零售经营者提供经营决策方面的现实参考价值。

测度和研究零售生产率，必须首先明确零售活动的内涵和特征，界定零售活动的产出、投入和生产率等概念。本书第三章结合传统的流通理论以及营销学、经济学的相关理论，在已有文献的基础上，构造一个零售活动的概念性框架，通过引入"分销服务"的内涵和"零售产出是商品+服务的组合"的观点，界定了零售产出、投入、零售业和零售生产率等一系列相关概念。第三章的研究证明，在行业和企业层面，由于无法测度分销服务，零售销售额（或毛利）可以作为零售产出的测度指标，但只有在满足"零售市场为完全竞争市场""分销服务的需求弹性和成本弹性在企业间同质"两个条件时，用销售额作为产出指标才能准确地估计零售生产率。第三章还对已有的生产率测度方法进行分类，并系统归纳了这些方法的使用范围、优劣和限制条件，从而为全书的实证研究提供了理论基础和方法论基础。

第四章是对中国零售业生产率演进路径和生产率分解的研究。首先系统地归纳了中国零售业经济数据核算的状况。数据核算的状况直接决定了实证研究时间序列的范围和实证方法。考虑到我国流通产业数据核算的特殊性和相关历史原因，对零售业数据结构的梳理非常必要。其次，基于增长核算法，研究我国零售业全要素生产率及其九个子行业的增长路径。最后，利用随机前沿分析方法，对零售业全要素生产率增长率进行测度和分解。基于增长核算法和随机前沿分析方法的研究一致表明，中国零售业发展的两个重要时间节点是2004年外资进入和2008年金融危机，同时全要素生产率增长路径呈现剧烈的波动性和显著的周期性变化。从零售子行业的视角来看，近年来我国零售业全要素生产率增长停滞的主要原因是无货铺零售业、综合零售业、家电产品零售业以及服装日用品零售业的低速发展；从生产率分解的角度来看，全要素生产率变化的核心因素是技术进步和技术效率的变化。此外，研究还表明零售业有典型的规模报酬不变的特征，同时零售资源扭曲配置的现象长期存在。

第四章对零售生产率的测度和分解表明技术效率的变化是零售业生产率内生波动的主要来源，技术效率的大小直接反映了零售技术进步转化为行业产能（或零售产出）的效率。因此，第五章从技术效率的角度出发，研究了一系列零售相关的重要因素对中国零售业发展的影响：第一，连锁化经营是否通过规模效应和资源整合促进了中国零售业的发展？第二，外资进入对中国零售业产生怎样的影响？第三，网络购物是否对传统零售业造成了不利的冲击？连锁化经营、外资进入和网络购物的兴起，是中国零售业2000年之后最具代表性的重要事件，更是业界、政府所关注的行业焦点。实证研究显示，在行业层面，连锁化经营并没有体现出显著的正面效应，零售连锁化程度的提升与技术效率之间存在的弱关联性恰恰反映出当前连锁经营规模不足所带来的负面效应；外资进入虽然显著地促进了中国零售业的技术效率，但这一效应呈现倒"U"形变化，过多和过少的外资引入都限制了正面效应的充分释放，因此零售业外资引入必须因时制宜，因地制宜，注重外资政策的灵活性；网络购物尽管直接冲击了实体零售业，但对实体零售业的技术效率却有显著的促进作用，同时这一作用随时间呈现"U"形变化，这一正面效应可能来源于效率低下的实体零售商加快退出行业，也可能体现出实体零售企业为应对网络购物冲击而积极引入线上渠道、利用互联网技术改进自身效率的过程。

第六章检验了实体零售企业的"触网"策略是否显著地提升了零售生产率。这一章为第五章关于网络购物影响的研究提供了重要的实证证据。根据第五章的推论，网购冲击可能倒逼实体零售企业积极"触网"引入线上渠道，以改善经营效率。第六章则回答了实体零售商是否应当"触网"以及选择何种策略"触网"的问题。基于2013年中国连锁百强零售企业的数据，通过构造产出距离函数，第六章实证检验了"触网"策略对实体零售商绩效的影响。研究显示，"触网"确实对零售企业的技术效率产生了正面影响；同时，和自建网站相比，与第三方平台合作是更好的"触网"模式。这一结论在控制零售企业的人力资源水平、范围经济性和组织形式的情况下依然高度显著。第六章的研究对许多依然处于观望状态的实体零售商具有重要的启示。在电子商务如火如荼的现代零售行业，实体零售商应如何面对网络购物的冲击、是否需要引入线上渠道以及选择何种方式"触网"，这一系列问题都在本章的实证研究中得到了验证。第六章的研究数据来源于我国连锁零售百强企业的经营数据，因此结论具有较高的代表性、可信度和借鉴意义。

第三章到第六章的研究主要集中在行业和企业的层面，还未涉及零售活动的微观主体——零售商店。第七章则是对零售商店生产率的研究。这一章主要分为两个部分：首先，第七章实证地检验了零售分销服务在零售活动的微观作用机制，证明了"零售产出是商品＋服务的组合"的观点，验证了本书基于分销服务的概念对零售产出和生产率进行研究的微观理论基础。通过引入消费者满意度理论中"期望失验"的假设，第七章证明：分销服务在零售活动中的作用呈现"分销服务→期望失验→消费者满意度→单次购买额→总需求"的链式机制；零售商的分销服务策略和价格策略对消费者的购物频次并没有直接的显著影响。

其次，根据对分销服务作用的实证研究，第七章利用灰色关联分析方法测度得到零售商店的分销服务水平，并进一步构建了零售商店生产率的测度方法。研究表明，由于同一连锁零售企业内的商店存在高度统一经营的复制性特征，传统文献中使用的数据包络法有效性不足，而超效率数据包络模型则可以有效甄别不同商店之间经营绩效的差异。第七章还发现，商店的技术效率和利润率有显著的正向关联，这说明把技术效率作为商店绩效的测度指标，和零售经营者利润最大化的目标是相一致的。最后，研究还表明，在商店技术效率的测度过程中，如果忽略分销服务水平、地理便利性、收银台数量以及营销广告费用等变量，将直接导致对商店绩效评估出现显著的偏误，因此基于分销服务的概念构建完善的零售投入产出指标对商店绩效的评价至关重要。在经营理念快速迭代、行业环境变化剧烈的现实下，零售企业的经营者必须及时地评估和把握零售商店的绩效。从这个角度讲，第七章的研究对零售企业制定经营策略、发展目标和绩效考核标准具有现实的指导意义。

总体来看，本书的理论贡献主要体现在以下三个方面。

第一，本书为零售生产率的实证研究提供了完善和坚实的基础。无论是对零售活动和投入产出等概念的界定，还是对零售数据核算情况的梳理，都将为零售生产率的进一步研究提供有益的参考和借鉴。

第二，本书首次从较长的时间跨度，系统、直观地展示了我国零售业的发展路径和影响因素，从而进一步深化了对零售发展规律的认识。

第三，在国内零售领域的研究中，本书首次引入了最微观的零售个体——零售商店，实证验证了分销服务在零售活动中作用机制，构造了适用于零售商店的生产率测度方法，这使得本书的研究兼具学术价值和实践价值。

本书是笔者在攻读中国人民大学商学院商业经济学博士的博士论文基础上，进一步修改完善而成的研究成果。全书成文和修改的时间历时约两年，包含了笔者对零售行业发展现实问题多年的思考和认识。全书研究的核心思想深受美国马里兰大学经济系教授罗格·R.贝当古《零售与分销经济学》一书及其相关研究的影响，力求结合传统流通经济学理论和西方经济学的研究范式，剖析零售活动及零售业生产率的本质，并用中国零售业宏观、微观层面的数据解释中国零售业的发展现实和问题。在全书研究撰写过程中，得到中国人民大学商学院刘向东教授、石明明副教授的帮助和指导，以及常亮博士、李敏瑞博士等人的宝贵修改意见，使笔者受益匪浅，在此均致以诚挚的谢意。

本书学术主题和观点一方面来自于和相关领域专家的学术讨论；另一方面来自于和零售企业家、管理者直接沟通交流的过程。从实证角度研究零售业及其生产率，虽然存在理论依据和数据来源等方面的诸多制约，但依然有进一步研究的空间和意义。笔者虽着力构建由宏观到微观、从理论到实证的零售业生产率研究框架，但由于水平、笔力有限，一定还存在许多不足之处，恳请读者给予批评指正。

目 录

第一章 导论 ……………………………………………… (1)
  第一节 研究背景与意义 ……………………………… (1)
    一 现实背景 ……………………………………… (1)
    二 理论意义 ……………………………………… (5)
  第二节 文献综述 ……………………………………… (8)
    一 国外研究 ……………………………………… (9)
    二 国内研究 ……………………………………… (21)
  第三节 研究框架 ……………………………………… (23)

第二章 零售生产率研究的基本概念 ……………………… (26)
  第一节 零售活动 ……………………………………… (26)
    一 马克思主义政治经济学视角下的零售活动 ……… (26)
    二 西方经济学、营销学视角下的零售活动 ………… (31)
  第二节 零售生产率 …………………………………… (35)
  第三节 零售产出 ……………………………………… (37)
    一 零售业和零售企业的产出 …………………… (39)
    二 商店维度的零售活动产出 …………………… (45)
  第四节 零售投入 ……………………………………… (46)
  第五节 零售业 ………………………………………… (48)

第三章　零售生产率研究的实证方法 (51)

　　第一节　确定性方法 (52)

　　　　一　增长核算法 (52)

　　　　二　指数测算法 (56)

　　　　三　数据包络法 (61)

　　第二节　计量估计方法 (70)

　　　　一　随机前沿分析 (71)

　　　　二　代理变量法 (76)

　　第三节　技术效率与全要素生产率变化的分解 (81)

　　第四节　总结 (87)

第四章　中国零售业生产率演进及分解 (89)

　　第一节　中国零售业发展状况概述 (89)

　　第二节　数据核算和指标构建 (93)

　　　　一　零售业的数据核算 (94)

　　　　二　指标构建 (96)

　　第三节　零售业全要素生产率的演进过程
　　　　　　——基于增长核算法 (100)

　　第四节　零售业全要素生产率的测度和分解
　　　　　　——基于面板随机前沿方法 (107)

　　第五节　总结 (116)

第五章　基于随机前沿模型的中国零售业技术效率影响因素研究 (117)

　　第一节　相关研究简述 (119)

　　第二节　模型构建和变量选取 (120)

　　　　一　连锁化经营 (122)

　　　　二　外资进入 (125)

三　网络购物 …………………………………………（126）
第三节　数据收集和处理 ……………………………………（128）
第四节　实证结果及讨论 ……………………………………（129）
一　连锁化经营与技术效率 …………………………（129）
二　外资进入与技术效率 ……………………………（132）
三　网络购物和技术效率 ……………………………（136）
四　行业竞争、金融危机的影响 ……………………（139）
第五节　总结 …………………………………………………（140）

第六章　实体零售商"触网"策略对技术效率的影响 ………（142）
第一节　实体零售商"触网"相关研究简述 ………………（144）
第二节　基于实体零售商"触网"策略的模型构造 ……（146）
第三节　实证研究的数据来源 ………………………………（151）
第四节　实证结果分析和讨论 ………………………………（152）
一　模型Ⅰ——随机前沿模型 ………………………（152）
二　模型Ⅱ——DEA – Tobit 估计 ……………………（154）
三　稳健性讨论 ………………………………………（156）
四　对实体零售商"触网"策略的进一步讨论 ……（157）
五　其他相关问题的讨论 ……………………………（159）
第五节　总结 …………………………………………………（160）

第七章　零售商店的生产率研究
　　　　——基于分销服务的概念 …………………………（162）
第一节　分销服务在零售活动中的作用机制
　　　　——消费者满意度的视角 ……………………（163）
一　相关研究综述 ……………………………………（164）
二　基于消费者满意度和分销服务的理论框架 ……（168）
三　实证分析方法 ……………………………………（172）

　　　　四　实证结果 …………………………………………… (178)
　　　　五　小结 ……………………………………………… (189)
　　第二节　商店生产率研究 ………………………………… (191)
　　　　一　商店投入产出的测度 …………………………… (193)
　　　　二　商店效率测度 …………………………………… (199)
　　　　三　商店绩效指标的比较 …………………………… (203)
　　　　四　产出投入指标的重要性探析 …………………… (204)
　　第三节　总结 ……………………………………………… (205)

第八章　结论和展望 …………………………………………… (208)
　　第一节　主要结论和建议 ………………………………… (208)
　　第二节　研究创新点、不足和展望 ……………………… (211)

参考文献 …………………………………………………… (214)

附　录 ……………………………………………………… (232)

第一章 导论

第一节 研究背景与意义

一 现实背景

零售业通常被包含在广义的流通业中。马克思政治经济学的流通理论认为，发达的商品流通过程存在买卖行为在时间、空间上的断裂[①]。这种断裂来源于商品与消费者在时间、空间维度上匹配的不确定性。流通业则承担了弥补商品流通"时空缝隙"的任务。随着社会商品流通活动发展水平的提升，专业化经济催生了流通业的进一步分工，零售业由此诞生。一方面，零售商从生产商或批发商处购买商品，帮助生产商提前获得货币资本，缩短其生产过程的周期；另一方面，零售商直接面向商品最终的消费者，在合适的时间、地点，以合适的交易方式为消费者提供合适的商品，从而实现商品向货币"惊险一跃"的最后一步。在整个消费和生产匹配的流通过程中，零售业承担了最后也是最关键的一道环节。

长期以来，零售业都是中国市场经济运行的重要中介和枢纽。市场经济的本质是通过交换经济实现社会资源有效配置，而商品供需信号的传递是市场经济正常运行的前提条件。零售业作为与最终消费者直接接触的流通主体，可以了解、掌握第一手关于消费者消费结构和

---

① 晏维龙：《马克思主义流通理论当代视界与发展》，中国人民大学出版社2009年版。

消费习惯变化的信息，从而在与上游生产商、批发商的交易过程中逆向传递市场供求信号，保障市场经济机制的顺利运行。

从中国宏观经济的角度来看，近20年来零售业销售总额占国内生产总值（Gross Domestic Product，GDP）的比重从不到5%上升至14%左右（图1.1），零售业从业人口占全国从业人口的比重从不到1%增长至近2%（图1.2）。一方面，零售业直接作用于满足人民日益增长的物质需求，从供给端拉动内需；另一方面，作为劳动要素密集和知识门槛较低的行业，零售业在吸纳普通劳动力就业方面有着天然的优势，尤其考虑到中国地区教育水平发展的不均衡和低人力资本素质劳动力就业困难的问题，零售业在吸纳低水平闲置劳动力、降低社会失业率方面的作用更显得不可或缺。

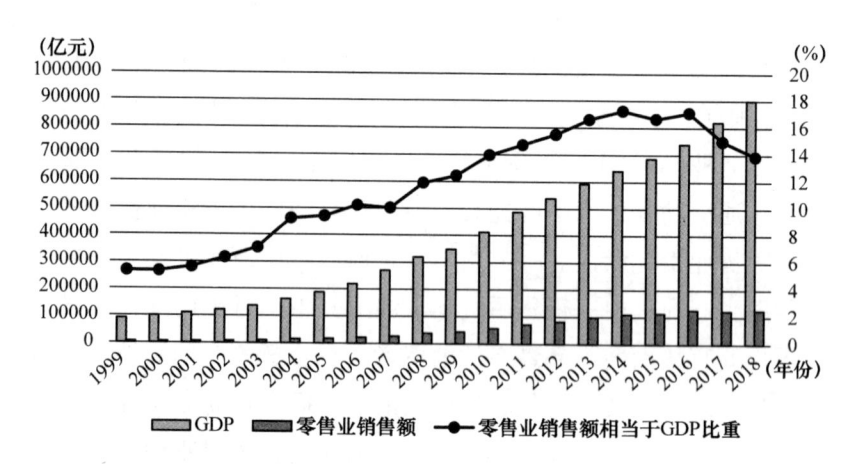

图1.1 零售业销售额、国内生产总值（GDP）和零售业销售额占比

注：零售业销售额与国内生产总值均采用以可变价计算的数值。

资料来源：历年《中国统计年鉴》。

改革开放以来，得益于广阔的国内消费市场和低廉的人力成本，中国零售业得到了持续显著的发展，成为整个国民经济健康有序运行和顺畅流通的基础性产业。进入21世纪以后，中国零售业开始经历一系列冲击和变革。近15年来，零售业面临的外部挑战和冲击主要可以概括如下：一是2004年年底起中国零售业对外资全面开放，外资企业开始大规模涉足中国实体零售市场和商业地产，带来大量新型零售业态，业内人士纷纷惊呼"狼来了"[①]。二是网络购物成为消费者的重要购物方式，国民消费习惯的变化极大地冲击了实体零售企业的经营业态和模式，一些实体零售企业的线下门店逐渐成为线上电商的"试衣间"和"展示柜"。三是中国GDP增速，2012年破"8"、2015年破"7"，开始进入经济新常态，逐渐由高速增长阶段转向高质量发展阶段，宏观经济的下行压力和实体经济的发展困境对社会总体内需水平，既而零售业的发展造成了显著的负面影响。国家统计局的数据显示，中国社会消费品零售总额增长率从2008年的22.7%一路走低，下跌到2015年的9.0%，支撑零售业持续高速发展的内需市场增长趋势持续放缓。

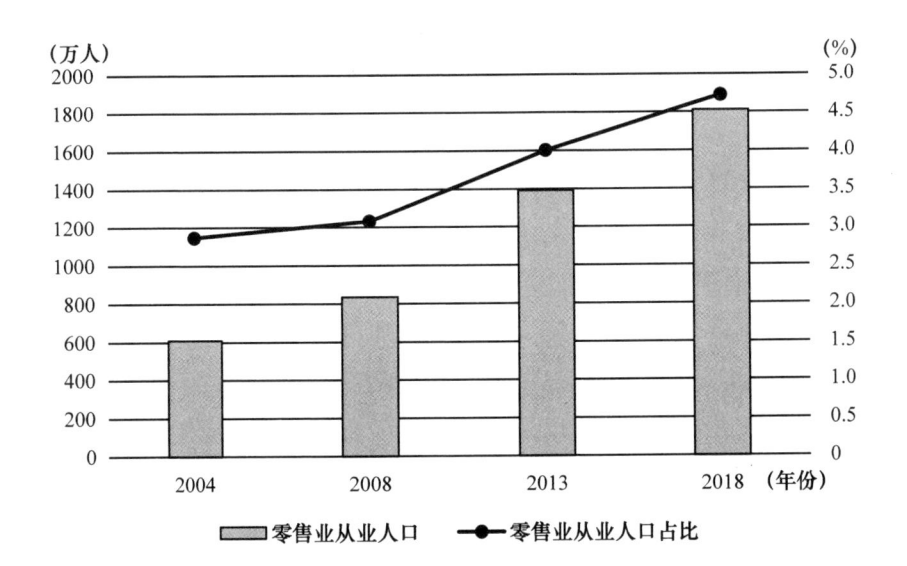

图1.2 零售业从业人口状况

注：零售业小而散的特点使得限额以上零售企业从业人数的数据大大低估了零售业真实的从业人数，故此处引用经济普查的数据。

资料来源：2004年、2008年、2013年和2018年的四次经济普查公报。

---

① 荆林波：《外资进入中国零售业：狼来了》，联商网2004年12月3日。

除了上述三方面的冲击之外，要素投入成本的增长，尤其是人工、水电、店铺等价格（租金）的刚性上扬也使得零售企业举步维艰。中国连锁经营协会和德勤中国联合发布的《2014—2015年中国连锁零售企业经营状况分析报告》显示，截至2014年，规模以上的连锁零售企业平均销售增幅下滑到5.1%，净利润率则跌至2.08%。另据中国连锁经营协会发布的《2018年连锁行业发展趋势调查报告》，超过80%的受访企业认为，房租、人力成本居高不下是当前阻碍企业进一步发展的最大障碍。近年来，一大批超市、服装百货、社区便利店等零售企业由于持续亏损而陷入关店潮，百盛、沃尔玛、华润万家等知名企业均列在其中①。

在最近短短十余年内，中国零售业遭遇到的变化和挑战是前所未有的。从产业发展和规模增长的本质规律来看，中国零售业增长速度的放缓和停滞，带有一定的必然性和客观性。从新古典经济增长理论的视角来看：在要素成本相对低廉时，产出的扩大可以简单地依赖于要素投入量的增长；一旦要素红利消失，粗放式增长的潜力殆尽，进一步的经济增长必须依靠全要素生产率（Total Factor Productivity，TFP）的增长和要素资源配置方式的转变。中国零售业的企业家们曾以每年翻番的门店扩张速度开启中国零售业高速增长的"黄金十年"，并以此完成一线到二线城市的攻城略地，这种野蛮成长的前提条件是消费市场具有高速增长的潜力，以及劳动力、商铺店面等低廉的成本。如今，中国零售业的现实状况是：本土实体零售商、外国零售巨头和电子商务企业之间的竞争日益激烈，新业态新模式快速迭代、成长周期大幅缩短，一旦某种零售业态和模式形成良好的市场反馈，就必然在短时间内吸引大量社会资本涌入，新形成的"蓝海市场"迅速变为"红海市场"。宏观经济形势的下行进一步为社会消费的增长施加了预算约束，"消费市场广阔"的机遇条件逐渐趋弱。从

---

① 赵向阳：《独家解析关店潮：中国零售业集体彷徨》，联商网2014年8月8日。

要素供给来看，2010年起中国15—59岁劳动年龄人口总量达到峰值并开始逐年减少，长期支撑零售业高速发展的廉价劳动力存量难以维持；大部分零售企业门店多在2004—2008年的零售连锁发展黄金期开店，近年来则开始普遍面临十年租期到期的问题，不得不承受新一轮高租金的商业地产成本。这些现实的经济、社会条件，正是中国零售业粗放式增长难以为继的外部原因，也客观要求中国零售业未来的持续增长和高质量发展必须依赖要素配置方式的优化和TFP的提高。

考虑到零售业生产率对整个行业发展的重要意义，对零售业生产率进行系统客观的研究具有相当的现实性、必要性和紧迫性。遗憾的是，这方面的系统性研究在国内流通学界的已有文献中并不多见。本书力图解决、剖析关于零售业生产率的三方面问题：零售业的生产率（或产出）的概念和合意的测度方法是什么？中国零售业生产率呈现怎样的变化趋势？影响中国零售业生产率的因素有哪些？对这三方面问题的剖析和研究，将深化对零售活动和零售业增长规律的认识，为中国零售业增长方式的转变提供产业政策方面的支持，也为新的经济、行业背景下零售企业的经营活动提供具有决策价值的参考建议。

二 理论意义

（一）零售活动的概念界定

对零售活动的界定和讨论，可以追溯到马克思主义政治经济学的社会流通理论。马克思主义流通理论将流通中介在商品流通过程中的保管费用、运输费用以及用于簿记、货币的费用均视作生产上的"非生产费用"或"非生产性费用"，并提出"一切只是由商品的形式转化而产生的流通费用，都不会把价值追加到商品上"[①]，这实质上认为包括零售商在内的流通中介仅仅承担了转移、保存商品的角色，并没有实质性的产出和价值。长期以来，马克思主义流通理论中"流通

---

① 马克思：《资本论》（第2卷），人民出版社2004年版，第167页。

不创造价值、不属于生产性劳动"的观点一直根深蒂固[①]。界定流通活动的产出、明确流通活动创造的价值,是流通理论应当解决的问题。从中国现代流通理论研究来看,尽管不少学者重点研究了流通业内涵的界定、发展规律、产业功能及组织形式[②],认识并肯定了流通产业的重要性,但迄今为止还少有研究从理论内涵的层面讨论流通产业的产出概念和价值问题。就零售业而言,无论是马克思主义流通理论,还是以其为传承、建立于苏联流通理论范式基础上的中国流通经济理论,都没有系统地研究过零售活动的本质和价值;国内已有的零售业生产率研究也往往回避了对零售活动产出、投入概念的讨论,并不加辨析地把生产率测度的方法套用在零售业生产率的研究上。

承认零售活动存在价值和产出,系统地界定零售产出和生产率的概念,是研究零售业生产率的基本前提。本书在理论方面的贡献包含以下两点。

第一,从零售活动的本质出发,结合马克思流通理论的相关概念和零售与分销经济学的研究框架,将零售产出界定为"商品+服务"的组合。这一定义的基本内涵是:零售企业之所以能够通过低价买入、高价售出商品来获利,是因为零售活动通过提供与消费过程相适应的一系列零售分销服务,减少了消费者在消费活动中付出的成本,为消费者创造了价值。只有明确零售活动在销售商品时提供了服务、创造了价值,才能形成对零售产出的正确认识。

第二,基于零售产出尤其是"分销服务"的概念,结合零售业数据统计的特点和零售企业会计标准,构造行业层面、企业层面和零售商店层面的投入、产出数据结构。投入、产出的数据结构是零售业生产率测度和影响因素研究的数据基础,对投入、产出指标的构造方式

[①] 陈建中:《中国流通经济体制改革新探》,人民出版社2014年版,第3页。
[②] 黄国雄:《流通新论》,《商业时代》2003年第4期;刘国光:《推进流通改革加快流通业从末端行业向先导性行业转化》,《商业时代》1999年第1期;纪宝成、李陈华:《对中国流通产业安全的几点认识》,《经济理论与经济管理》2012年第1期。

直接影响实证研究结论的准确性和可靠性,特别是如果忽略了零售产出中"分销服务"的部分,很可能低估零售活动的生产率。

(二)零售业生产率的测度

综观中国生产率问题的相关实证文献,可以看到生产率实证研究主要聚焦于宏观经济或者制造业[1],对服务业领域的研究则相对较少[2]。零售业作为服务业或第三产业的子行业,对其生产率的系统实证研究就更加少见了。这其中可能存在下列两方面的原因。

第一,尽管长期以来流通学界一直强调流通产业在国民经济中的重要作用,但经济学界和国家政策部门对流通产业重要性的认识依然有所欠缺。中国著名经济学家黄国雄教授曾提出,流通效益是社会效益,流通实现是社会价值的实现[3]。零售作为商品流通过程和商品价值实现的最后一环,本应当受到经济学者的重点关注。但目前商业经济学或者零售经济学的研究在国内尚未成为一门"显学",对零售行业进行实证研究的学者也并不多。从已有的零售业生产率研究文献来看,一些面向产业层面的零售生产率研究尚未曾触及零售业外资进入、电子商务冲击、连锁规模化发展、"互联网+"转型升级等业界和政府产业部门热切关注的问题;面向企业层面的零售生产率研究则往往从管理案例分析、财务指标核算的相关指标出发,构建零售活动

---

[1] 郭庆旺、贾俊雪:《中国全要素生产率的估算:1979—2004》,《经济研究》2005年第6期;颜鹏飞、王兵:《技术效率、技术进步与生产率增长:基于DEA的实证分析》,《经济研究》1997年第12期;李小平、朱钟棣:《国际贸易、R&D溢出和生产率增长》,《经济研究》2006年第2期;蒋殿春、张宇:《经济转型与外商直接投资技术溢出效应》,《经济研究》2008年第7期;余淼杰:《中国的贸易自由化与制造业企业生产率》,《经济研究》2010年第12期。

[2] 刘丹鹭:《国际化与服务企业生产率:微观层面的分析》,《南京社会科学》2012年第11期;刘丹鹭:《什么影响了服务业的生产率?——一个研究综述》,《产业经济评论(山东)》2013年第3期;王婧:《我国服务业生产率的变动轨迹及启示(1978—2012)——基于DEA技术的省际分析》,《中国社会科学院研究生院学报》2014年第5期;王恕立、滕泽伟、刘军:《中国服务业生产率变动的差异分析——基于区域及行业视角》,《经济研究》2015年第8期。

[3] 黄国雄:《流通效益是社会效益,流通实现是社会价值的实现》,《北京工商大学学报》(社会科学版)2013年第1期。

的投入产出框架，缺乏经济学特别是产业组织生产率研究范式的理论基础。可以说，现有的零售业生产率研究并没有体现零售业特有的行业特征，未反映零售业发展的现状和业界的重要关切，研究结论也因此缺乏现实意义。

第二，生产率研究需要以投入产出数据为基础，以经济模型和计量方法为手段，以现实经济问题为导向；而零售生产率实证测度最大的问题是数据的可获得性。零售业在产业层面的数据通常存在统计口径变化和行业分类变化导致的数据不连续的问题；企业层面和零售商店层面的数据则难以获得。数据核算和统计方法的问题直接制约了零售领域的研究者对包括生产率研究在内的一系列零售实证主题的系统、完整分析。

针对已有研究的缺陷，本书基于零售活动的投入产出指标，建立从宏观到微观，从零售产业到零售企业、零售商店的生产率研究框架，构造了不同层次的零售生产率测度方法。在行业层面，本书全面地展示了2000年以来中国零售业生产率的演进过程和驱动因素的变化，并从零售技术效率的角度探讨连锁化经营、外资进入和网络购物（电子商务）等问题对整个行业的动态影响；在企业层面，本书验证了包括"触网"在内的一系列经营策略对实体零售企业绩效的影响；在零售商店层面，本书不仅实证地检验了分销服务在零售活动中的作用机制，验证了"分销服务是零售活动重要产出"的观点，而且构造了零售商店绩效评估的方法，为零售企业改进经营效率提供参考借鉴。总体而言，遵循从宏观的产业层面到微观的企业、商店层面的路径，本书的实证研究大大拓展了零售业生产率研究的研究范围和研究价值。

第二节 文献综述

本部分旨在系统归纳综述迄今为止国内外关于零售业生产率的主

要研究,用以支撑本书的实证研究,也为对零售业生产率感兴趣的读者提供参考。

一 国外研究

从研究对象的范围来看,国外零售业生产率的研究可以分为行业研究和个体研究两个方面:前者主要聚焦于行业层面发生的普遍变化因素对零售业生产率的影响;后者则关注零售个体组织(如零售企业、零售商店等)的经营策略对零售生产率的作用。因此,可以将国外相关文献分为零售宏观生产率研究和零售微观生产率研究两个方面。

(一)零售业宏观生产率研究

零售业宏观生产率研究文献主要关注两个问题:零售业整体生产率的变化趋势;行业层面的因素对零售业生产率的影响。

(1)对零售业整体生产率变化趋势的研究

这部分研究主要包括各国产业统计部门的研究报告,以及一些国别间零售业生产率的比较研究。在西方发达国家的产业体系中,零售业具有吸纳就业、顺畅商品流通的重要作用,因此西方发达国家贸易、商业领域的政府部门一贯保持对零售业发展状况和发展趋势的关注。以美国为例,2005年起美国零售业从业人数已经开始超过制造业[1];截至2015年,美国零售业从业人数和销售额分别占美国总劳动人口和GDP的6%和10%[2]。美国劳动统计局(US Bureau of Labor Statistics, BLS)长期测度并监控零售业及其子行业的劳动生产率(Labor Productivity, LP)和TFP的变化趋势。

包括美国、英国、法国、澳大利亚等发达国家在内的多国政府统

---

[1] Manser M. E., "Productivity Measures for Retail Trade: Data and Issues", *Monthly Labor Review*, 2005, 128 (7), pp. 30–38.

[2] Ratchford B. T., "Retail Productivity", in Basker E., *Handbook on the Economics of Retailing and Distribution*, Edward Elgar, 2016, pp. 54–69.

计部门连续多年统计、测度零售业生产率的两个重要指标——劳动生产率指数（Index of Labor Productivity，LPI）和全要素生产率指数（Index of Multifactor Productivity，TFPI）。其中，LPI 指每小时工作时长（或每人）所对应产出的增长率，TFPI 指每一个加权投入单位（资本、劳动要素加权所得）对应附加值（或销售额、毛利）的增长率[1]。因此，如果要测度零售业的 TFPI，必须解决多类型要素投入加权的问题，因为不同种类的要素投入（如资本和劳动）无法直接进行加总。目前，美国劳动统计局使用的加权方法为经典的汤氏加权法（Tornqvist Aggregation）：首先，将劳动按照教育水平、工作经验、性别进行分类，基于不同类别劳动力工资占总劳动工资的比重进行汤氏加权；其次，将资本分为 42 项设备、21 项非住宅建设、9 项住宅资本、库存以及土地，基于不同类别资本的收益占资本总收益的比重进行汤氏加权[2]；最后，将得到的加权劳动和加权资本通过汤氏加权法进行加总，即可得到零售业的加权投入，产出的变化率减去加权投入的变化率，即得 TFPI。

美国劳动统计局的生产率测度方法与新古典增长理论中索洛余项的计算方法是相一致的。当要素市场完全竞争程度较高且各类要素的规模收益不变时，要素的成本等于要素的边际收益产品，此时美国劳动统计局的生产率测度方法意味着零售生产函数满足传统的柯布道格拉斯函数形式，得到的 TFPI 指数满足"技术中性"的假定。目前，英国、法国、澳大利亚等国家的行业部门均采用美国劳动统计局的方法对零售业的 TFPI 进行测度[3]。

然而，各国对零售业 TFPI 的测度在技术上存在两方面的问题。

---

[1] US Bureau of Labor Statistics, Productivity Measures: Business Sector and Major Subsectors, in BLS Handbook of Methods, 1997, pp. 89 – 98.

[2] US Bureau of Labor Statistics, Technical Information about the BLS Multifactor Productivity Measures, 26 September, 2007, Washington, DC. .

[3] Johnston A., Porter D., Cobbold T., et al., "Productivity in Australia's Wholesale and Retail Trade", *SSRN Electronic Journal*, 2001.

一是价格平减的问题。作为零售产出指标的销售额和毛利通常是名义货币值,必须经过相应的价格指数平减,销售额和毛利才能真实地反映商品的数量。当销售额作为零售产出指标时,可以用零售价格指数(Retail Price Index, RPI)进行平减。然而,当使用毛利作为产出指标时,由于毛利由商品的总销售额减去进货总额得到,并不直接代表零售商销售或买进商品的数量,因此用 RPI 或生产者物价指数(Producer Price Index, PPI)对毛利的名义货币值进行平减时会产生偏误。美国劳动统计局构造了一种双重平减方法(Double Deflation),对零售商品不同的进货来源(批发商、国内生产商、国外进口)进行区分,利用其各自权重及对应的商品买进时的价格水平,构造了"零售毛利价格指数",使得销售额和毛利在各自作为衡量零售产出的指标时可以使用不同的平减方式。实际上,从实证结果来看,用 RPI 对毛利直接进行价格平减,并没有对零售产出和生产率的测度造成显著的影响[1]。

零售业生产率测度的另一个问题是如何构建零售业的产出和投入指标。零售活动的产出和投入存在固有的对应关系,选定产出指标就意味着选定了对应的投入。例如,如果把购进的商品也作为零售活动的一种投入,就必须用销售额而非毛利来作为零售活动的产出。因此,构建零售投入产出指标的一个核心问题是:应当选用销售额、毛利还是附加值作为零售活动产出的测度指标。美国一些零售领域的学者比较了不同投入产出指标对准确测度零售生产率的影响,如 Manser 总结了将销售额和毛利分别作为零售产出的优点和不足[2],Oi 也深入地讨论了两种产出指标的区别[3]。对这一问题,本书将在第三章进行

---

[1] Timmer M. P., Inklaar R., Ark H. H. V., "Alternative Output Measurement for the US Retail Trade Sector", *Monthly Labor Review*, 2005, 128 (7), pp. 39 – 45.

[2] Manser M. E., "Productivity Measures for Retail Trade: Data and Issues", *Monthly Labor Review*, 2005, 128 (7), pp. 30 – 38.

[3] Oi W., "Retail Trade in a Dynamic Economy", paper prepared for "Measuring the output of retail trade", unpublished paper presented at the Brookings Institution Workshop on productivity measurement in the services sector, 2000, Washington, DC..

详细的分析。

　　基于零售业的 LPI 和 TFPI 两项指标，一些国外学者重点研究了各国的零售业生产率变化，以及国别之间零售率生产率差异存在的原因。研究表明，20 世纪 80 年代以来，各国之间经济增长及宏观经济生产率的差异，在很大程度上能够由零售、批发等贸易部门发展状况及生产率的差距所解释[1]，因此对零售业生产率的国别差异的探讨具有非常重要的意义。国别之间的零售业生产率比较主要以美国零售业作为参照。麦肯锡全球研究所关于英、法、美国零售业生产率比较的研究表明，英国相对于美国和法国在零售业劳动生产率上的差异，15% 应当归结于英国零售业的劳工结构——英国零售企业雇用了更高比例的临时工和兼职工，因此其劳动生产率相对较低；法国的劳动成本极高，为了在保证效率的前提下雇佣尽可能少的劳动力，法国的零售企业倾向于用完善的培训系统提升其员工的技能水平和熟练度，因此法国零售业的劳动生产率远高于美国、英国等国家[2]。McGuckin 等以及 Gordon 把欧洲零售业整体生产率低于美国的原因归因于欧洲各国政府的对零售业市场进入和劳动要素流动的管制政策，这些政策导致零售企业无法形成足够的规模经济，也阻碍了零售业内部形成进入退出的优胜劣汰机制，对零售业生产率的提高形成负面影响[3]。Griffth 以及 Flath 的研究也论证了上述观点[4]。Reynolds 认为，管制政策、竞争环境、城市特征和消费者偏好的差异共同导致了英国和美

---

[1] Gordon R. J., "Why was Europe Left at the Station when America's Productivity Locomotive Departed?", C. E. P. R. Discussion Papers, 2004.

[2] Lewis B., Ballek M., Craig C., et al. "Driving Productivity and Growth in the UK Economy", *Management Services*, 1999 (1), pp. 8 – 14.

[3] McGuckin R. H., Spiegelman M., Van Ark B., "Perspective on a Global Economy: the US Advantage in Trade Performance; How can Europe Catch-up?", The Conference Board, 2005; Gordon R. J., "Why was Europe Left at the Station when America's Productivity Locomotive Departed?", C. E. P. R. Discussion Papers, 2004.

[4] Griffith R., Harmgart H., "Retail Productivity", 2004 – 11 – 1, https://core.ac.uk/download/pdf/6470240.pdf; Flath D., "Regulation, Distribution Efficiency, and Retail Density", NBER Working Papers, 2003, 128 (4), pp. 1547 – 1584.

国、法国之间生产率的差异;价格昂贵的商业地产、信息通信技术(ICT)在零售业缓慢地扩散以及较低的资本劳动比是造成英国零售业劳动生产率偏低的原因[1]。Timmer和Ypma研究了1980—2002年美、日、英三国的零售业生产率变化趋势,发现英国和日本的零售业生产率明显低于美国,同时这一差距随着时间的推移越来越大[2]。总体而言,零售业生产率在国别间的差异,往往反映了不同国家的零售市场结构、劳动力差异以及行业制度环境的区别。

(2)对行业层面零售业生产率影响因素的研究

这方面的研究通常基于微观企业层面的普查数据,验证行业层面的因素对零售业生产率的影响。国外的相关文献主要研究了四个方面影响零售业生产率的因素。

一是扫描仪及相关信息通信技术的广泛普及。在零售业现代发展历史上,商品条码和扫描仪的使用是一个标志性事件,是推动大规模连锁超市发展和零售自动化转型的主要动力。来自美国人口普查局经济研究中心的著名零售经济学家Basker等曾利用1972年、1977年和1982年全美零售普查数据,分析了扫描仪的广泛运用对全美食品零售店生产率的影响,其研究表明扫描仪的安装和应用使得食品零售店生产率平均增加了4.5%[3]。佐治亚大学教授Park利用全美超市普查面板数据检验了信息技术对食品零售业的影响,计量结果表明决策共享技术(Decision Sharing Technologies)显著地提升了超市的生产率,而数据共享技术(Data Sharing Technologies)和营销技术(Technologies for product assortment, pricing and merchandising decisions)并没有

---

[1] Reynolds J., Howard E., Dragun D., Rosewell B., Ormerod P., "Assessing the Productivity of the UK Retail Sector", *International Review of Retail, Distribution and Consumer Research*, 2005 (3), pp. 237-280.

[2] Timmer M. P., Ypma G., "Productivity Level in Distributive Trade: A New ICOP Dataset for OECD Countries", *Groningen Growth and Development Centre*, 2006, No. GD-83.

[3] Basker E., Klimek S., Van P. H., "Supersize It: The Growth of Retail Chains and the Rise of the 'Big-Box' Store", *Journal of Economics & Management Strategy*, 2012, 21 (3), pp. 541-582.

起到明显的作用①。

二是大型连锁零售商的范围经济性和规模经济性。国外零售业的发展实践表明，大型连锁零售商的出现和迅速发展往往会对当地零售业"散而小"的传统市场结构形成显著冲击，特别是大型连锁零售商市场份额的快速上升使得竞争力不足的小型零售企业被迫退出市场，间接加速零售业优胜劣汰的过程。而大型连锁零售商之所以具有较强的竞争力，与其显著的范围经济性和规模经济性直接有关：范围经济性指随着零售商店面积的扩大和销售商品数量、品类的增多，销售单个（或单种）商品需要花费的货架管理、导购、结算等活动成本会被不断分摊，从而提升零售活动的经营效率；规模经济指零售连锁企业能够通过规模化地复制商店、推行零售管理模式，而随着商店数量的扩张，零售管理的经验和方法持续积累和优化，并进一步复制推广到新的商店，实现经营效率的提升②。范围经济性和规模经济性使得大型连锁零售企业具有远高于小型零售企业或商店的生产率。相应的，大型连锁零售商市场份额的上升将提升零售业整体的生产率——这一现象在多国零售行业的相关研究中得到论证。例如，Haskel 和 Sadun 利用英国零售经济普查的数据对英国的零售业生产率的变化进行研究，发现英国政府在 20 世纪 90 年代推行的零售业管制政策显著地制约了大型连锁零售企业的发展，进而使得英国零售业整

---

① Park T. A., King R. P., "Evaluating Food Retailing Efficiency: The Role of Information Technology", *Journal of Productivity Analysis*, 2007, 27 (2), pp. 101 – 113.

② 著名经济学家奥利弗·威廉姆森认为，大企业不能通过把自己"复制"成与市场上经营效率较高的小企业完全相同的小企业集合，理由是随着企业规模扩大，企业内部科层的横纵向关系不断复杂，信息传递成本持续增加，形成个人机会主义动机、激励弱化、官僚主义等问题，因此大企业（或总部）很难对"复制"后的小企业（或分部）进行有效的管理和干预。欧阳文和、聂正安等我国学者认为，连锁零售企业能够克服威廉姆森提出的"复制和选择性干预的不可能性"，通过规模复制，即开设标准化的单店进行扩张，形成规模经济性。参见欧阳文和《零售企业规模复制可能性定理的实证与理论——沃尔玛案例及其启示》，《云南社会科学》2009 年第 6 期。

体的生产率在20世纪90年代中后期出现明显下降①；Basker研究了美国最大的连锁零售商——沃尔玛集团生产率的变化，发现沃尔玛集团的整体劳动生产率从1982年到2002年增长了54.5%，而除沃尔玛以外，整个美国零售业的劳动生产率仅仅增长了18.5%，由此反映出大型连锁零售企业对零售业生产率增长的贡献②。Basker等在另一项实证研究中进一步揭示了大型连锁零售商迅速发展的内在机制：大型连锁零售企业的范围经济性和规模经济性可以互相增进，即企业在经营规模扩大后有动机扩充所销售商品品类的范围，反之亦然；另一方面，范围经济性和规模经济性能够强化信息通信技术对零售企业生产率的提升作用，大幅度减少信息通信技术在零售场景下开发和应用的平均成本③。

三是零售企业（或商店）在行业内的进入退出机制。在生产率研究领域，企业的进入退出是行业层面生产率变化的主要原因。在理想的市场竞争"优胜劣汰"机制下，生产率低于某个"门槛值"的企业会由于竞争力不足、经营亏损而退出市场，生产率较高的企业能够持续作为在位者在行业中生存并获取利润——这一过程在行业层面表现为生产率的整体提升。从相关文献来看，大部分学者主要研究制造业领域的企业进入退出对行业整体生产率的影响④。对流通领域的研究并不多。在零售生产率研究领域，关于企业进入退出的研究存在较大困难，因为零售业的进入退出不仅仅发生在企业层面，更多地发生在零售商店层面，即零售企业常常通过关闭生产率较低、经营绩效不

---

① Haskel J., Sadun R., "Regulation and UK Retailing Productivity: Evidence from Microdata", *Economica*, 2012, 79 (315), pp. 425-448.

② Basker E., "The Causes and Consequences of Wal-Mart's Growth", *Journal of Economic Perspectives*, 2007, 21 (21), pp. 177-198.

③ Basker E., Klimek S., Van P. H., "Supersize It: The Growth of Retail Chains and the Rise of the 'Big-Box' Store", *Journal of Economics & Management Strategy*, 2012, 21 (3), pp. 541-582.

④ Olley G. S., Pakes A., "The Dynamics of Productivity in the Telecommunications Equipment Industry", *Econometrica*, 1992, 64 (6), pp. 1263-1297.

佳的商店来提升企业整体的生产率，进而对行业的生产率产生影响。零售经营具有小而散的特点，一些大型连锁零售企业常常在广阔的地域范围、甚至跨国布局开设零售商店，因此对零售企业商店进入退出数据的采集有着天然的难度。目前，国外针对零售业内进入退出效应的研究主要以个别年份（而非连续年份）的零售业普查数据为基础。例如，Foster 和 Krizan 基于美国 1982 年、1987 年、1992 年的零售普查数据，检验了零售组织（包括零售企业和零售商店）的进入退出对整个零售业劳动生产率的影响，其研究表明 1987—1997 年美国零售业生产率的变化很大程度上是由零售组织的进入退出导致的；持续在位零售企业的扩张（主要为新建连锁商店）和生产率较低零售企业的持续退出是美国零售业劳动生产率增长的主要原因[①]。Haltiwanger 等进一步研究发现，以大卖场为经营业态的零售企业进入市场，通常会导致单店[②]和小型连锁企业的商店逐步退出市场[③]。由于大型零售商的生产率水平显著高于小型零售商，因此当小型零售商退出市场而大型零售商持续扩张时，零售业整个行业的生产率得到显著提升。

四是政府部门制定的零售管制政策。从国外零售政策的情况来看，美国的零售市场相对而言比较自由，政府规制政策极少，英国、日本则较早地出台了限制零售企业规模的一系列法律法规，其中最著名的法规当属日本的《大店法》。Kato 分析了日本《大店法》在 2000 年修订后，其新增的行业管制政策对零售业生产率的影响，发现 2000 年的行业管制政策显著地降低了日本零售业整体的全要素生产率，且导致零售企业全要素生产率的分布更加分散，大型零售企业和

---

① Foster L., Krizan J. H. J., "Market Selection, Reallocation, and Restructuring in the U. S. Retail Trade Sector in the 1990s"，*The Review of Economics and Statistics*，2006，88（4），pp. 748 – 758.

② 即非连锁、非特许、独立经营的零售商店。

③ Haltiwanger J., Jarmin R., Krizan C. J., "Mom-and-Pop meet Big-Box: Complements or Substitutes？"，*Journal of Urban Economics*，2010，67（1），pp. 116 – 134.

中小零售企业的生产率差距被进一步拉大①。Haskel 的研究发现，1997—2003 年，英国零售业管制政策的实施直接导致其国内连锁零售企业全要素生产率的下降②。英、日两国零售管制政策主要侧重于限制零售企业开设商店的面积，并为大型零售企业进入市场设置严苛的审查门槛，因此这些管制政策主要限制了大型连锁零售企业的发展。而管制政策最终往往对零售业生产率增长形成负面效果，也从侧面反映出大型零售企业具有相对较高的生产率，是零售业生产率增长的主要动力来源。

（二）零售企业和商店生产率研究

零售业生产率的微观研究主要采用"基准比较"（Benchmarking Comparision）方法研究零售企业和零售商店等零售组织之间生产率的差异③。所谓"基准比较"方法的一般思路是：基于构造距离函数（Distance Function），得到研究对象或决策单元（Decision-making Unit，DMU）的"相对生产率"。在生产率基准比较研究中，"相对生产率"通常被称为技术效率（Technical Efficiency，TE）。基准比较通常有两种方法：一是数据包络法（Data Envelopment Analysis，DEA），DEA 是一种线性规划的非参数方法，主要衡量在给定投入下 DMU 的相对产出效率，对比的基准是一组 DMU 中最优效率的单位；二是随机前沿分析（Stochastic Frontier Analysis，SFA），SFA 是一种参数估计方法，主要测度在给定投入下经济个体的产出相对于其自身潜在产出水平的差距，对比的基准是 DMU 自身潜在的产出前沿。从已有文献来看，零售业生产率的微观研究主要使用 DEA 和 SFA 两种方法，通

---

① Kato A., "Productivity, Returns to Scale and Product Differentiation in the Retail Trade Industry: An Empirical Analysis Using Japanese Firm-level Data", *Journal of Productivity Analysis*, 2012, 38 (3), pp. 345 – 353.

② Haskel J., Sadun R., "Regulation and UK Retailing Productivity: Evidence from Microdata", *Economica*, 2012, 79 (315), pp. 425 – 448.

③ Ratchford B. T., "Retail Productivity", in Basker E., *Handbook on the Economics of Retailing and Distribution*, Edward Elgar, 2016, pp. 54 – 69.

过构建适用于零售活动的投入产出指标体系，测度零售企业或商店的技术效率，并研究与零售经营实践直接相关的一系列因素对零售技术效率的影响。这方面研究常常把零售企业或商店的特征（如面积、地理位置、经营者个人信息）和决策（如促销支出、经营时长等）作为研究对象，因此研究结论对零售经营者有现实的参考意义和实践价值。

佐治亚州立大学市场营销学教授 Donthu 在 1998 年发表了针对零售商店技术效率的论文，这是最早把 DEA 方法引入零售业生产率微观研究的文献之一[1]。这篇文献明确提出零售活动区别与传统制造业生产活动的"多投入多产出"的特征，并在此基础上利用距离函数和 DEA 方法测度了零售商店的技术效率。Donthu 指出，传统的零售生产率研究主要关注劳动生产率，但劳动生产率仅仅体现了单位劳动或劳动时间的平均销售额，却忽略了其他要素投入的作用，也没有考虑其他可能反映零售商店产出的指标（如消费者满意度等）。Donthu 将"消费者满意度"和"销售额"两项指标作为产出，"商店面积""店长工作经验""商店位置"和"促销支出"四项指标作为投入，对同一连锁品牌的零售商店进行了技术效率的基准比较分析。Donthu 的主要贡献在于他最早提出使用 DEA 方法和基准比较的思想对零售微观个体（即零售商店）的生产率进行测度。在此以后，DEA 方法被广泛应用于零售经营效率的研究，为大量零售企业提升经营绩效、改进决策提供了重要的技术手段和参考依据。Sellersrubio 和 Másruiz 以 Donthu 的研究为基础，研究了单位面积库存投资、人均工资水平和企业年龄等因素对西班牙食品零售业技术效率的影响，其中单位面积库存投资反映了商店的品类水平，人均工资水平则反映了零售企业平均的人力资源水平[2]。研究证明，单位面积的库存投资和人均工资

---

[1] Donthu N., Yoo B., "Retail Productivity Assessment Using Data Envelopment Analysis", *Journal of Retailing*, 1998, 74 (1), pp. 89 – 105.

[2] Sellersrubio R., Másruiz F. J., "Technical Efficiency in the Retail Food Industry: The Influence of Inventory Investment, Wage Levels, and Age of the Firm", *European Journal of Marketing*, 2007 (5 – 6), pp. 652 – 669.

水平均显著地促进食品零售店的技术效率，但进入市场较长时间的食品零售店却并没有呈现出更高的效率水平。

同一连锁零售企业内部不同连锁商店的生产率也是一个极具参考价值的研究命题。连锁零售企业需要通过评估不同商店的经营效率，及时淘汰或整改经营效率不佳的商店，同时推广效率较高商店的经营经验，提升企业整体的生产率。美国迈阿密大学教授 Grewal 等研究了一家名列"财富世界 500 强"的美国大型连锁零售企业的经营效率。他们将商店经营费用、面积和存货作为投入、销售额作为产出，测度了该企业旗下 59 个商店的生产率[1]。Grewal 认为，采用 DEA 方法可以得到每个零售商店相对于绩效最好商店的相对生产率，因此 DEA 方法能够帮助连锁零售企业总部的管理者确定每个商店的改进策略和目标，而传统的回归估计方法或财务分析方法不具备这样的优点，因此利用 DEA 测度零售生产率，对于零售经营者具备现实的参考价值。Grewal 还发现，不同地区的商店在销售不同品类商品时，零售效率存在差异，即某些地区的商店更善于销售特定品类的商品——这可能与不同地区消费者的消费习惯差异有关。如果仅仅把商店为零售活动生产率测度的基本单位，则可能忽略这种差异，错误地评估商店的绩效；如果把销售特定品类商品的效率作为研究对象，则能够帮助零售企业调整不同区域销售的品类组合，从而更好满足当地消费者的差异化需求。

随机前沿分析（SFA）是零售业生产率微观研究常用的另一种方法。如美国雪城大学教授 Gauri 基于 SFA 方法研究了零售企业的价格策略（Price Strategy）和业态策略（Format Strategy）对零售活动生产率的影响，其结论表明沃尔玛是美国各大连锁零售企业中技术效率最高的企业，这和其他相关研究的结论一致[2]。同时，不同业态的连锁

---

[1] Grewal D., Levy M., Mehrotra A., et al., "Planning Merchandising Decisions to Account for Regional and Product Assortment Differences", *Journal of Retailing*, 1999, 75 (3), pp. 405 – 424.

[2] Gauri D. K., "Benchmarking Retail Productivity Considering Retail Pricing and Format Strategy", *Journal of Retailing*, 2013, 89 (1), pp. 1 – 14.

零售企业在生产率方面呈现出显著的差异性，如购物中心和超市、专卖店相比具备更高的技术效率。这一结论为零售商选取不同的业态组合、提升企业整体效率提供了重要的参考价值。

还有一些文献讨论了 DEA 和 SFA 两种方法在不同的零售业生产率研究情境中的适用性及其优化和改进的方向。匹兹堡大学教授 Kamakura 等最早开展了这方面的研究[1]。他认为，在比较不同地区商店的生产率时，商店面对的消费者往往有不同的消费习惯和收入水平，而消费者的异质性会使得商店之间的效率比较存在困难，如在收入水平普遍较高的地区，商店的客单价可能更高，相应的经营效率也可能更高，收入水平较高地区商店对应的产出前沿应当高于收入水平较低地区的商店。因此，应当为不同地区商店构造不同的产出前沿，以进行基准比较分析和生产率测度。Kamajura 等引入了一种新的 SFA 方法——模糊聚类回归（Fuzzy Clusterwise Regression），通过构造模糊聚类的超越对数成本函数对商店进行分类，为每一个类别的商店分别构造单独的产出前沿，使得对商店技术效率的测度更加贴近其现实的绩效水平。这一研究为不同业态、不同地区和不同市场定位的零售商店的生产率测度提供了可行的方法。

Donthu 在其 1998 年的研究基础上，进一步讨论了 DEA 方法在零售生产率研究中的优势和不足[2]，他认为 DEA 方法最大的优势是可以包含多个产出，而零售活动的产出恰恰包括商品和服务等多个维度的内涵，与 DEA 方法的特点相契合；但是作为一种不包含随机误差项的非参数方法，DEA 对异常值和随机冲击非常敏感，如果把经营环境或业态特殊的零售商店放入样本，可能影响所有商店生产率的测度。与 DEA 方法相比，SFA 方法允许随机因素的存在，但一般只允

---

[1] Kamakura W. A., Lenartowicz T., Ratchfrord B. T., "Productivity Assessment of Multiple Retail Outlets", *Journal of Retailing*, 1996, 72 (4), pp. 333 – 356.

[2] Donthu N., Hershberger E. K., Osmonbekov T., "Benchmarking Marketing Productivity Using Data Envelopment Analysis", *Journal of Business Research*, 2005, 58 (11), pp. 1474 – 1482.

许单项产出指标,对零售产出的刻画存在局限。针对 SFA 方法的不足,Park 基于距离函数,构造了一个多产出的零售 SFA 生产函数模型,拓展了 SFA 方法在零售生产率测度研究中的适用范围[①]。葡萄牙市场营销学者 Vaz 在零售商店生产率研究中引入了网络 DEA 方法（Network DEA）[②]。Vaz 认为,零售商店为了尽可能提升经营效率,会不断优化资源（例如货架空间）在不同业务（例如销售不同品类的商品）之间的分配。Vaz 通过构造一个两阶段的网络 DEA 方法,测度了一家连锁零售企业旗下商店的生产率,研究表明通过优化每个商店内部空间的布局,能够在不增加投入的情况下大幅提升商店的零售额。

二 国内研究

国内关于零售业生产率的实证研究相对较少。如果把实证研究所使用数据的类型作为划分维度,可将国内的相关文献分为两类：

一类是基于地区层面数据的研究,此类研究重点考察地区经济社会指标和人口统计学数据对地区零售业整体生产率的影响。代表性的文献有：徐健和汪旭晖利用 DEA-Tobit 方法,以 2006 年中国 30 个省份的地区零售数据为样本,研究了地区 GDP、居民可支配收入和外商投资对零售业技术效率的影响[③];刘培标利用 SFA 方法,研究了 2005—2011 年中国物流成本、居民可支配收入、行业竞争、人力资本以及外商投资等因素对零售业技术效率的影响[④];雷蕾利用 SFA 方

---

① Park T. A., King R. P., "Evaluating Food Retailing Efficiency: The Role of Information Technology", *Journal of Productivity Analysis*, 2007, 27 (2), pp. 101–113.

② Vaz C. B., Camanho A. S., Guimarães R. C., "The Assessment of Retailing Efficiency Using Network Data Envelopment Analysis", *Annals of Operations Research*, 2010, 173 (1), pp. 5–24.

③ 徐健、汪旭晖:《中国区域零售业效率评价及其影响因素:基于 DEA-Tobit 两步法的分析》,《社会科学辑刊》2009 年第 5 期。

④ 刘培标:《零售业全要素生产率增长、纯技术效率及其影响因素》,《商业经济研究》2013 年第 35 期。

法，基于2001—2012年中国30个省份的限额以上零售业数据，研究了地区零售业的技术效率及影响因素，其结论表明地区的物流业发展程度、居民消费能力、外商投资情况和人力资本均对地区零售业的技术效率产生正面影响，同时各地的技术效率存在一定的收敛性，技术效率差距呈现逐渐缩小的趋势[1]。

另一类是基于上市零售企业数据的研究，此类研究侧重分析国内上市零售企业财务数据对生产率的影响。代表性的文献有：方虹等利用30家零售业上市公司1999—2007年的面板数据，将零售上市公司的全要素生产率分解为技术进步和技术效率，结论显示零售上市公司的全要素生产率逐年显著提高，生产率提高的主要来源是技术进步而非技术效率[2]；樊秀峰和王美霞利用2009年22家零售上市企业的数据，研究了零售企业净资产收益率、产权结构、资产负债率和上市时间等因素对全要素生产率的影响[3]；汪旭辉和徐健测度了1998—2007年中国零售业上市公司生产率，并研究了不同地区的零售上市公司在生产率及其变化趋势方面的差异性[4]。

对比国外零售业生产率的相关文献，可以看到目前国内零售业生产率的研究尚处于起步阶段，研究的局限性和缺陷非常明显。

一是研究命题与零售业的行业特点关联度小。和国外零售业生产率的研究相比，国内已有研究不仅很少关注零售行业特有的变化和冲击（如外资进入、电子商务冲击、连锁化经营、特定技术创新和应用等）对零售业生产率的影响，而且几乎没有文献对中国本土零售企业经营过程中的策略（如商店位置、面积、品类管理等）和提升零售

---

[1] 雷蕾：《我国零售业技术效率及影响因素的实证研究——基于2001—2012年30个省份限额以上零售业的数据》，《北京工商大学学报》（社会科学版）2014年第6期。

[2] 方虹、冯哲、彭博：《中国零售上市公司技术进步的实证分析》，《中国零售研究》2009年第1期。

[3] 樊秀峰、王美霞：《我国零售企业经营效率评价与微观影响因素分析——基于22家百强零售上市公司的实证》，《西北大学学报》（哲学社会科学版）2011年第3期。

[4] 汪旭晖、徐健：《基于超效率CCR-DEA模型的我国物流上市公司效率评价》，《财贸研究》2009年第6期。

经营效率的路径进行研究，这导致研究命题和内容相对匮乏，与国内零售企业的发展实际相脱节，研究结论乏善可陈、缺乏现实意义和参考价值。

二是实证研究缺乏严谨的理论基础。国内已有文献在研究零售业生产率时常常忽视了对零售活动概念的讨论，在实证过程中也缺乏对零售产出投入的指标构建和实证方法的严谨分析和甄别。如果简单地把生产率研究方法套用在零售业生产率的研究上，可能在选取投入产出指标和实证方法时忽略了零售活动的特点，继而影响研究结论的科学性和可靠性。例如，DEA 和 SFA 的使用各有其限定条件，但国内文献很少根据研究对象（零售业、零售企业、零售商店）对这两种实证方法区别使用，缺乏对实证方法适用性的讨论分析；再例如，零售企业作为一种流通中介，其要素投入具有特殊性，投入和产出也有特定的对应关系，国内相关文献常常把销售额作为零售活动的产出指标，但忽略了"零售商从批发商买入的商品"也是一种投入，导致投入和产出指标不对应，从而错估真实的生产率。

三是缺乏自上而下、由产业到企业的系统研究框架。国内已有文献很少有对中国零售业生产率整体变化趋势的系统分析，也缺乏对零售微观主体——零售企业和商店经营活动效率的研究。这其中既有零售业微观数据缺失的客观原因，也有包括零售业在内的流通产业长期不受主流经济研究领域重视的主观原因。

零售业生产率领域已有文献存在的问题和研究空白，正是本书主要关注的内容。

第三节 研究框架

本书的研究包含理论研究和实证研究两个部分。其中，理论研究部分以第三章为主。作为全书的理论基础和方法论基础，第三章主要包括两个方面的内容。一是对零售活动相关概念的界定。测度和研究零售生产率，必须首先明确零售活动的内涵和特征，界定清楚零售活动的产出、投入和生产率等概念。第三章从传统流通理论和市场营销学、产业经济学的视角，在已有文献的基础上构造一个零售活动的概念性框架，同时界定了零售产出、投入、零售生产率等一系列相关概念，明确了全书实证研究中相关数据、指标的构造方法。二是基于零售业的特点，对各种生产率测度方法进行系统地对比和选取。第三章依次介绍和概述了生产率研究文献中常用的测度方法，这些方法主要包括增长核算法、指数测算法、数据包络法、随机前沿分析和代理变量法。基于三个不同的角度（是否为确定性方法、是否为多产出方法、是否为前沿分析方法），第三章对不同的生产率测度方法进行分类，系统地讨论这些方法在测度零售业生产率时的适用范围、优劣势和限制条件，从而指导本书实证部分的研究。

第四章至第七章是本书的实证研究部分。第四章利用增长核算法和随机前沿分析方法，对零售业全要素生产率增长率进行分解，研究其变化的来源，从而在宏观层面展示中国零售业生产率的演进路径。第五章基于2006—2013年中国零售业的省级面板数据，利用随机前沿方法研究了三方面的问题：一是连锁化经营是否通过规模效应和资源整合促进中国零售业的发展；二是外资进入对中国零售业产生怎样的影响；三是网络购物是否通过对传统零售业造成了不利的冲击。综合来看，对这三方面问题的研究，与中国零售业发展的历史和现实状况，与零售企业和政府部分近年来关注的焦点话题直接相关。为了应对网络购物的冲击和国民消费习惯的快速变化，中国实体零售商逐渐开始选择引入线上的销售渠道，因此实体零售商是否应当"触网"、选择何种策略"触网"，成为行业和学界亟待检验的现实问题。第六章基于2013年中国连锁百强零售企业的数据，利用产出距离函数、随机前沿分析方法和数据包络法，实证地检验了实体零售企业的"触网"策略对零售企业生产率的影响。第七章基于"分销服务"的概念和消费者满意度研究领域中"期望失验"的假设，构造了一个包含分销服务、消费者满意度以及消费者消费行为在内的理论框架，并基于超效率 DEA 模型构造了零售商店技术效率的测度方法，检验了不同的投入产出指标在零售商店效率测度过程中的重要性，从而为零售企业经营者评价商店绩效和改进运营策略提供参考。

全书的技术路线如图 1.3 所示。

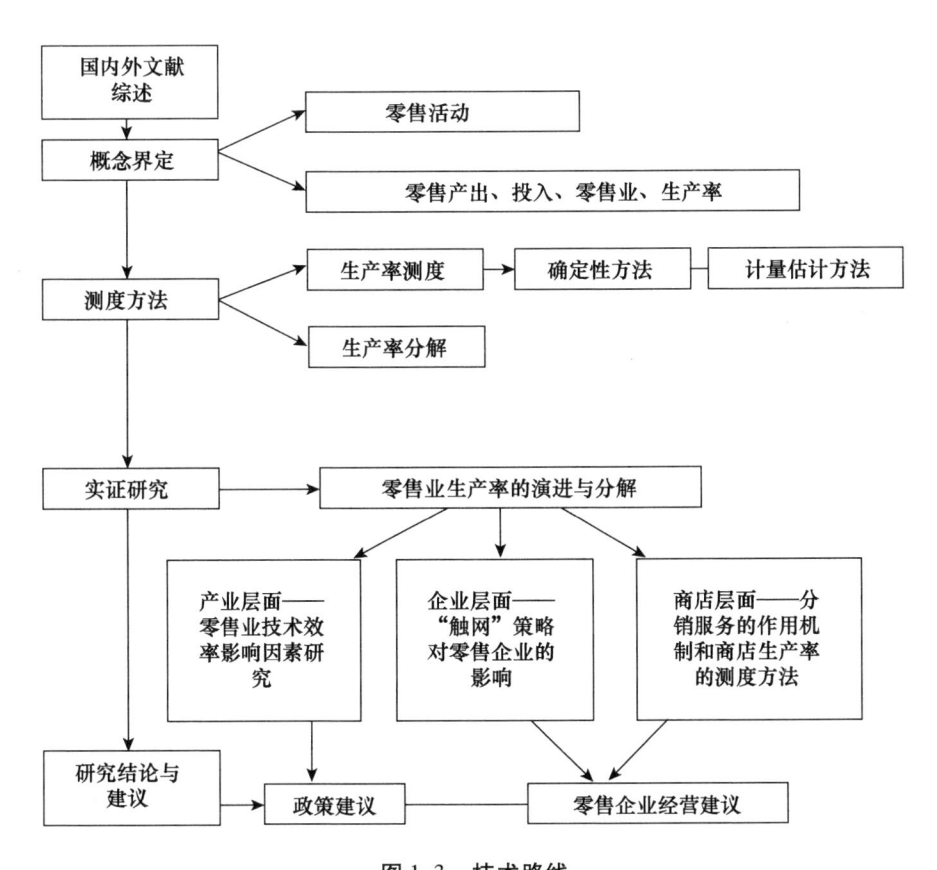

图 1.3 技术路线

第二章 零售生产率研究的基本概念

本章主要界定零售活动、零售投入产出、零售生产率等与零售业生产率研究直接相关的基本概念，为全书的实证研究提供理论和方法论基础。

第一节 零售活动

零售活动的内涵直接决定了零售投入和产出的界定范围以及相关指标的构建和选取方法，对零售活动内涵的界定是正确测度零售生产率的基本前提。从已有文献来看，国内外学者关于零售活动内涵的分析主要从马克思主义政治经济学、西方经济学、市场营销学等学科视角出发，其出发点和侧重点各有所不同。

一 马克思主义政治经济学视角下的零售活动

辨析零售活动的本质内涵，首先要辨析范畴更广的流通活动的本质内涵。本部分主要结合马克思经典著作的表述及其思想，分析"流通活动是否属于生产劳动"和"流通活动是否创造价值"两个方面的问题。

首先分析"流通活动是否属于生产劳动"的问题。马克思对生产劳动的概念有多种不同的表述。邓先宏等认为，马克思经典著作中的生产劳动概念可划分为三个层次[①]：第一个层次指一般生产劳动，"如果整个过程从其结果的角度，从产品的角度加以考察，那么劳动资料和劳动对象表现为生产资料，劳动本身则表现为生产劳动"。[②] 第二个层次指商品生产劳动，即创造价值的劳动。"如果我们把劳动能力本身撇开不谈，生产劳动就可以归结为生产商品、生产物质产品的劳动。"[③] 第三个层次指再生产出生产关系的生产劳动，即体现生产的社会性质的劳动。如《资本论》中讲的不生产剩余价值的劳动不是生产劳动。"从资本主义生产的意义上说，生产劳动是这样一种雇佣劳动，它同资本的可变部分（花在工资上的那部分资本）相交换，不仅把这部分资本（也就是自己劳动能力的价值）再生产出来，而且，除此之外，还为资本家生产剩余价值。"[④] 这里所讲的生产劳动侧重于资本主义生产关系的再生产。

从第二个层次来看，由于运输、零售、批发等流通活动并不生产具体的物质——商品，因此马克思似乎把包括流通领域在内的非物质领域的劳动排除在生产劳动的范畴之外——这也是后来许多马克思主义学者认为流通活动不是商品生产劳动、不创造价值的原因。然而，马克思也指出，"除了采掘工业、农业和加工工业以外，还存在着第四个物质生产领域……这就是运输业"[⑤]，在运输活动中"劳动对象发生了某种物质变化——空间的、位置的变化"，即商品位置的变化也被视作生产"物质"的过程。这一论述大大延伸了生产劳动的概念范畴，运输业由此也可以被归入生产劳动的范畴。

虽然马克思没有分析批发、零售等运输业之外的流通活动是否属于生产劳动，但如果用马克思论述运输业与生产劳动关系的逻辑来间

[①] 邓先宏、傅军胜、毛立言：《对劳动和劳动价值理论几个问题的思考》，《经济研究》2002年第5期。
[②] 《马克思恩格斯选集》第2卷，人民出版社1995年版，第180页。
[③] 《马克思恩格斯全集》第26卷Ⅰ，人民出版社1972年版，第164页。
[④] 同上书，第142页。
[⑤] 同上书，第444页。

接地分析流通活动的内涵,易得出"流通活动也是生产劳动"的结论,因为运输、批发、零售等流通活动的共同特点之一恰恰在于通过改变商品的"空间的、位置的变化"(这种变化被马克思视作"物质变化"),使得商品跨越地理界限从生产者到达消费者,最终完成从商品到货币的"惊险的跳跃"①。

马克思的另一个重要论述则进一步扩展了"生产劳动"的外延。他指出:"生产劳动就是一切加入商品生产的劳动(这里所说的生产,包括商品从首要生产者到消费者所必须经过的一切行为),不管这个劳动是体力劳动还是非体力劳动(科学方面的劳动)。"②流通活动广义地包括商品从离开生产者到最终抵达消费者之前的环节,自然可以被归入"从首要生产者到消费者所必须经过的一切行为"。换而言之,生产活动和流通活动共同构成了生产劳动的全部内涵。由此可见,流通活动属于生产劳动。

下面讨论"流通活动是否创造价值"的问题。关于此问题的讨论依然可以沿用马克思分析运输业的逻辑。马克思认为,在整个商品运输过程中,劳动对象即商品位置的变化使得"它的使用价值也起了变化……商品的交换价值增加了,增加的数量等于使商品的使用价值发生这种变化所需要的劳动量……商品一到达目的地,它的使用价值所发生的这个变化也就消失,这个变化只表现为商品的交换价值提高了,商品变贵了。虽然在这里,实在劳动在使用价值上没有留下一点痕迹,可是这个劳动已经实现在这个物质产品的交换价值中……在这个领域里,劳动也体现在商品中,虽然它在商品的使用价值上并不留下任何可见的痕迹"。③流通活动也呈现相同的性质。以零售活动为例,零售商通过购进商品、分类陈列、定价、促销等一系列服务,不仅使得商品的位置发生变化,还使得消费者更容易找到所需要的商

---

① 《马克思恩格斯全集》第23卷,人民出版社1972年版,第124页。
② 《马克思恩格斯全集》第26卷Ⅲ,人民出版社1974年版,第476页。
③ 《马克思恩格斯全集》第26卷Ⅰ,人民出版社1972年版,第445页。

品，直接促成从商品到货币的"跳跃"，可以认为在此过程中商品的使用价值发生了变化；一旦零售商与消费者的交易过程结束，商品产权完成转换，那么商品使用价值的变化就消失了，其变化表现为商品交换价值的提高——这也是零售商可以以较低价格购入商品而以较高价格售出商品的根本原因；商品交换价值增加的数量等于零售商在零售活动中促使商品使用价值发生变化所需要的劳动量，这个劳动量一部分决定于不变资本的消耗，即加入商品的已经被物化的劳动量；另一部分决定于零售商的活劳动量，这一点与其他的商品价值增值过程的情况是一样的①。由此可见，包括零售活动、运输活动在内的流通活动既创造使用价值、也创造交换价值，虽然在商品交易完成之后其创造的使用价值消散了，但这部分消散的使用价值转换为交换价值，依然体现在商品中。邓先宏等也提出，应当把商品的纯粹流通过程和流通领域的劳动相区别，即商品在流通过程中价值的增加不意味着商品价值量（或物化的劳动量）的变化，这部分新增的价值是在生产过程之外的、由流通领域的劳动凝结形成的②。

综上所述，根据马克思经典著作及其观点，流通活动不仅属于生产劳动，而且也创造价值。因此，流通活动中的零售活动也是创造价值的生产劳动。从零售活动本身来看，零售活动是社会化大生产背景下流通活动的信息流、商流、资金流、物流等具体活动专业化分工的产物，是直接推动商品资本和货币资本流通过程顺利实现的动力来源。从零售活动的产出来看，零售商出售的不仅仅是物化的商品本身，还包括与商品相关的一系列其他属性，包括商品包装的变化、商品时间和空间的变化、商品的交易场所和交易方式、商品价格和特征信息的展示等——正如马克思认为商品空间的、位置的变化是一种

---

① 周振华：《现代经济中生产劳动内涵及其外延扩展》，《上海经济研究》2002年第10期。
② 邓先宏、傅军胜、毛立言：《对劳动和劳动价值理论几个问题的思考》，《经济研究》2002年第5期。

物质变化一样，这些属性使得商品发生了不同的物质变化；而消费者永远不可能剥离这些物质变化，单独地对物化的商品进行消费，同时不同消费者对商品的物质变化的需求各有不同。例如，在居民私家车保有量较高的城市，消费者倾向于大包装的商品以便于一次性大量购入，而私家车保有量较低城市的消费者更愿意购买小尺寸包装的商品，消费者特征的差异客观要求零售商实现商品包装形式的物质变化；再如，消费者几乎很少从批发商处直接购买商品，更多的是在分布更加分散、密度更高的零售商店内完成交易，零售商向消费者出售的不仅是商品本身，还有商品地理位置的变化。

毫无疑问，将物化的商品和商品的物质变化割裂开来，对消费者的消费活动是不现实的。当且仅当商品以适当的地点、时间、交易方式呈现给消费者时，商品对消费者才有现实的使用价值，商品的交换价值才能够真正体现。剥离了必要的物质变化的商品很难完成从商品到货币的"惊险的跳跃"，因为消费者没有意愿或者需要耗费大量成本才能与零售商完成交易过程和商品产权的转换。因此，只有物化的商品与其时空属性、交易场所、交易方式等物质变化相结合，才真正构成消费者所需要的"商品"。综上可以认为，零售商出售的"广义的商品"包括物化的商品和一系列与商品消费过程直接相关的物质变化（时空属性，交易场所，交易方式等）——这是马克思政治经济学视角下零售活动产出的真正内涵。一个完整的零售活动如图 2.1 所示。

如果说零售活动的本质是创造价值的生产劳动，零售活动的产出是"广义的商品"（商品及其非物质变化的总和），那么零售商就可以理解为"为消费者提供物化商品及其非物质变化的经济个体"。"广义的商品"包含着比物化商品更高的价值量（这些价值量显示为商品的非物质变化）；这些新增的价值量与其他价值增值过程一样，耗费了零售商的必要投入。需要注意的是，马克思把流通过程中的投入统称为流通费用，但他将流通费用区分为纯粹的流通费用和保管费

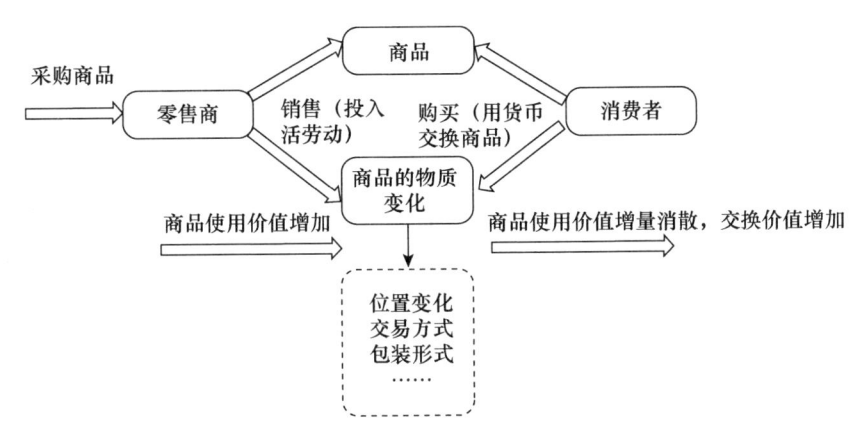

图2.1 马克思主义政治经济学视角下的零售活动

用、运输费用等其他费用,其中纯粹的流通费用是"不是为了创造价值,而是为了使价值由一种形式转化为另一种形式"[1];其他费用则是使得商品发生物质变化、进而产生新增价值量的源泉。零售商对商品贱买贵卖,不仅是商品中包含的新增价值量的货币体现,更是支付流通费用或流通投入的必要补偿[2]。

二 西方经济学、营销学视角下的零售活动

在西方经济学和营销学的相关文献里,零售活动的内涵往往和交易成本的概念相关。例如,Hotelling 在 1929 年的一篇经典文献中提出"霍特林模型",该模型研究了零售商之间的空间竞争和零售商店地理位置的选择,而零售商关于地理位置的决策与消费者的交通、运输成本直接相关[3];Stiglitz 以及 Varian 研究了信息在消费者搜索最低价格商店过程中的作用,特别是消费者在信息搜索成本和商品零售价

---

[1] 《马克思恩格斯全集》第 24 卷,人民出版社 1972 年版,第 147 页。
[2] 张建华:《现代商品流通学》,吉林大学出版社 2006 年版,第 52 页。
[3] Hotelling H., "Stability in Competition", *Economic Journal*, 1929, 39 (153), pp. 41 – 57.

格之间的权衡①；Baumol 和 Ide 认为零售商店销售的商品品类数量与消费者能够找到所需商品的概率存在正向关联，商店提供的品类越多，消费者搜寻商品的成本越低②。

Oi 提出一个关于零售活动内涵的一般化论述，他认为包括零售业在内的整个分销业③（distribution sector），其作用是最小化全社会的生产成本和交易成本之和，而零售商不仅为消费者提供商品，同时还产出一系列服务的集合，这些服务包括：买入商品（exchange），指零售商从批发商或生产商处获取商品的产权以向消费者出售；提供生产线（product line），指装配并展示某一品类的商品，并向消费者提供商品相关的信息；便利服务（convenience），指在通过在特定的地点、时间出售商品，减少消费者在整个零售活动过程中的交易成本；辅助服务（ancillary services），指零售商为消费者提供送货、信用支付、保修等方面的服务；生产（production），这里的生产与一般的生产制造活动不同，专指零售商对商品进行包装和再加工，以便商品以更加合适的形式提供给消费者④。

Betancourt 和 Gautschi 在 1988 年的一篇零售研究开创性文献中结合 Oi 的观点提出了被学术界广泛认同的零售概念框架⑤。Betancourt 和 Gautschi 认为，零售商的本质是一种能够为消费者提供具体商品以及相应"分销服务"（distribution service）的市场中介，分销服务的作用是减小消费者购买商品时付出的"分销成本"（distribution cost），

---

① Stiglitz J., "Equilibrium in Product Markets with Imperfect Information", *American Economic Review*, 1979, 69 (2), pp. 39 – 45; Varian H. R., "A Model of Sales", *American Economic Review*, 1980, 70 (4), pp. 651 – 659.

② Baumol W. J., Ide E. A., "Variety in Retailing", *Management Science*, 1956, 3, pp. 93 – 101.

③ 西方学者一般用 distribution sector 来描述传统流通业中包含批发和零售两个部分在内的"商业"概念。

④ Oi W. Y., "Productivity in the Distributive Trades: The Shopper and the Economies of Massed Reserves", NBER Working Paper, 1992.

⑤ Betancourt R., Gautschi D., "The Economics of Retail Firms", *Managerial & Decision Economics*, 1988, 9 (2), pp. 133 – 144.

但零售商在提供"分销服务"的过程中需要付出相应的成本。在 Betancourt 和 Gautschi 的概念框架中,"分销成本"和"分销服务"是非常重要的概念。根据 Betancourt 和 Gautschi 的观点,消费者在消费活动中面临六类分销成本:时间成本(time cost),包括往返于零售商店的时间、等候时间以及花费在制定消费计划上的时间所对应的机会成本;运输成本(transportation cost),指往返于购买地点的交通运输成本;调整成本(adjustment cost),指消费者由于不能在给定时间内购买特定数量的特定商品,从而被动地调整购买行为和决策所引起的成本;心理成本(psychic cost),指由于零售商提供的购物环境未达到消费者预期,使得消费者产生不快、进而消费效用的下降而产生的成本;储存成本(storage cost),指消费者根据商品包装和销售的方式,对所购商品进行储存所耗费的成本;信息成本(information cost),指消费者在购物之前为了解商品的价格、购买可得性、物理属性及功能特征等所付出的成本,也可以理解为信息的检索成本(search cost)。

Betancourt 和 Gautschi 认为,消费者在任何零售商的购买行为都会产生上述六类成本,但消费者选择不同的零售商所对应的交易成本总和是不一样的,这是因为不同的零售商为消费者提供的分销服务水平有所差异。因此,消费者在零售活动中的购物选择不仅依赖于商品的价格,还和零售商提供的分销服务水平直接相关。Betancourt 和 Gautschi 将分销服务分为以下五个方面:(1)环境服务(ambiance),这类服务主要表现在零售商为消费者提供的购物环境,因此环境服务与消费者的心理成本直接相关。(2)品类服务(assortment),指零售商销售商品的品类深度(同一类别商品进一步细分的程度)和品类广度(不同商品的种类数)。高水平的品类服务可以直接减少消费者在购物过程中的时间成本、运输成本和调整成本。(3)区位服务(accessibility of location),指零售网点相对于消费者的地理便利性。区位服务和消费者的时间成本、运输成本相关。(4)交付服务(assurance),指零售商根据消费者的需求，在合意的时间、以合意的形式与消费者完成商品交付过程。这一服务可能包含快捷的支付方式、配送安装服务、全天候营业等内容，因而与消费者的时间成本、调整成本、储存成本、运输成本相关。（5）信息服务（information），指提供商品在价格、销售状况、商品属性等方面的信息，服务的形式常常包括广告、传单、价签，等等。这一服务可能会降低消费者购买商品时付出的信息成本、调整成本和储存成本。

"分销成本"和"分销服务"的概念隐含了两个观点：第一，五种分销服务和六种分销成本之间并不存在一一对应的关系，不同分销服务和分销成本之间也有所重叠、交叉；第二，零售商为消费者提供的分销服务在减少消费者的分销成本的同时，也增加了零售商的运营成本，即零售商和消费者之间存在成本转移。图 2.2 展示了基于分销服务概念的零售活动。

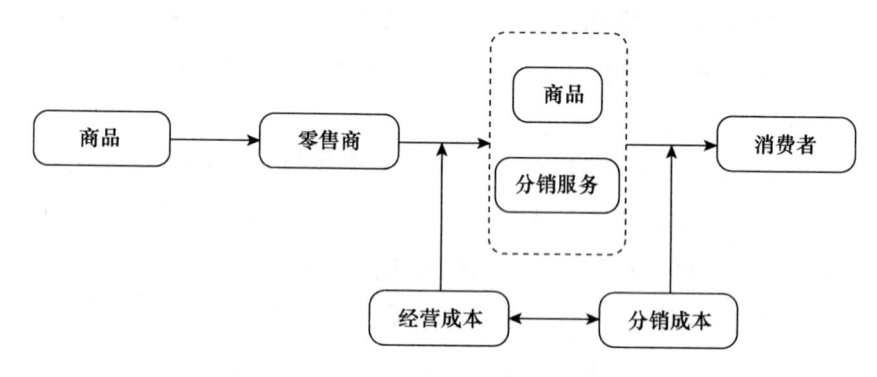

图 2.2　基于分销服务概念的零售活动

为了进一步研究分销服务这一概念在零售活动中的作用，Betancourt 和 Gautschi 将分销服务视作消费者家庭生产函数①的"固定投

---

① 著名经济学家、诺贝尔奖获得者加里·S. 贝克尔将厂商生产函数的观念应用到家庭的消费活动中，在 1965 年提出家庭生产函数（Household Production Function），该函数的基本含义是：消费者从市场上购买各种产品，并结合自己的时间，生产可以获得直接效用的消费品。参见 Gary S. B.，"A Theory of the Allocation of Time"，*The Economic Journal*，1965，75 (9)，pp. 493 – 517。

入"。所谓固定投入的经济性质是：给定产出水平下，高水平的固定投入会降低生产总成本①。因此，在消费者家庭生产函数中，分销服务水平越高，消费者的分销成本越低。从零售商的角度来看，零售活动中的分销服务是零售商的重要产出，相应的，提供高水平的分销服务会增加零售商的运营成本。图 2.2 表明，零售商的产出不仅包括商品本身，还包括和商品交易过程相适应的一系列分销服务。

Betancourt 和 Gautschi 的概念框架具备较强的完备性和可扩展性，增进了传统流通理论对零售活动乃至流通活动的理解。应当认识到，在整个零售活动中，消费者合意地进行商品消费的过程，并不仅仅与商品本身相关，还与商品交易的时间、地点、环境、方式等要素直接相关，这些要素直接反映了零售商提供的分销服务的水平，有利于降低消费者在交易过程中的成本。Betancourt 和 Gautschi 的概念框架为本书界定零售产出、投入、生产率等相关概念提供了理论基础，也是全文实证研究的理论基点。

第二节 零售生产率

零售生产率是一个简单而直观的概念。从实证测度的角度而言，零售生产率是零售活动的投入和产出的比值②，即零售生产率反映了零售企业或商店将投入转化为产出的效率。根据研究角度和研究方法的区别，零售生产率可以分为劳动生产率（Labor Productivity，LP）、多要素生产率（Multifactor Productivity，MFP）、全要素生产率（Total Factor Productivity，TFP）和技术效率（Technical Efficiency，TE）。从国外研究的经验来看，美国、澳大利亚、英国、法国等国家的统计部门在

---

① Melvyn Fuss, "Production Economics: A Dual Approach to Theory and Applications (Ⅱ): Applications of the Theory of Production", McMaster University Archive for the History of Economic Thought, 1978.

② Ratchford B. T., "Retail Productivity", in Basker E., *Handbook on the Economics of Retailing and Distribution*, Edward Elgar, 2016, pp. 54–69.

测度零售业生产率时通常使用劳动生产率和多要素生产率这两个指标。在本书的实证研究中，根据研究问题和研究对象的不同，主要测度和研究零售活动的劳动生产率、全要素生产率、技术效率三个指标。

劳动生产率在零售业领域通常被称为"人效"，是零售企业进行绩效管理和绩效评估的常用指标。劳动生产率一般可以用单位员工或单位工时（L）的零售销售额（Y）来测度，即：

$$LP = \frac{Y}{L}$$

全要素生产率（TFP）是用来衡量现期技术水平的指标，对于给定的投入量，更高水平的全要素生产率能够实现更多的产出[①]。全要素生产率的测度方式是：

$$TFP = \frac{Y}{F(X)}$$

其中，X 代表劳动、资本、土地、水电等生产要素投入，函数 $F(\cdot)$ 代表不同生产要素投入生产环节并实现产出的组合形式。因此，全要素生产率就是除生产要素投入以外引起产出变化的部分。此时生产函数可以显性地表示为：

$$Y = TFP \times F(X)$$

无论劳动生产率指标还是全要素生产率指标都暗含了一个假设条件，即产出（Y）只有一个维度（通常是商品的数量或销售额），可以用单个指标来衡量。然而零售活动的产出有多个维度：在马克思主义政治经济学视角下，零售商向消费者出售的"广义的商品"包括物化的商品及其物质变化；西方经济学和市场营销学学者则认为零售商向消费者"出售"的是商品和分销服务的组合。Betancourt 提出，应当把商品数量和分销服务水平作为零售活动的产出，并提出一个隐

[①] N. 格里高利·曼昆：《宏观经济学》，陈岱孙等译，中国人民大学出版社 2011 年版，第 217 页。

函数形式的零售生产函数[1]：

$$H(Q, D, X) = 0$$

其中，Q、D、X分别代表商品数量、分销服务水平和要素投入。但这个生产函数很难显性地推导出生产率，因而无法直接用于生产率的实证测度。

为了解决零售多产出的问题，Donthu 和 Yoo[2] 利用 Charnes 等[3] 的方法，把技术效率的概念引入零售生产率研究，用技术效率作为衡量零售生产率的指标。技术效率最大的优点是用于衡量多产出、多投入经济活动的效率。我们将在后文详细讨论零售全要素生产率和技术效率的测度方法。

第三节 零售产出

在零售生产率的测度研究中，零售的投入和产出如何衡量至关重要[4]。如前文所述，结合不同学科特别是 Betancourt 等学者的观点，本书将零售活动的产出定义为"商品 + 分销服务"的组合。因此要测度零售活动的产出，需要分别量化地测度零售商销售的商品数量和提供的分销服务水平。然而，在实证研究中，对商品数量和分销服务水平的精确测度非常困难。从商品数量的测度来看，零售商销售的商品在种类、度量单位、品质和价格等方面千差万别，商品的数量难以准确反映真实的零售活动产出。商品的价格和品质差异性导致产出以及生产率测度存在偏差，这也是许多研究生产制造企业生产率的文献

---

[1] 罗格·R. 贝当古：《零售与分销经济学》，刘向东、沈健译，中国人民大学出版社2009年版。

[2] Donthu N., Yoo B., "Retail Productivity Assessment Using Data Envelopment Analysis", *Journal of Retailing*, 1998, 74（1），pp. 89–105.

[3] Charnes A., Cooper W. W., Rhodes E., "Measuring the Efficiency of Decision Making Units", *European Journal of Operational Research*, 1978, 2（6），pp. 429–444.

[4] Ratchford B. T., "Retail Productivity", in Basker E., *Handbook on the Economics of Retailing and Distribution*, Edward Elgar, 2016, pp. 54–69.

常常面临的技术难题。在生产率研究的经典文献中,销售额、毛利以及附加值等指标通常被作为商品数量的度量指标,但使用这些指标通常需要满足严苛的"完全竞争市场"假设,同时利用物价平减指数进行数据处理,以避免物价通胀和不同地区价格水平的差异对研究结论的影响[①]。

和商品数量的测度相比,对"分销服务"的度量更加困难:一是在零售行业和企业的层面,分销服务的概念缺乏实际意义。零售商主要通过零售商店向消费者提供分销服务,即只有零售商店的分销服务才可能被定义、观测和测度。零售活动的特征决定了分销服务不可能在企业和行业的层面直接进行加总和测度。

二是分销服务的概念本身具有复杂性和主观性。分销服务的概念是零售生产率研究与生产制造型企业生产率研究的最大区别。对于生产商而言,商品的数量就能够直观反映生产活动的产出;但对于零售商而言,商品和分销服务相结合才能构成完整的产出。更重要的是,分销服务水平不仅仅依赖于零售商,还与消费者的主观感知直接相关——不同消费者对同一家零售商店分销服务的水平很可能形成截然不同的判断,相同的分销服务对不同消费者的效用的影响可能不同。正如Betancourt的观点——"零售的产出是消费者和零售商交互的共同结果"[②],对分销服务水平的测度还需要考虑消费者对分销服务水平的主观反馈。

综上所述,测度零售活动的产出需要考虑零售活动的特殊性,特别是要区分零售业、零售企业和零售商店等不同维度的产出指标。

[①] Melitz M. J., *Estimating Firm-Level Productivity in Differentiated Product Industries*, Harvard, mimeo, 2000; Gatto M. D., Liberto A. D., Petraglia C., "Measuring Productivity", *Journal of Economic Surveys*, 2011, 101 (5), p. 272; Kato A., "Productivity, Returns to Scale and Product Differentiation in the Retail Trade Industry: An Empirical Analysis Using Japanese Firm-level Data", *Journal of Productivity Analysis*, 2012, 38 (3), pp. 345 – 353.

[②] Betancourt R. R., Cortiñas M., Elorz M., and Mugica J. M., "The Demand for and the Supply of Distribution Services: A Basis for the Analysis of Customer Satisfaction in Retailing", *Quantitative Marketing and Economics*, 2007, 5 (3), pp. 293 – 312.

一 零售业和零售企业的产出

在行业和企业层面只能观测到零售商品的销售额（或附加值和毛利），分销服务不可观测和测度。许多零售生产率研究文献把销售额（或附加值和毛利）作为零售产出测度指标，而忽略了分销服务这一零售活动特有的产出。下面我们用简化的零售生产函数模型来讨论忽略分销服务的产出对零售生产率测度的影响：

如果不考虑分销服务，零售生产函数通常设定为一般的幂函数形式，即：

$$Qp = A X^\sigma \qquad (2.0)$$

参数 A 的估计值就是全要素生产率。(2.0) 式是许多零售生产率实证研究的估计模型，但这些研究都没有考虑分销服务对零售生产率估计的影响。

下面讨论将分销服务和商品共同作为零售产出的情况。此时零售产出（O）是商品数量（Q）和分销服务（D）的组合，可以将零售产出视为商品数量和分销服务的函数，即：

$$O = O(Q,D)$$

在行业和企业的维度上可以观测商品数量 Q，但无法观测和测度分销服务 D 的水平，因此需要用间接的办法来测度零售产出 O。消费者对典型零售商的商品需求可以表示为商品价格水平 p 和零售商分销服务 D 的函数：

$$Q = g(p,D) \qquad (2.1)$$

消费者需求函数是商品价格的非增函数，即零售商对商品的定价越高，消费者对商品的需求越少；同时是分销服务水平的非减函数，即零售商的分销服务水平越高，消费者的分销成本越低，消费意愿越强，购买的商品数量越多。由此可以得到典型零售商的利润函数为：

$$\pi = pQ - C(Q,D) - wQ \qquad (2.2)$$

其中，$C(Q,D)$ 是零售商的成本函数，是商品销售数量 Q 和分销

服务水平 D 的非减函数，即零售商销售的商品数量越多，或提供的分销服务水平越高，付出的经营成本越高；w 是零售商购进商品的价格。

为简化上述模型设定，不妨假定零售价格 p 相对于零售商是外生变量，即不同的零售商对相同商品的定价相同。此时可以把消费者的商品需求视为零售商分销服务的函数。因此（2.1）式退化为：

$$Q = g(D)$$

由于需求函数是分销服务水平的非减函数，因此需求函数可以改写为反函数形式：

$$D = g^{-1}(Q) \quad\quad\quad (2.3)$$

"零售价格 p 相对于零售商是外生变量"的含义是：零售企业通常不存在显著的市场势力，没有对相同商品制定高于市场平均水平的价格的能力，商品价格水平在不同零售商间的差异非常小以至于可以被忽略[①]。从现实情况来看，B2C、C2C 等电子商务的快速发展使得零售价格外生的假定具有相当的合理性。在电子商务模式广泛应用之前，不同地域的零售商店的价格水平差异往往很大，因为消费者的比价成本和在不同零售商店之间的转换成本较高。而在电子商务逐渐成熟发展之后，线上线下的商品价格更加透明和优惠，消费者能够非常容易地在线上线下的零售商之间进行比价，同一款商品在线上线下不同渠道的价格差异性不断缩小，定价高的零售商很难吸引消费者购买商品。此时，实体零售商利用市场势力进行垄断定价的能力已经被大大削弱。有研究表明，随着电子商务实施程度的不断提高，电子商务

[①] 反过来，如果现实情况下某些零售企业具有明显的市场势力，并有能力制定高于市场平均水平的价格，那么如果用销售额作为衡量零售企业产出的指标，可能会高估具有市场势力的企业的真实产出，因为相同营业额情况下定价更高的企业商品销售数量更少。参见 Latcovich S., Smith H. Pricing, "Sunk Costs, and Market Structure Online: Evidence from Book Retailing", *Oxford Review of Economic Policy*, 2001, 17 (2), pp. 217–234。

零售商和传统零售商的最优定价会不断降低[1],线上线下价格逐渐趋同。零售商品价格的外生性隐含以下三个基本的假定[2]。

一是零售市场完全竞争,即所有零售商的长期利润为零[3],此时从典型零售商的(2.2)式可以得到 $p = w + \dfrac{C(Q,D)}{Q}$,即零售价格等于商品购进价格和零售商销售单位数量商品的平均成本。

二是零售商与制造商(或批发商)之间的买卖市场完全竞争,即商品的购进价格 w 是外生的。

三是零售活动的平均成本不随商品销售数量的变化而变化,即 $\dfrac{C(Q,D)}{Q}$ 也是外生的。

上述第三个假定等价于零售活动的成本函数是特殊的乘积可加形式,即 $C(Q,D) = C(D) \times Q$ ——此时平均成本与商品销售数量无关,而只与零售商的分销服务水平有关。由于成本函数是生产函数的对偶形式,因此零售活动生产函数中的产出也应当是乘积可加的形式[4]。此处可以参考 Betancourt 和 Gautschi 给出的一种零售生产函数的形式[5]:

$$O = O(Q,D) = Q \times h(D) = F(X)$$

该生产函数满足产出乘积可加的性质。$Q \times h(D)$ 代表零售活动的产出,分别由零售商销售商品的数量 Q 和与分销服务水平相关的产出函数 $h(D)$ 组成,其中 $h(.)$ 是单调非减函数,表明分销服务水平越

---

[1] 陈云、王浣尘、沈惠璋:《电子商务零售商与传统零售商的价格竞争研究》,《系统工程理论与实践》2006 年第 1 期。

[2] Smith A., Hitchens D., *Productivity in the Distributive Trades*, London: Cambridge University Press, 1985; Ingene C. A., "Scale Economies in American Retailing: A Cross-Industry Comparison", *Journal of Macromarketing*, 1984, 5 (2), pp. 49 – 63.

[3] 此处的利润指经济利润,而不是会计利润。

[4] Fuss M., Mcfadden D., *Production Economics: A Dual Approach to Theory and Applications*, Amsterdam: North-Holland, 1978.

[5] 罗格·R. 贝当古:《零售与分销经济学》,刘向东、沈健译,中国人民大学出版社 2009 年版。

高,与分销服务水平相关的产出越高。X 是零售商的要素投入,$F(X)$ 是零售商的生产函数。把(2.3)式带入上式,可以得到:

$$Q \times h(g^{-1}(Q)) = F(X) \tag{2.4}$$

其中函数 $g^{-1}(\cdot)$ 和函数 $h(\cdot)$ 均为单调非减函数。参考 Betancourt 和 Gautschi 的做法,不妨假设 $h(g^{-1}(\cdot))$ 和 $F(\cdot)$ 均满足幂函数形式时,则(2.4)式的左右两侧分别可写为:

$$h(g^{-1}(Q)) = a Q^\alpha \tag{2.5}$$

$$F(X) = b X^\beta \tag{2.6}$$

参数 a、α、b、β 均大于 0,其中参数 b 是真实的零售全要素生产率。由于 $h(D)$ 即 $h(g^{-1}(Q))$ 代表与分销服务水平相关的产出,由此可以将(2.4)式进一步转化为幂函数形式:

$$Q = A X^\sigma$$

其中:

$$A = \left(\frac{b}{a}\right)^{\frac{1}{1+\alpha}} \tag{2.7}$$

$$\sigma = \frac{\beta}{1+\alpha}$$

在生产函数左右分别乘以外生不变的商品零售价格指数 p,可以得到:

$$Qp = A^* X^\sigma \tag{2.8}$$

其中,左侧为销售额①,$A^* = Ap$ 代表与要素投入无关的部分。显然,(2.8)式与不考虑分销服务的情况下的零售生产函数形式,即(2.0)式完全一样。如果用正常的计量方法对(2.8)式进行回归分析,A^* 的估计值将被定义为全要素生产率。显然,要想保证 A^* 的估计值等价于真实的全要素生产率 b,A^* 与 b 必须呈现严格一对一的线

---

① 使用毛利、附加值作为产出的衡量指标时,对应的价格指数分别为毛利价格指数和附加值价格指数,具体的证明过程和构造方法参见 Timmer M. P.,Inklaar R.,Ark H. H. V.,"Alternative Output Measurement for the US Retail Trade Sector",*Monthly Labor Review*,2005,128(7)。

性关系，这意味着参数 a、α、p 都必须是外生变量。如果参数 a、α、p 不是外生变量，即这些变量在不同个体间存在系统性差异，将会使得全要素生产率的估计值成为有偏估计，A^* 的估计值与真实的全要素生产率 b 之间存在误差。

参数 p 外生的含义是商品的零售价格在不同零售企业之间无差异，这代表零售市场是完全竞争市场，前文已经对此进行了详细的讨论。参数 a 的对数在计量回归分析中一般作为截距项，没有实际含义。那么参数 α 外生的经济学含义是什么呢？此处需要重新讨论（2.4）式：

$$h(g^{-1}(Q)) = aQ^\alpha$$

（2.4）式表明参数 α 与函数 $h(\cdot)$ 和 $g(\cdot)$ 的性质有关。$g(\cdot)$ 是消费者关于零售商分销服务的商品需求函数。$h(\cdot)$ 是与分销服务水平相关的生产函数，也是分销服务成本函数的对偶形式，根据生产函数和成本函数的性质，$h(\cdot)$ 的弹性与分销服务成本函数的弹性互为倒数[①]。根据幂函数生产函数的性质，（2.4）式表明参数 α 由零售商产出分销服务的成本弹性和消费者关于分销服务的需求弹性共同决定：参数 α 与消费者关于分销服务的需求弹性负相关，与零售商产出分销服务的成本弹性负相关。换而言之，"参数 α 是外生变量的假设"等价于零售商产出分销服务的成本弹性和消费者关于分销服务的需求弹性也是外生变量。

综上所述，如果用销售额（或附加值和毛利）作为零售产出的测度指标，即将（2.8）式 $Qp = A^* X^\sigma$ 作为计量回归分析的模型，要想确保零售生产率的估计值等于真实值，即估计得到无偏的全要素生产率，必须满足商品价格水平、分销服务成本弹性和需求弹性外生的条件。

下面简要讨论商品价格水平、分销服务成本弹性和需求弹性为内生变量时对全要素生产率估计的影响。由（2.7）式、（2.8）式可得：

[①] 王俊芳：《生产函数与成本函数的对偶关系及其特征》，《青海师专学报》2007 年第 5 期。

$$A^* = Ap = p \times \left(\frac{b}{a}\right)^{\frac{1}{1+\alpha}}$$

其中，A^* 的估计值与价格水平 p 正相关；A^* 的估计值与参数 α 负相关，即与消费者关于分销服务的需求弹性正相关、与零售商产出分销服务的成本弹性正相关。由此可以推断，如果用销售额指标（即 Qp）作为产出来估计零售生产率，可能导致出现以下几种生产率错估的情况：

首先，如果不同地区零售市场的市场结构、价格水平不同，即商品的价格水平不再是外生变量，当某些零售企业具备显著的市场势力时，就能制定较高的商品价格。此时，使用销售额指标作为产出，将会高估零售商实际销售的商品数量，从而高估生产率。

其次，如果某些零售商面对分销服务敏感型的消费者（即较高的分销服务的需求弹性、较低的 α），这部分消费者对商品的需求很容易受到零售商分销服务水平的影响，此时使用销售额指标作为产出，将忽视零售商分销服务对消费者购物选择的促进效果，从而高估零售商的产出和生产率。将销售额指标作为产出指标无法反映零售商面对的消费者群体的差异对零售生产率的影响，这从侧面验证"零售的产出是消费者和零售商交互的共同结果"的观点。

最后，如果某些零售商产出分销服务的效率较高（即较低的分销服务成本弹性、较高的 α），此时使用销售额指标作为产出，将忽视零售商分销服务的产出，从而低估零售商的产出和全要素。将销售额指标作为产出指标无法反映零售商提供分销服务的效率的差别。

需要说明的是，尽管使用销售额（或附加值和毛利）作为零售产出时需要满足较严苛的假设条件才能估计得到准确的零售生产率，但在行业和企业层面的研究中，由于没有可行的指标衡量分销服务水平，因此本书依然采用销售额（或附加值和毛利）作为零售产出指标。但本部分的分析特别是对生产率错估的问题的讨论依然是有必要的。在零售生产率行业和企业的研究中，应当注意竞争强度（价格水平）、消费者差异性（对分销服务的敏感度）和零售商经营水平（产出分销服务的效率）对生产率测度结果的影响。

二 商店维度的零售活动产出

零售商店是零售活动的微观主体,是消费者和零售商发生交易的现实场所。零售商店的商品销售数量依然可用销售额(毛利①)替代;零售商店的分销服务水平则可以通过调查问卷、消费者反馈等方式来间接测度。从已有研究来看,对零售商店服务水平的测度是市场营销学研究领域的重要主题。市场营销学者们普遍认为,零售商店的分销服务水平不仅仅取决于零售商店本身,还和消费者对服务的感知测度和满意度(或消费体验)直接相关,对分销服务水平的测度来自于消费者对服务水平的感知[2]——这与"零售的产出是消费者和零售商交互的共同结果"的观点是一致的。消费者在零售商店内与服务人员交互过程中形成的消费体验直接反映了零售商店的分销服务产出水平[3]。除了服务人员的服务品质外,零售商店还可以通过合理的店面布局设计和高水平的商品质量、适当的商品品类分布来影响消费者的消费体验[4]。关于零售商店服务水平的相关研究一般通过设计消费者调查问卷量表、利用消费者的反馈来度量分销服务水平[5]。然而,

---

① 零售商店侧面一般没有"附加值"这一指标。

② Dabholkar P. A., Thorpe D. I., Rentz J. O., "A Measure of Service Quality for Retail Stores: Scale Development and Validation", *Journal of the Academy of Marketing Science*, 1995, 24 (1), p. 3; Livingstone G., "Measuring Customer Service in Distribution", *International Journal of Physical Distribution & Logistics Management*, 1992 (6), pp. 4 - 6.

③ Westbrook R. A., "Sources of Consumer Satisfaction with Retail Outlets", *Journal of Retailing*, 1981, 57 (3), pp. 68 - 85.

④ Gutman J., Alden S. D., "Adolescents' Cognitive Structures of Retail Stores and Fashion Consumption: A Means-end Chain Analysis of Quality", Perceived Quality How Consumers View Stores & Merchandise, 1985; Hummel J. W., Savitt R., "Integrated Customer Service and Retail Strategy", *International Journal of Retailing*, 1988, 3 (2), pp. 5 - 21.

⑤ Babakus E., Boller G. W., "An Empirical Assessment of the SERVQUAL Scale", *Quality Control & Applied Statistics*, 1992, 24 (3), pp. 253 - 268; Brensinger R. P., Lambert D. M., "Can the SERVQUAL Scale be Generalized to Business-to-business Services?", *Knowledge Development in Marketing*, 1990, p. 289; Spreng R. A., Singh A. K., "An Empirical Assessment of the SERVQUAL Scale and the Relationship Between Service Quality and Satisfaction", *Journal of Business Research*, 1992, 24 (3), pp. 253 - 268.

这些研究划分的分销服务的类别既存在差异，也有很多重合之处，因此设计的问卷调查或消费者反馈表也各有不同。

Betancourt 和 Gautschi 提出的"分销服务"框架既涵盖了其他文献中提到的各类分销服务概念，同时也结合了交易成本转移的内涵，有较强的经济学基础。本书主要采用 Betancourt 和 Gautschi 提出的"环境服务""区位服务""品类服务""交付服务""信息服务"五种分销服务的概念，通过设计消费者调查问卷量表，得到对零售分销服务的直观测度。相关内容和研究方法见本书第七章。

第四节　零售投入

零售投入主要指零售活动中消耗的各类生产要素。在一般经济活动中，要素投入大体可以分为三类：劳动，资本，中间投入（水、电、原材料等）。

劳动投入在经典的生产率实证研究中通常用从业人数表示[1]。从业人数是一项易于观测和统计的指标，但用从业人数作为劳动要素投入的度量指标还存在两方面的问题：一是不同地区、企业的劳动力可能在工时上存在差异；二是不同地区、企业的劳动力可能在技能水平和工作效率上存在差异。美国劳工统计局（BLS）在加总计算零售业总体的从业劳动力数量时，一般使用不同细分行业和地区从业劳动力的工作时长进行汤氏加权求和（Tornqvist Aggregation），从而避免直接使用从业人数指标导致的测度偏差[2]。其他一些生产率研究文献则考虑了劳动力在技能水平（professional qualifications）上的差异——由

---

[1] Olley G. S., Pakes A., "The Dynamics of Productivity in the Telecommunications Equipment Industry", *Econometrica*, 1992, 64 (6), pp. 1263 – 1297; Levinsohn J., Petrin A., "Estimating Production Functions Using Inputs to Control for Unobservables", *Review of Economic Studies*, 2003, 70 (2), pp. 317 – 341.

[2] US Bureau of Labor Statistics, "Technical Information about the BLS Multifactor Productivity Measures", 2007 – 09 – 26, https://www.bls.gov/mfp/mprtech.pdf.

于工资水平往往和技能水平正相关，因此工资水平可以作为技能水平的代理变量①，即把工资总额（工资水平乘以劳动力数量）作为劳动要素投入的测度指标。还有一些文献用企业或商店经营者的工作年限来测度人力资源的水平。在不同的研究文献中，用何种指标测度劳动投入主要取决于数据可得性。

在行业层面，零售活动的资本投入一般用固定资产来衡量。但零售企业和商店的固定资产一般难以测度。一些零售业生产率研究文献将营业面积和年末存货作为企业和商店零售资本投入的代理变量②。实际上，由于零售商店的固定设施数量一般与其营业面积正相关，所以营业面积可以作为资本投入合理的测度指标。此外，还有一些文献把收银台数量、促销和广告费用等零售活动特有的投入作为衡量资本投入的指标③。

零售活动的中间投入主要包括水电费用、管理费用等。这些费用一般难以直接观测和统计。根据我国流通企业会计准则，零售企业的水电费、行政办公费用、咨询费用、包装费、装卸费、运输费、差旅费等中间投入一般被归入财务费用、管理费用和销售费用等三项支出④。因此也可以用财务费用、管理费用和销售费用作为衡量中间投入的指标。

最后，零售活动的投入还包括一项特殊的投入：用于转售的商

---

① Sellersrubio R., Másruiz F. J., "Technical Efficiency in the Retail Food Industry: The Influence of Inventory Investment, Wage Levels, and Age of the Firm", *European Journal of Marketing*, 2007, 43 (5 – 6), pp. 652 – 669.

② Ofer G., "Returns to Scale in Retail Trade", *Review of Income and Wealth*, 1973, 19 (4), pp. 363 – 384; Ingene C. A., "Scale Economies in American Retailing: A Cross-Industry Comparison", *Journal of Macromarketing*, 1984, 5 (2), pp. 49 – 63; Sellersrubio R., Másruiz F. J., "Technical Efficiency in the Retail Food Industry: The Influence of Inventory Investment, Wage Levels, and Age of the Firm", *European Journal of Marketing*, 2007, 43 (5 – 6), pp. 652 – 669.

③ Kumar V., Karande K., "The Effect of Retail Store Environment on Retailer Performance", *Journal of Business Research*, 2000, 49 (2), pp. 167 – 181; Donthu N., Yoo B., "Retail Productivity Assessment Using Data Envelopment Analysis", *Journal of Retailing*, 1998, 74 (1), pp. 89 – 105.

④ 史玉光：《商品流通企业会计》，电子工业出版社 2016 年版。

品。用于转售的商品也是零售商诸多投入中非常重要的组成部分，零售商向生产商或批发商购进商品所支付的费用常常是零售商经营活动占比最大的成本。和商品销售的数量类似，零售商买入商品的数量同样难以直接衡量。当零售商和批发商、生产商之间的买卖市场完全竞争，即同一商品的进价在不同的零售商之间没有差异时，购进商品的费用可以作为买进商品数量的合理测度指标。正如前文我们讨论销售额作为产出的指标可能引起生产率估计偏误问题一样，用购进商品的费用作为零售投入的指标也存在测度偏误的问题。一些大型连锁零售商可能在和批发商、生产商的交易过程中具备较强的议价能力，其购进商品的进价要低于其他零售商向批发商、生产商支付的价格，此时把购进商品的费用作为投入指标会低估其购进商品的真实数量；当大品牌商品的生产商具有较强的纵向市场势力时，可能向中小微零售商户收取较高的商品进价，此时把购进商品的费用作为投入指标会高估其购进商品的真实数量[①]。零售市场上下游之间的市场势力和博弈状况，可能对零售投入测度的准确性产生影响。

第五节 零售业

在实证研究中，为了准确收集和处理统计数据，需要界定研究对象特别是具体行业和企业的范围。关于零售业（零售企业）的概念界定主要有两方面来源：

一是来源于政府统计部门的定义。例如，根据我国国家统计局的《国民经济行业分类》，零售业指"面向最终消费者（如居民）的销售活动……还包括在同一地点，后面加工生产，前面销售的店铺（如面包房）"，而"谷物、种子、饲料……机械设备等生产资料的销售

[①] 刘向东、李子文、王庚：《超市通道费：现实与逻辑》，《商业经济与管理》2015年第2期；刘向东、王庚、李子文：《国内零售业盈利模式研究——基于需求不确定性下的零供博弈分析》，《财贸经济》2015年第36期。

不作为零售活动"。《国民经济行业分类》还明确,"多数零售商对其销售的货物拥有所有权,但有些则是充当委托人的代理人,进行委托销售或以收取佣金的方式进行销售"。美国人口统计局则规定,"零售贸易部门主要包括向消费者直接销售商品的组织;零售活动作为商品分销环节的最后一步,通常不会对商品进行加工,而是提供和商品属性相适应的分销服务"。中美两国统计部门对零售业定义的相同之处是:都强调零售业是直接与终端消费者接触并向其销售商品的组织。而美国人口统计局的定义同时还强调零售业在商品之外向消费者提供"分销服务"的职能。

二是来源于学术界的定义。例如,美国市场营销学者 Michael Levy 和 Barton Weitz 在其学术著作《零售学精要》中提出:"零售是一种将商品和劳务出售给消费者,供个人及家庭使用以创造价值的商业活动"[1]。被称为"现代营销学之父"的美国著名学者 Philip Kotler 认为,零售是"将货物和服务直接出售给最终消费者的所有活动,这些最终消费者为了个人生活消费而不是零售业用途消费",这两种定义强调了零售活动面向的对象——"终端消费者"和提供的内容——"商品(货物)和劳务(服务)"[2]。在国内学者中,赵凯认为"零售商是以零售活动为基本职能的独立中间商,向最终消费者个人或社会集团出售生活消费品或非生产性消费品及相关服务,以供其最终消费之用的全部活动"[3],祝合良[4]、雷蕾[5]等学者的观点则与之基本一致。

---

[1] 迈克尔·利维、巴顿·A. 韦茨:《零售学精要》,张永强译,机械工业出版社2010年版。

[2] 菲利普·科特勒:《营销管理》,梅汝和、梅清豪、周齐柱译,中国人民大学出版社2001年版。

[3] 赵凯:《零售企业规模经济的实证分析——百货、超市和专业店的角度》,《财贸经济》2008年第3期。

[4] 祝合良:《零售商创建品牌之道》,《中国商贸》2008年第6期。

[5] 雷蕾:《我国零售业技术效率及影响因素的实证研究——基于2001—2012年30个省份限额以上零售业的数据》,《北京工商大学学报》(社会科学版)2014年第6期。

综合国内外政府和学术界对零售活动或零售业的定义，易归纳出一个共同的观点：零售业面向的是商品的最终消费者，"最终"一词意味着消费者从零售商出购买商品的目的是为了个人生活消费，零售活动完成之后，商品就退出了流通领域。结合零售活动"面向最终消费者"和"提供商品+服务"的特点，本书给出零售业和零售企业的如下定义：零售企业是向最终消费者提供具体商品以及相应分销服务的中间商，分销服务提供的过程伴随着零售企业和消费者之间的成本转移；零售企业的集合即为零售业。

在中国的国民经济统计框架下，零售业的类别主要表现为根据商品销售的品类划分形成的子行业。这些子行业包括：综合零售（包括百货和超市）、食品饮料及烟草制品专门零售、纺织服装日用品专门零售、文体用品及器材专门零售、医药及医疗器材专门零售、汽车摩托及燃料配件专门零售、家用电器及电子产品专门零售、五金家具及室内装饰材料专门零售、货摊及无店铺零售（包括互联网零售），共计九个子行业。本书第四章将重点研究不同零售子行业的生产率演变过程及其差异型。

第三章 零售生产率研究的实证方法

尽管生产率的概念是直观的,但"对生产率的测度并不是一个简单的任务"[①]。这是因为生产率的实证测度有很多方法,而这些方法依赖不同的假设,适用于不同的研究对象。对生产率的测度需要准确地判断不同测度方法的适用情况和假设条件。

基于已有的生产率研究文献,本章主要从三个角度出发,探讨零售生产率研究可以使用的各类实证方法及其适用情况。

一是确定性方法或计量估计方法。确定性方法是指通过某些统计方法(加权、数据包络等)直接计算得到确切的生产率指标,不考虑随机误差或扰动因素的影响。计量估计方法是指通过计量回归分析的方法测度生产率,这一类方法需要考虑随机扰动项对估计结果的影响。

二是前沿分析方法或非前沿分析方法。前沿分析方法假设经济个体的生产活动不一定位于生产可能性边界上,即经济个体的真实产出与潜在产出可能存在差距。非前沿分析方法则不考虑实际生产活动和最优生产前沿之间的偏离。

三是单产出方法或多产出方法。顾名思义,单产出方法是指只有一个产出指标的方法,而多产出方法允许经济活动有多种不同类型的产出。

表 3.1 给出了生产率测度方法的分类。本章将分别简要论述不同方法的原理、假设条件、优劣势以及适用范围,为全书的零售生产率

[①] Gatto M. D., Liberto A. D., Petraglia C., "Measuring Productivity", *Journal of Economic Surveys*, 2011, 101 (5), p.272.

实证研究提供方法基础。在后面章节的实证研究中，不再对各类生产率测度方法的基本内容进行详细论述。

表 3.1　　　　　　　　　　生产率测度方法分类

	确定性方法	计量估计方法	
		参数方法	半参数方法
前沿分析方法	数据包络法 （多产出方法）	随机前沿分析 （多产出方法）	
非前沿分析方法	增长核算法（单产出方法） 指数测算法（单产出方法）	增长回归方法 时变弹性回归方法	代理变量法 （单产出方法）

第一节　确定性方法

一　增长核算法

增长核算法（Growth Accounting）是生产率测度方法中应用最早、最广的方法。早在 20 世纪 50 年代，Abramovitz[①] 和 Solow[②] 等经济学家就通过增长核算法研究测度了美国经济全要素生产率，并得出结论：美国产出增长 90% 的贡献来源于全要素生产率的增长。在 Solow 研究的基础上，Denison[③]、Maddison[④]、Hall 和 Jones[⑤] 等众多学者不断推广和完善生产率增长核算法。增长核算法主要用于测度宏观层面

---

① Abramovitz M., "Resource and Output Trends in the United States Since 1870", *American Economic Review*, 1956, 46 (2), pp. 5 – 23.

② Solow R. M., "Technical Change and the Aggregate Production Function", *Review of Economics & Statistics*, 1957, 39 (3), pp. 554 – 562.

③ Denison E., *Trends in American Economic Growth: 1929 – 1982*, Brookings Institution Press, 1985.

④ Maddison A., "Monitoring the World Economy 1820 – 1992", Organization for Economic Cooperation and Development, Paris, 1995.

⑤ Hall R. E., Jones C. I., "Why Do Some Countries Produce so Much More Output Per Worker Than Others?", NBER Working Papers, 1999, 114 (1), pp. 83 – 116.

（国家、行业）的生产率，增长核算法的产出指标一般使用国内生产总值或行业销售总额，因此增长核算法是一种单产出方法。

增长核算法的基本原理是：把产出增长中无法被投入增长所解释的部分定义为全要素生产率。具体而言，增长核算法假设经济活动的生产函数为希克斯中性[①]，即：

$$Y_t = A_t F(X_{it})$$

其中，Y_t 为第 t 期的产出，X_{it} 为第 t 期的第 i 项投入，A_t 为希克斯中性的技术进步系数，表明技术进步不影响要素之间的边际替代率。将生产函数的等式两侧分别取对数形式并对时间求导，可得：

$$\frac{\dot{Y}}{Y} = \frac{\dot{A}}{A} + \sum_1^N \beta_i \frac{\dot{X}_i}{X_i}$$

其中，$\frac{\dot{A}}{A}$ 是全要素生产率（TFP）的增长率[②]，由于这一变量首先由 Solow 提出，因此也被称为"索洛余量"。索洛余量就是增长核算法测度得到的全要素生产率指标。β_i 为第 i 项要素投入的产出弹性，即 $\beta_i = \frac{\partial F}{\partial X_i} \times \frac{X_i}{Y}$；$\frac{\dot{Y}}{Y}$ 和 $\frac{\dot{X}_i}{X_i}$ 分别代表产出和投入的增长率。因此，全要素生产率的增长率等于产出增长（$\frac{\dot{Y}}{Y}$）中除去投入增长的贡献 $\sum_1^N \beta_i \frac{\dot{X}_i}{X_i}$ 所剩余的部分，即：

$$\frac{\dot{A}}{A} = \frac{\dot{Y}}{Y} - \sum_1^N \beta_i \frac{\dot{X}_i}{X_i}$$

在完全竞争的假设条件下，要素投入的边际产出等于边际成本，因此第 i 项要素投入的产出弹性 β_i 等于支付第 i 项要素投入的成本占

[①] 希克斯中性是指技术进步不改变不同投入要素的边际产量之比（或不同投入要素的边际替代率）的性质。

[②] 变量上方加点，表示变量对时间的导数，或者变量在相邻两期之间的变化值。

总产出的比重,即:

$$\beta_i = s_i = \frac{w_i X_i}{Y}$$

其中,w_i 为第 i 项要素投入的价格。假设生产函数具有规模报酬不变的特征,且函数形式满足柯布道格拉斯函数形式,此时各项投入的产出弹性之和 $\sum_1^N \beta_i$ 为1,这同时意味着产出恰好用来支付所有投入的成本,即有:

$$\sum_1^N w_i X_i = Y$$

索洛余量的计算式由此可以表达为:

$$\frac{\dot{A}}{A} = \frac{\dot{Y}}{Y} - \sum_1^N \left(\frac{w_i X_i}{Y} \times \frac{\dot{X_i}}{X_i} \right)$$

因此,如果能够统计计算产出、投入的变化率,以及各项投入的成本占总产出的比重,就能够直接测度得到索洛余项,即全要素生产率的增长率。

增长核算法虽然易于计算,但其缺点也是显而易见的。首先,完全竞争和生产函数规模报酬不变的假设过于严苛,如果零售市场是不完全竞争市场,或者零售生产函数呈现规模报酬递增的性质,那么存在会使得增长核算法出现错估。例如,Hall 在一篇生产率研究文献中放松了完全竞争市场的假设,发现此时增长核算法测度得到的索洛余项并不等同于真实的全要素生产率增长率[1]。Hall 假设要素投入包含资本 K 和劳动 L,并定义单位资本的产出和单位资本的劳动分别为:

$$y = \frac{Y}{K} \qquad l = \frac{L}{K}$$

通过模型推导,Hall 证明真实的全要素生产率增长率为:

---

[1] Hall R. E., "The Relation between Price and Marginal Cost in U. S. Industry", *Journal of Political Economy*, 1988, 96 (5), pp. 921 – 947.

$$\frac{\dot{A}}{A} = \Delta y - \mu\theta\Delta l$$

其中，θ代表劳动投入占总产出的比例，$\mu = \frac{P}{MC}$代表价格水平和边际成本之比。而增长核算法测度得到的索洛余项为：

$$\frac{\dot{A}}{A} = \Delta y - \theta\Delta l$$

显然，只有满足$\mu = 1$，即商品价格等于边际成本时，增长核算法的测度结果才等于真实的全要素生产率增长率；而当企业存在市场势力，即不满足完全竞争市场假设时，μ的值将大于1，此时增长核算法得到的索洛余项将高于真实的全要素生产率增长率。类似的，Gatto[1]等人证明，如果放松规模报酬不变的假设，增长核算法也会出现错估的问题。Gatto假设典型企业的生产函数为：

$$Y_i = A K_i^{\alpha} K^{\beta} L_i^{1-\alpha}$$

即企业i的产出不仅取决于自有的资本（K_i）和劳动要素投入（L_i），还和整个经济系统的总资本存量K相关，而企业自有的资本和劳动要素投入的规模报酬不变。如果进一步假设一般均衡情况下所有企业的资本劳动的边际替代率相同，那么可以通过加总得到经济系统的总生产函数：

$$Y = A K^{\alpha+\beta} L^{1-\alpha}$$

即整个经济系统的生产函数具有规模报酬递增的性质。Gatto证明此时经济系统的真实的全要素生产率增长率将比增长核算法测度得到的索洛余项高出$\beta\frac{\dot{K}}{K}$的部分；换而言之，增长核算法低估了真实的全要素生产率增长率。

此外，增长核算法还忽视了资本、劳动等投入要素的内生性问

---

[1] Gatto M. D., Liberto A. D., Petraglia C., "Measuring Productivity", *Journal of Economic Surveys*, 2011, 101 (5), p.272.

题。一方面，资本要素的增长和积累可能与技术进步直接相关，资本要素变化和全要素生产率变化对总体产出的影响难以区分，因而无法测度得到真实的全要素生产率变化。另一方面，劳动力技能水平的提升，或人力资本的积累可能和经济组织的研究开发活动（R&D）有关，而后者与技术进步情况或全要素生产率的变化直接相关。当然，资本、劳动等投入要素与技术进步相关而导致的内生性问题不仅是增长核算法、也是大部分生产率测度方法存在的问题。对于该问题目前尚没有得到共识的解决方法。Greenwood 和 Krusell 曾提出一个解决资本内生变化问题的生产率测度方法，但该方法需要比增长核算法更加严苛的前提假设条件，因此其适用性受到很大局限[1]。

还需要注意的是，增长核算法常常用于一国经济增长或行业层面的生产率测度，这表明增长核算法把整个国家或行业视作一个单独的经济个体。因此，增长核算法无法明确全要素生产率增长的来源到底是国家或行业中所有经济个体的全要素生产率增长，还是不同经济个体之间要素流动所导致的要素配置效率的提升。换而言之，增长核算法能够用于测度生产率增长率的演进趋势，但不能用于研究要素流动性对生产率增长的影响。

二 指数测算法

指数测算法（Index method）本质上是一种等价于增长核算法的测算方法。指数核算法主要通过构造计算公式直接得到生产率指数——即生产率增长率。如上文所述，利用增长核算法测度全要素生产率增长率的计算式为：

$$\frac{\dot{A}}{A} = \frac{\dot{Y}}{Y} - \sum_{1}^{N} \beta_i \frac{\dot{X}_i}{X_i}$$

---

[1] Greenwood J., Krusell P., "Growth Accounting with Investment-specific Technological Progress: A Discussion of Two Approaches", *Journal of Monetary Economics*, 2007, 54 (4), pp. 1300 – 1310.

即计算全要素生产率增长率，需要首先计算得到产出和各要素投入的变化率，以及不同要素的产出弹性。这一方法在生产率测度的实际操作过程当中面临许多技术问题。

第一，劳动、资本等要素可能有不同的类别。如劳动要素可能包括技术人员、熟练劳动力、临时工等；资本可能包括存货、机器、厂房，等等。美国劳工统计局（BLS）在核算美国零售业生产率时将资本要素划分为42类设备、21类非居住建筑、9类住宅资本、存货以及土地[①]。不同类别的要素在具体生产经营过程中所起到的作用差别很大，计量单位也有所差别，更重要的是不同的劳动要素和资本要素的要素价格（工资、租金）不同。在要素存在显著异质性的情况下，简单的数量加总无法准确反映经济活动的真实投入。

第二，增长核算法要求产出、投入等指标是连续的数据，以测算不同要素的产出弹性。但在实际操作过程中，产出、投入等指标通常是按月、季度或年进行统计的，即统计数据是离散的时间序列数据。

第三，不同时间的要素投入和产出的价格水平可能不同，如果不考虑价格水平的变化，可能无法得到可比、准确的要素投入成本。

指数测算法是来源于增长核算法的一类生产率测度方法的统称，其基本原理是通过不同的加权方法解决要素异质性的问题，通过离散的核算方法近似地计算投入、产出等要素的增长率。为说明指数测算法的具体方法，首先依然回到传统的索洛余项计算式：

$$\frac{\dot{A}}{A} = \frac{\dot{Y}}{Y} - \sum_1^N \beta_i \frac{\dot{X_i}}{X_i}$$

即索洛余项等同于产出变化率减去各类要素投入变化率的加权之和，其中要素投入的产出弹性系数 β_i 可以看作各类要素投入变化率的权重。用相邻两期数据之比的对数来近似变化率，那么索洛余项的计算式可以转化为：

---

① US Bureau of Labor Statistics, "Technical Information about the BLS Multifactor Productivity Measures", 2007 – 09 – 26, https://www.bls.gov/mfp/mprtech.pdf.

$$\ln(\frac{A_t}{A_{t-1}}) = \ln(\frac{Y_t}{Y_{t-1}}) - \sum_1^N \beta_t \ln(\frac{X_t}{X_{t-1}})$$

如果有各期的产出和要素投入的数据，那么可以计算得到 $\ln(\frac{Y_t}{Y_{t-1}})$ 和 $\ln(\frac{X_t}{X_{t-1}})$ 的具体数值，此时只需要测度得到权重 β_t，即可测度得到全要素生产率增长率的数值。从国外统计部门测度生产率的实践来看，根据研究对象的不同，产出通常用生产总值、营业总收入、附加值等指标测度。而根据权重 β_t 的计算方法的不同，指数测算法一般可以分为四种[①]。

第一种方法是德国经济学家 Laspeyr 于 1864 年提出的拉氏指数法（The Laspeyr's Index），该方法的原理是以基期的要素价格为基准，以第 i 项要素投入的成本占各类要素投入总成本的份额大小作为要素投入的权重[②]，以反映不同要素投入的相对重要程度。拉氏指数法将索洛余项表示为：

$$\ln(\frac{A_t}{A_{t-1}}) = \ln(\frac{Y_t}{Y_{t-1}}) - \sum_1^N \left[\left(\frac{p_0^i X_t^i}{\sum_1^N p_0^j X_t^j} \right) \times \ln(\frac{X_t^i}{X_{t-1}^i}) \right]$$

其中，p_0^i 代表基期第 i 种要素投入的价格。拉氏指数法在测度要素投入时以基期的要素价格为度量指标，因此作为权重的是以基期价格水平计算的各要素投入成本占总投入成本的份额。在增长核算法中，如果假设市场出清和完全竞争，各投入占总投入的基期成本份额也将等于其产出弹性系数。因此，拉氏指数法本质上是增长核算法的一种具体计算方法。

第二种方法是由德国学者 Paasche 于 1874 年提出的帕氏指数法（The Paasche Index）。帕氏指数法与拉氏指数法基本相同，唯一的区

[①] Carlaw K. I., Lipsey R. G., "Productivity, Technology and Economic Growth: What is the Relationship?", *Journal of Economic Surveys*, 2003, 17 (3), pp. 457 – 495.

[②] 如前文所述，不同要素投入的权重是要素的产出弹性系数。如果用要素投入的成本占总成本的份额作为权重，说明要素的产出弹性系数等于要素的成本份额，即要素的边际产出等于边际成本。因此，拉氏指数法暗含了"完全竞争市场"的假设。

别是帕氏指数法采用现期的价格来计算不同要素投入的权重。

第三种方法是1911年美国统计学家Fisher提出的费氏指数法（The Fisher Index）。Fisher将帕氏指数法和拉氏指数法计算结果的几何平均数定义为费氏指数，换而言之，费氏指数法中的权重等于帕氏指数法和拉氏指数法中权重的几何平均数。

第四种方法是在生产率研究中应用最广的指数测算法——汤氏指数法（The Tornqvist Index）。汤氏指数法提供了一种对要素投入增长率进行分层加权求和的方法。汤氏指数法假设经济活动的投入包含资本要素投入和劳动要素投入两项。以劳动投入为例，如果有 n 种劳动要素投入，那么劳动要素投入增长率可以表示为：

$$\ln \frac{L_t}{L_{t-1}} = \sum_{i=1}^{n} \left(\frac{S_t^{Li} + S_{t-1}^{Li}}{2} \right) \ln \left(\frac{L_t^i}{L_{t-1}^i} \right)$$

其中，S_t^{Li} 和 S_{t-1}^{Li} 分别代表在第 t 期和第 $t-1$ 期时，第 i 种劳动投入的成本占劳动总成本的比重，即：

$$S_t^{Li} = \frac{P_t^{Li} L_t^i}{\sum_{j=1}^{n} P_t^{Lj} L_t^j}$$

$$S_{t-1}^{Li} = \frac{P_{t-1}^{Li} L_{t-1}^i}{\sum_{j=1}^{n} P_{t-1}^{Lj} L_{t-1}^j}$$

资本要素投入增长率可以通过相同的方法得到。而全要素生产率的增长率可以通过相同的方法将劳动、资本等要素投入的增长率进行加总得到，即：

$$\ln \left(\frac{A_t}{A_{t-1}} \right) = \ln \left(\frac{Y_t}{Y_{t-1}} \right) - \left(\frac{S_t^L + S_{t-1}^L}{2} \right) \times \ln \left(\frac{L_t^i}{L_{t-1}^i} \right) - \left(\frac{S_t^K + S_{t-1}^K}{2} \right) \times \ln \left(\frac{K_t^i}{K_{t-1}^i} \right)$$

其中，S_t^L、S_t^K 分别代表第 t 期劳动、资本要素的成本占总成本的比例。如果劳动和资本是所有的要素投入，那么劳动、资本的投入份额之和，即 $S_t^L + S_t^K$ 恒等于1。

汤氏指数法的基本原理是通过分层加总的程序，把同一要素投入内不同类别要素投入的异质性纳入生产率测度的过程中，用要素各自的价格来体现要素的异质性；然后，通过相邻两期权重的算术平均，尽可能消除离散时间序列数据中价格水平变化对生产率测度带来的影响。汤氏指数法的可操作性较高，因此美国劳动统计局一般使用汤式指数法的加权方式包括零售业在内各行业的生产率变化趋势进行测度①。

上述四类指数测算法曾在不同时期内作为各国统计部门测度生产率变化趋势的主流使用方法。但这些指数测算法存在以下缺点或制约。

一是指数测算法隐含一定的前提假设条件。如前文所述，生产率测度中各要素投入的权重是其各自的产出弹性。只有在生产函数取超越对数形式②，同时满足完全竞争和市场出清的条件时，指数测度法中各要素投入的权重（即产出弹性）才能用要素投入成本的份额来测度，否则将得到有偏的全要素生产率增长率③。

二是指数测算法得到的全要素生产率增长率是一个"黑箱子"。研究者只能通过指数测算法得出生产率的变化趋势，却很难直接无法从中分析导致生产率变化的因素。

三是所有指数测算法均未考虑随机扰动因素对测度结果的影响。从这个角度来看，指数测算法可能只适用于宏观经济或产业层面对生产率变化总体趋势的分析。

四是指数测算法中最常用的汤氏指数法在我国的国民经济统计框架内可操作性不高。美国劳工统计局的统计体系非常完备，特别是对

---

① Bureau of Labor Statistics, "Productivity Measures: Business Sector and Major Subsectors", in BLS Handbook of Methods, 1997, pp. 89 – 96; Ratchford B. T., "Retail Productivity", in Basker E., *Handbook on the Economics of Retailing and Distribution*, Edward Elgar, 2016, pp. 54 – 69.

② 增长核算法也要求生产函数采取超越对数的形式或乘积可加的形式。从这个角度讲，增长核算法和指数测算法并不是"完全"的确定性方法，因为这两种方法对生产函数的形式有一定要求。

③ Diewert W. E., "Exact and Superlative Index Numbers", *Journal of Econometrics*, 1976, 4 (2), pp. 115 – 145.

不同行业不同类型的资本、劳动要素进行了分门别类的统计。而我国的统计部门和产业分管部门对不同类型的资本要素（厂房、设备、存货等）和不同类型的劳动要素（年龄、性别、受教育程度）往往没有进行详细的分类统计。

三　数据包络法

前文提到的增长核算法和指数测度法都暗含了"单产出多投入"的假设条件，即衡量经济活动产出的指标只有一项。然而，零售活动是多产出多投入的经济活动，零售活动的产出包含"商品+服务"的多重维度。如果在多产出多投入的框架下研究零售活动的生产率，增长核算法和指数测度法都将不再适用。此时需要引入另一种广泛运用的生产率测度方法——数据包络法（DEA）。

技术效率（Technical Efficiency）是数据包络法的核心概念。技术效率指决策单元（Decision Making Unit，DMU）将投入转化为产出的能力，这一概念可以用投入和产出两个角度来衡量[1]：在给定投入的情况下，技术效率可以表示为产出最大化的程度；在给定产出的情况下，技术效率可以表示为投入最小化的程度。把每个DMU，即经济个体的生产率除以所有DMU中最高的生产率，就可以得到一组介于0和1之间的数值，这一组数值就是DMU的技术效率。技术效率反映了被评价的DMU与最优DMU之间技术效率的差距[2]，因此可以视作一种相对生产率。需要注意到，技术效率的测度要求存在一组经济个体，测度的结果是多个经济个体的（相对）生产率；而前文介绍的指数测算法测度了整个经济系统或行业的生产率，测度的结果是经济系统或行业的整体生产率。

技术效率的一个实例如表3.2所示：A、B、C、D、E是五个经

---

[1] Farrell M. J., "The Measurement of Productive Efficiency", *Journal of the Royal Statistical Society*, 1957, 120 (3), pp. 253–290.

[2] 成刚：《数据包络分析方法与MaxDEA软件》，知识产权出版社2014年版。

济个体（DMU），其生产率可以用各自的产出与投入之比衡量，其中A、B的生产率最高（0.8），因此将每个经济个体的生产率除以0.8，即可得到各自的技术效率，其中生产率最高的A、B的技术效率均为1。显然，如果有更高生产率的DMU被列入其中，A、B、C、D、E的技术效率数值都会下降，但不同DMU之间技术效率的排序不变，生产率相对较低的DMU必然呈现出较低的技术效率。

表3.2　　　　　　　　　　产出/投入测度技术效率

决策单元	投入	产出	产出/投入	产出/投入（标准化）
A	10	8	0.800	1.000
B	15	12	0.800	1.000
C	32	16	0.500	0.625
D	45	18	0.375	0.469
E	24	12	0.500	0.625

资料来源：成刚：《数据包络分析方法与MaxDEA软件》，知识产权出版社2014年版，第10页。

表3.2中的经济个体是最简化的一种示例，即每个个体的产出和投入都只有一项。在多产出多投入的情况下，测度经济个体的技术效率要复杂得多。Charnes等最早引入数据包络法解决多投入多产出的技术效率求解的问题[①]。Charnes等构建的数据包络法模型被称为"CCR模型"，其基本原理是通过线性规划的方法求解投入产出的权重，从而对不同经济个体（DMU）的技术效率进行测度。CCR模型假设一共有q个DMU，每个DMU均有m种产出（y_1、y_2……y_m）和n种投入（y_1、y_2……y_m），而求解第k个DMU的投入产出权重及其技术效率的问题等价于求解下列的非线性规划问题：

[①] Charnes A., Cooper W. W., Rhodes E., "Measuring the Efficiency of Decision Making Units", *European Journal of Operational Research*, 1978, 2 (6), pp. 429–444.

$$\max \frac{\sum_{1}^{m} u_i y_{ik}}{\sum_{1}^{n} v_j x_{jk}}$$

$$s.t. \ \frac{\sum_{1}^{m} u_i y_{ir}}{\sum_{1}^{n} v_j x_{jr}} \leqslant 1$$

$$v, u \geqslant 0$$

$$i = 1, 2, \cdots, m; j = 1, 2, \cdots, n; r = 1, 2, \cdots, q \quad (3.1)$$

（3.1）式包含两方面的含义：第一，CCR 模型是在所有 DMU 技术效率值均不超过 1 的前提条件下，寻求能够使得每个 DMU 的技术效率最大化的产出投入权重，因此 CCR 模型测度得到的技术效率是"对被评价 DMU 的无效率状况做出的一种保守的估计"[1]，即 CCR 模型得到的权重有利于每个 DMU 得到尽可能高的技术效率；第二，CCR 模型基于规模收益不变的假设条件，原因是当一个 DMU 的投入和产出增加相同的倍数时，不会导致线性规划问题中的目标函数和约束条件产生任何变化[2]，得到的技术效率值仍然维持不变。

不妨假设向量 v^* 和 u^* 是（3.1）式的最优解（即最优权重），根据（3.1）式的目标函数和约束条件，δv^* 和 δu^* 也必然是一组最优解（$\delta > 0$）；换而言之，（3.1）式存在无穷多个解。为了确保得到一个可直接用于测度技术效率的最优解，可以对投入、产出的权重进行转换。令 $\delta = \left(\frac{1}{\sum_{1}^{n} v_j x_{jk}} \right)$，则有：

$$\mu = \left(\frac{1}{\sum_{1}^{n} v_j x_{jk}} \right) u = \delta u$$

$$\nu = \left(\frac{1}{\sum_{1}^{n} v_j x_{jk}} \right) v = \delta v$$

---

[1] 成刚：《数据包络分析方法与 MaxDEA 软件》，知识产权出版社 2014 年版。
[2] DMU 的投入和产出增加相同的倍数时，（3.1）式中的目标函数和约束条件的分子分母将同时约去相同的系数。

（3.1）式由此转化为等价的线性规划问题：

$$\max \sum_{1}^{m} \mu_i y_{ik}$$

$$s.t. \sum_{1}^{m} \mu_i y_{ir} - \sum_{1}^{n} \nu_j x_{jr} \leq 0$$

$$\sum_{1}^{n} \nu_j x_{jk} = 1$$

$$\nu, \mu \geq 0$$

$$i = 1, 2, \cdots, m; j = 1, 2, \cdots, n; r = 1, 2, \cdots, q \qquad (3.2)$$

根据运筹学，每一个线性规划问题都有等价的对偶线性规划问题[1]。第 k 个 DMU 对应的（3.2）式的对偶问题可以表示为：

$$\min \theta$$

$$s.t. \sum_{1}^{q} \lambda_r x_{jr} \leq \theta x_{jk}$$

$$\sum_{1}^{q} \lambda_r y_{ir} \geq y_{ik}$$

$$\lambda \geq 0$$

$$i = 1, 2, \cdots, m; j = 1, 2, \cdots, n; r = 1, 2, \cdots, q \qquad (3.3)$$

此时（3.3）式的最优解 θ^* 就是技术效率值，θ^* 位于 0 到 1 之间。可以把（3.3）式中的第一、第二个约束条件视作定义一个"虚拟的"DMU，虚拟 DMU 的投入和产出分别是所有 DMU 的线性组合，即：

$$x_j = \sum_{1}^{q} \lambda_r x_{jr}$$

$$y_i = \sum_{1}^{q} \lambda_r y_{ir}$$

根据（3.3）式中的限定条件，第 k 个 DMU 第 i 项产出 y_{ik} 总是低于或等于虚拟 DMU 的第 i 项产出 y_i，即：

$$y_i = \sum_{1}^{q} \lambda_r y_{ir} \geq y_{ik}$$

---

[1] 邓成梁：《运筹学的原理和方法》，华中科技大学出版社 2014 年版。

而第 k 个 DMU 的第 j 项投入 x_{jk} 总是高于或等于虚拟 DMU 的投入第 j 项投入 x_j（因为 θ^* 位于 0 到 1 之间），即：

$$x_j = \sum_1^q \lambda_r x_{jr} \leq \theta x_{jk} \leq x_{jk}$$

上述两个条件表明，第 k 个 DMU 投入转化为产出的效率必然不超过虚拟 DMU 的效率。当且仅当第 k 个 DMU 的效率值 θ^* 达到最大（$\theta^* = 1$）时，第 k 个 DMU 的效率值有可能达到虚拟 DMU 的效率值。因此，虚拟 DMU 可以被视为第 k 个 DMU 的目标。θ^* 越小，表明第 k 个 DMU 投入可以缩减的空间越大，即第 k 个 DMU 距离其真正的产出前沿越远，因此说明技术效率越低。如果 $\theta^* = 1$，表明第 k 个 DMU 能够达到其目标——虚拟 DMU 的产出效率，说明第 k 个 DMU 已经位于产出投入函数曲线的前沿面上，在不减少产出的情况下，投入没有缩减的空间，因此其技术效率达到最高（即等于1）。如果 $\theta^* < 1$，表明第 k 个 DMU 还有缩减投入的空间，其技术效率小于最高值（即小于1），此时第 k 个 DMU 还可以在不减少产出的情况下，通过等比例地缩减 $1 - \theta^*$ 的投入，提升技术效率、达到产出前沿。

综上所述，线性规划问题（3.3）式的本质是在给定产出前沿的前提下，计算投入可以缩减的比例，由此得到 DMU 的技术效率。因此（3.3）式也被称为"投入导向"的 CCR 模型。依据类似的原理，也容易得到"产出导向"的 CCR 模型，即在给定投入的前提下，计算产出可以提升的比例。

Färe 和 Norris[1] 进一步简化了投入导向和产出导向的 CCR 模型的表达方式。他们假设所有的 DMU 均包含在一个投入产出空间中，即：

$$S = \{(X, Y) : X \text{ 产出 } Y\}$$

其中，X 和 Y 代表 n 种投入和 m 种产出分别组成的投入、产出向量。继而可以得到产出距离函数：

---

[1] Färe R., Norris M., "Productivity Growth, Technical Progress, and Efficiency Change in Industrialized Countries: Comment", *American Economic Review*, 1994, 84 (1), pp. 66-83.

$$D(X,Y) = \inf\{\theta:(X_i,Y_i/\theta) \in S\} = (\sup\{\theta:(X_i,\theta Y_i) \in S\})^{-1}$$

Färe 和 Norris 证明，求解上述产出距离函数的过程等价于求解投入导向和产出导向的 CCR 模型线性规划问题。因此，技术效率 θ^* 可以通过求解距离函数 $D(X,Y)$ 获得。

下面我们利用图表展示投入导向 CCR 模型的原理。如表 3.3 所示，假设一共有 5 个 DMU，这些 DMU 均有两种投入和一种产出。如前文所述，在投入导向 CCR 模型中，技术效率的求解问题被转化为在不减少产出的条件下得出各项投入可以等比例下降比例的问题。表 3.3 给出单位产出情况下各 DMU 消耗的投入。以两种投入与产出之比作为横纵坐标，可以将表 3.3 中的 DMU 列入直角坐标系中，如图 3.1 所示。可以看到，在 A、B、C、D、E 五个 DMU 中，A、B、C、D 处在技术效率的前沿上，即这四个 DMU 的技术效率值为 1——对这四个 DMU 而言，不存在任何一个单位产出耗费投入更小的 DMU。E 的单位产出耗费的两项投入则要多于 B、C，根据（3.8）式，E 的技术效率值小于 1。容易看到，E′是 E 的目标 DMU，也可以被视为 B、C 线性组合得到的虚拟 DMU，此时 E′被称为 E 在前沿上的投影。根据几何原理易知，如果在保持产出不变的情况下，E 的两项投入均减少至原有投入的 OE′/OE，那么 E 将到达产出前沿（即从 E 移动至 E′）。而根据技术效率的定义，OE′/OE 就是 E 的技术效率值。图 3.1 表明，DEA 测度得到的技术效率体现了被评价 DMU 与最优 DMU（即虚拟 DMU）之间的距离或相对效率，而最优 DMU 可以由所有处于前沿位置 DMU 线性组合得到（在图 3.1 中，E 对应的最优 DMU E′可以由 B 和 C 的线性组合得到）。产出导向的 CCR 模型也可以用类似的方法得到示意图。

表3.3 单位产出的投入

DMU	投入1	投入2	产出	投入1/产出	投入2/产出
A	10	40	10	1	4
B	15	25	10	1.5	2.5
C	32	24	16	2	1.5
D	48	16	16	3	1
E	50	60	20	2.5	3

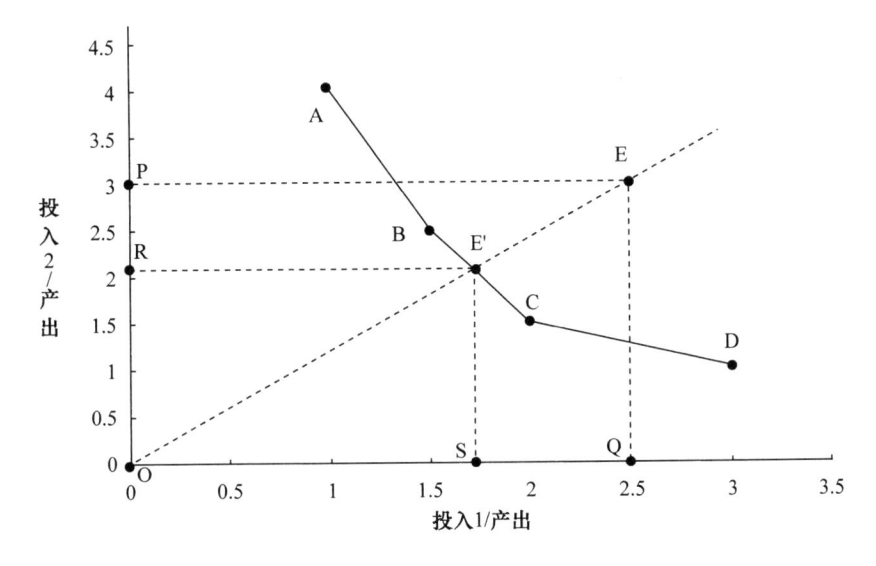

图3.1 投入导向CRR模型

CCR模型的原理暗含了一个严格的假设条件，即所有DMU的规模收益不变（CRS, Constant Returns to Scale），投入一定比例的变化必然会带来产出相同比例的变化。然而，现实的经济活动并不一定满足规模收益不变的条件。为了克服CCR模型的这一缺陷，在CCR模型的基础上，Banker等提出了BCC模型[1]。BCC模型可以在规模收益可变（Variable Returns to Scale, VRS）的条件下，将CCR模型得到

---

[1] Banker R. D., Charnes A., Cooper W. W., "Some Models for Estimating Technical and Scale Inefficiencies in Data Envelopment Analysis", *Management Science*, 1984, 30 (9), pp. 1078–1092.

的技术效率分解为纯技术效率和规模效率两个部分。具体而言，BCC 模型在 CCR 模型（3.3）式的基础上，增加了约束条件：

$$\sum_{1}^{q} \lambda_r = 1 (\lambda > 0)$$

即 BBC 模型可以转化为对下列函数的求解：

$$\min \theta$$

$$s.t. \sum_{1}^{q} \lambda_r x_{jr} \leqslant \theta x_{jk}$$

$$\sum_{1}^{q} \lambda_r y_{ir} \geqslant y_{ik}$$

$$\sum_{1}^{q} \lambda_r = 1 (\lambda > 0)$$

$$\lambda \geqslant 0$$

$$i = 1, 2, \cdots, m; j = 1, 2, \cdots, n; r = 1, 2, \cdots, q$$

增加的约束条件主要用于确保被评价 DMU 的生产规模和其对应的位于产出前沿的虚拟 DMU 处于同一水平。为了进一步论述 BCC 模型的原理，不妨假设有 5 个单投入单产出的 DMU：A、B、C、D、E，技术无效的 DMU 通过投入导向的方式投影在产出前沿上，如图 3.2 所示。在 CCR 模型规模效益不变的假设条件下，各个 DMU 和原点 O 连线的斜率反映了产出和投入之比，或投入转换为产出的效率。图 3.2 中只有 C 点的产出投入比最高，即 C 是唯一的有效 DMU，产出前沿可以由射线 OC 表示。产出前沿是一条射线，暗含了规模报酬不变的假设（产出投入沿射线总是等比例变化）。显然 A、B、D、E 在产出上的投影，或对应的虚拟 DMU 可以由 C 放大或缩小一定比例得到，因此 $\sum_{1}^{q} \lambda_r = \lambda \neq 1$。而在规模报酬可变的情况下，由于 $\sum_{1}^{q} \lambda_r = 1$ 的约束条件的存在，生产前沿将相应后移，ABCE 构成了新的产出前沿，此时 $\sum_{1}^{q} \lambda_r = 1$ 的条件总是满足的。以 D 为例，在规模报酬不变的情况下，D 对应的虚拟 DMU 为 D2，因此技术效率为 D2D3/DD3；

在规模报酬可变的情况下，D 对应的虚拟 DMU 为 CE 连线上的 D1，此时技术效率为 D1D3/DD3。显然，与 BCC 模型相比，CCR 模型低估了 DMU 的技术效率值，因为 CCR 模型得出的技术效率值还包含规模效率的部分，而图 3.2 中 D 规模无效的程度可以用 D2D3/D1D3 来体现，即 D2D1 体现了 D 的规模无效率。技术效率（由 CCR 模型得到）、纯技术效率（由 BCC 模型得到）和规模效率三个指标的关系为：

$$技术效率 = 纯技术效率 \times 规模效率$$

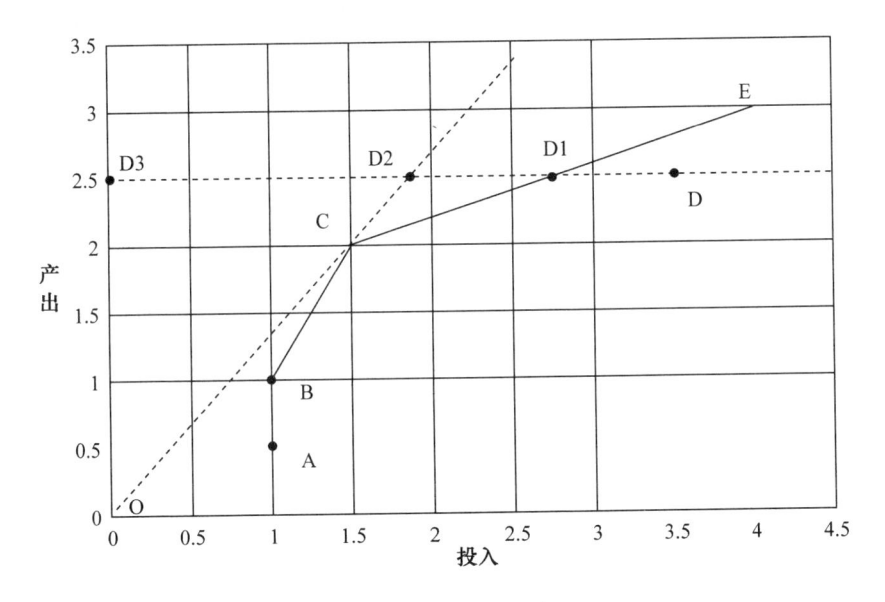

图 3.2 单产出单投入的 DMU

除了 CCR 模型和 BCC 模型以外，DEA 还包括自由处置壳模型（Free Disposal Hall，FDH）、至前沿最远距离模型（Slack Based Measure，SBM）等模型，这些模型均依赖不同的假设条件和线性规划问题。本书后面章节的实证研究主要使用了 CCR、BCC 模型，因此对其他 DEA 模型不做详细介绍。

从 CCR 模型与 BCC 模型可以看出 DEA 方法的优缺点。其优点在于：DEA 方法使用灵活，不需要任何具体的生产函数形式，同时允许多投入多产出的情况，对产出和投入的数量不做限制。另外，DEA方法以样本最优的 DMU 或最优 DMU 的线性组合为标准，判定每一个 DMU 投入转化产出的效率，因此 DEA 方法能够为所有 DMU 提供参照和学习的目标对象。最后，DEA 方法不需要对投入产出进行无量纲化处理，因此其测度结果不受产出和投入的价格水平变化的干扰。

DEA 的劣势也非常明显。首先，对投入、产出指标的设定需要依赖强有力的概念框架，一旦在测度过程中遗漏了重要的投入产出指标，会导致技术效率测度结果的显著偏误。其次，DEA 方法把被评价 DMU 离最优产出前沿的距离都归于技术无效（即技术效率小于1），完全忽略了投入产出指标的测度误差和其他随机噪声对测度结果的干扰。因此，在研究零售业生产率时，如果使用 DEA 方法测度生产率（即技术效率），必须通过大量的文献研究并充分结合零售活动的实践情况，构造一个较为完善的投入产出指标框架，避免重要指标的遗漏。此外，为尽可能避免系统性、长期性、宏观性的随机扰动因素对 DEA 测度结果的影响，本书并没有将 DEA 方法用于宏观、行业和时间跨度较大的零售业生产率研究，而是在研究时间跨度较小的商店生产率时采用 DEA 分析方法。

第二节　计量估计方法

计量估计方法与增长核算法、指数测算法、数据包络法等确定性方法最大的区别是考虑了不可观测或不可知的随机扰动因素的影响。生产率测度的计量估计方法主要包括增长回归估计（Growth Regression）、时变弹性估计（Time-Varying Elasticity Regression）、随机前沿分析（Stochastic Frontier Analysis）、代理变量法（Proxy Method）等方法。

增长回归估计和时变弹性估计是生产率测度理论方法的重要分支。增长回归估计主要以内生增长理论中的资本积累收敛和全要素生产率收敛的假设为基础,测度国家、地区层面经济活动的生产率[1],但没有办法得到各要素投入的弹性系数,即无法分析某种要素投入转化为产出的效率。时变弹性估计是近年兴起的一种新的生产率测度方法,该方法基于柯布道格拉斯生产函数形式和规模报酬不变、完全市场竞争的前提条件,把资本、劳动要素的产出弹性定义为与时间相关的非参函数,在充分考虑不同要素产出弹性时变特征的基础上测度全要素生产率[2]。增长回归估计和时变弹性估计的共同特点是都构造了技术进步的某种代理变量,进而测度得到生产率,但这两种方法的假设条件(如规模报酬不变、完全市场竞争等)与国家、地区层面经济活动的特征较为贴近,而不适用于行业和微观企业生产率的测度。因此,本书主要介绍另外两种计量估计方法——随机前沿分析和代理变量法,而不对增长回归估计和时变弹性估计作详细介绍。

一 随机前沿分析

和数据包络法一样,随机前沿分析(SFA)也起源于技术效率和距离函数的概念。20世纪50年代,Koopsmans[3]和Shephard[4]提出了关于技术效率的重要观点:当且仅当不减少其他产品产量或不增加投入成本的条件下,不可能再增加某种产品的产量,此时生产该种产品才是具有技术效率的。Farrell首次实证测度了技术效率,并用线性规划的方法将成本的技术效率(Cost Efficiency)分解为技术和要素配置两个部分,他的研究不仅直接影响了CCR、BCC等数据包络模型,也

---

[1] Nazrul Islam, "Growth Empirics: A Panel Data Approach", *Quarterly Journal of Economics*, 1998, 113 (1), pp. 325 – 329; Nazrul Islam, "Productivity Dynamics in a Large Sample of Countries: A Panel Study", *Review of Income and Wealth*, 2003, 49 (2), pp. 247 – 272; Liberto A. D., Pigliaru F., Mura R., "How to Measure the Unobservable: A Panel Technique for the Analysis of TFP Convergence", *SSRN Electronic Journal*, 2005, 60 (2), pp. 343 – 368.

[2] 章上峰、许冰:《时变弹性生产函数与全要素生产率》,《经济学》2009年第8期。

[3] Koopmans, Tjalling C., "Analysis of Production as an Efficient Combination of Activities. Activity Analysis of Production and Allocation", pp. 33 – 97; Cowles Commission Monograph No. 13. John Wiley & Sons, Inc., New York, N. Y.; Chapman & Hall, Ltd., London, 1951.

[4] Ronald W. Shephard, *Cost and Production Functions*, Springer-Verlag, 1981.

促进了随机前沿分析方法的形成①。20世纪70年代，Meeusen和Broeck②（以下简称MB）、Battese和Corra③（以下简称BC）以及Aigner、Lovell和Schmidt④（以下简称ALS）等学者相继研究随机前沿分析方法，标志着基于随机前沿模型测度经济活动生产率的方法的问世。MB、BC、ALS三种方法均假设生产函数服从：

$$Y = f(X;\beta) \cdot \exp\{v - u\}$$

其中，Y代表产出标量，X代表多种投入向量⑤，误差项$v \sim N(0, \sigma_v^2)$代表随机扰动因素，$u \geqslant 0$用来衡量技术无效的程度。由此，产出前沿可以由$f(X;\beta) \cdot \exp\{v\}$表示；判断经济个体是否技术无效，取决于$u = 0$还是$u > 0$，$u$越大，经济个体距离产出前沿越远。显然，随机前沿分析与数据包络法的原理有相似之处，它们测度的都是相对的生产率，即技术效率。

关于技术无效项u的设定，MB假设u服从指数分布，BC假设u服从半正态分布，而ALS则综合考虑了两种分布的假设。后续很多随机前沿分析的研究文献对无效率项u的分布采用了更加灵活的假设，但指数分布和半正态分布的假设依然是实证研究中最常见的两种设定。

如果技术效率在不同个体间或同一个体的不同时间阶段存在差异，那么需要进一步研究导致技术效率差异性的因素。一些随机前沿分析研究的早期文献一般采用两阶段估计法，即在第一阶段测度得到技术效率，然后在第二阶段用技术效率值对一系列影响因素作多元回

---

① Farrell M. J., "The Measurement of Productive Efficiency", *Journal of the Royal Statistical Society*, 1957, 120 (3), pp. 253 – 290.

② Meeusen W., Broeck J. V. D., "Efficiency Estimation from Cobb-Douglas Production Functions with Composed Error", *International Economic Review*, 1977, 18 (2), pp. 435 – 444.

③ Battese G. E., Corra G. S., "Estimation of A Production Frontier Model: With Application to the Pastoral Zone of Eastern Australia", *Australian Journal of Agricultural and Resource Economics*, 1977, 21 (3), pp. 169 – 179.

④ Aigner D., Lovell C. A. K., Schmidt P., "Formulation and Estimation of Stochastic Frontier Production Function Models", *Journal of Econometrics*, 1977, 6 (1), pp. 21 – 37.

⑤ 这表明MB、BC、ALS三种方法只能用于测度单产出多投入的经济活动的生产率。

归分析。20世纪90年代以来,许多学者提出了一步极大似然估计方法,把可能影响技术效率的被解释变量直接并入技术无效项中,将误差项的均值①或方差②设定为被解释变量的函数。和传统的两阶段估计法相比,一步极大似然估计方法避免了影响技术效率的被解释变量和投入要素之间的相关性所导致的内生性问题,同时放松了无效率项同分布的假设③。

本书实证研究中主要使用 Battese 和 Coelli④ 在 1995 年提出的随机前沿分析模型。该模型假设生产函数采取以下形式:

$$Y = f(X;\beta) \cdot \exp\{v - u\}$$
$$v \sim N(0, \sigma_v^2)$$
$$u \sim N^+(\mu, \sigma_u^2)$$
$$\mu = \delta^T Z + \varepsilon$$
$$\varepsilon \sim N(0, \sigma_\varepsilon^2) \quad (3.4)$$

其中,技术无效项服从半正态分布,即 $u \sim N^+(\mu, \sigma_u^2)$;技术无效项的期望 μ 是一系列影响技术无效程度的因素 Z 的函数;β、σ_v^2、σ_u^2、δ、σ_ε^2 为待估参数;所有随机扰动项均独立分布且与投入向量无关。(3.4) 式可以用最大似然估计方法进行估计。经济个体的技术有效性可以用 $\exp\{-u\}$ 测度。由于 $u \geq 0$,因此技术效率位于 0—1

---

① Khumbakar S. C., Ghosh S., Mcgukin J. T., "A Generalized Production Frontier Approach for Estimating Determinants of Inefficiency in U. S. Dairy Farms", *Journal of Business & Economic Statistics*, 1991, p. 9; Battese G. E., Coelli T. J., "A Model for Technical Inefficiency Effects in a Stochastic Frontier Production Function for Panel Data", *Empirical Economics*, 1995, 20 (2), pp. 325 – 332.

② Reifschneider D., Stevenson R., "Systematic Departures from the Frontier: A Framework for the Analysis of Firm Inefficiency", *International Economic Review*, 1991, 32 (3), pp. 715 – 723.

③ 王志刚、龚六堂、陈玉宇:《地区间生产效率与全要素生产率增长率分解 (1978—2003)》,《中国社会科学》2006 年第 2 期;蒋萍、谷彬:《中国服务业 TFP 增长率分解与效率演进》,《数量经济技术经济研究》2009 年第 8 期。

④ Battese G. E., Coelli T. J., "A Model for Technical Inefficiency Effects in a Stochastic Frontier Production Function for Panel Data", *Empirical Economics*, 1995, 20 (2), pp. 325 – 332.

之间,并随技术无效项 u 的减少而单调递增。进一步的,技术效率的期望值或预测值可以表示为[1]:

$$E[\exp\{-u\} \mid (v-u)] = [\exp\{-u^* + \frac{(\sigma^*)^2}{2}\}] \cdot [\frac{\Phi(u^*/\sigma^* - \sigma^*)}{\Phi(u^*/\sigma^*)}]$$

其中:

$$u^* = \frac{\sigma_v^2(\delta^T Z) - \sigma_u^2(\varepsilon)}{\sigma_v^2 + \sigma_u^2} \quad \sigma^* = \frac{\sigma_v^2 \sigma_u^2}{\sigma_v^2 + \sigma_u^2}$$

和数据包络法类似,随机前沿分析定义的技术效率同样可以由距离函数导出。参考 Shephard[2] 的模型,假设距离函数为:

$$D(X,Y) = \inf\{\theta : (X_i, Y_i/\theta) \in S\} = (\sup\{\theta : (X_i, \theta Y_i) \in S\})^{-1} \tag{3.5}$$

同时假设不考虑随机扰动因素的生产函数为:

$$Y = f(X;\beta) \cdot TE$$

其中,TE 代表技术效率的期望值。当用 $f(X;\beta)$ 代表给定投入的产出前沿时,产出导向的距离函数等价于技术效率的期望值 TE,根据(3.5)式易得技术效率 TE 为:

$$TE = [\max\{\theta : \theta Y \leq f(X,\beta)\}]^{-1}$$

结合生产函数的形式可知,技术效率的期望值或距离函数等于 $\frac{Y}{f(X,\beta)}$。因此,距离函数得到的技术效率的表达式与(3.4)式的内涵一致。

既然随机前沿分析和数据包络法都可以得到经济活动的技术效率,那么采用这两种方法得到的技术效率有何区别呢?对于这一问

---

[1] Kumbhakar S. C., Lovell C. A. K., *Stochastic Frontier Analysis*, Cambridge University Press, 2000.
[2] Shephard, Ronald William, *Theory of Cost and Production Functions*, Princeton University Press, 2015.

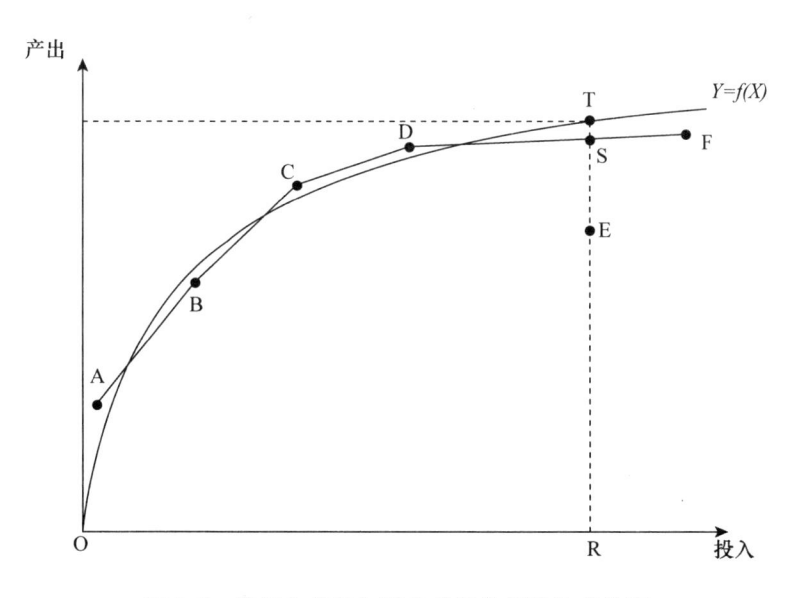

图 3.3 数据包络法与随机前沿分析的技术效率

题,可以用单投入单产出的情况来做简要的说明。如图 3.3 所示,样本中共有 A、B、C、D、E、F 六个经济个体(或 DMU)。在数据包络法的分析中,A、B、C、D、F 的折线共同构成了产出前沿,E 的技术效率或 E 离产出前沿的距离可以表示为同投入下 E 和 S 之间的距离,此时 S 是 D 和 F 线性组合得到的最佳 DMU(虚拟 DMU)。而在随机前沿分析中,通过对所有样本的回归分析可以得到一条拟合的生产函数曲线 $Y = f(X)$,E 的技术效率由 E 到生产函数曲线 $Y = f(X)$ 的垂直距离衡量。因此,利用数据包络法得到的 E 的技术效率为 RE/RS;利用随机前沿分析得到的 E 的技术效率为 RE/RT。除非 S 恰好落在生产函数曲线上,否则数据包络法和随机前沿分析得到的技术效率一定存在微小的差距,即 ST 的部分[①]。

由此可见,随机前沿分析和数据包络法最大的区别在于:前者通

---

① ST 可能为正或负,这取决于与 S 和生产函数曲线的相对位置。

过回归方法构造产出前沿，代表产出前沿的生产函数是通过样本值的回归分析得到的生产函数的"拟合"，反映了所有样本投入转化为产出的平均情况，因此技术效率为1的个体并不一定恰好落在估计得到的产出前沿上；后者通过线性规划的方法构造产出前沿，因此技术效率为1的个体一定落在产出前沿上。

随机前沿分析和数据包络法的区别恰恰反映了随机前沿分析的最大优点：随机前沿分析充分考虑了随机扰动项可能造成的测度偏差（包括测量误差），因此所得到的产出前沿能够更准确地反映了经济活动的真实产出状况。但对生产函数形式和随机扰动项过多的假设使得随机前沿分析的使用存在诸多限制条件。此外，随机前沿分析尽管也可以用于多产出多投入的情况，但需要对距离函数的形式和函数性质设定非常严苛的假设①，这也是随机前沿分析相对于数据包络法的不足之处。

二 代理变量法

生产率研究文献中有相当一部分文献没有采用距离函数和技术效率的概念，而是通过传统的最小二乘估计（Ordinary Least Square，OLS），对企业层面的生产函数和全要素生产率进行测度。这种方法虽然操作简单，但通常会导致经典的内生性问题。早在1944年，Marschak 和 Andrews 就提出：由于要素投入和经济学家无法观测的全要素生产率之间可能存在相关性，对生产函数的简单线性回归会出现所谓的"同步偏误"（simultaneity bias），这是内生性问题产生的根源②。Beveren 将解决该问题的方法总结为三种，即固定效应法、工具

---

① Paul C. J. M., Nehring R., "Product Diversification, Production Systems, and Economic Performance in U. S. Agricultural Production", *Journal of Econometrics*, 2005, 126 (2), pp. 525 – 548; Park T. A., King R. P., "Evaluating Food Retailing Efficiency: The Role of Information Technology", *Journal of Productivity Analysis*, 2007, 27 (2), pp. 101 – 113.

② Marschak J., Andrews W., "Random Simultaneous Equations and the Theory of Production", *Econometrica*, 1944, 12, pp. 3 – 4.

变量法和代理变量法，其中后者是近年微观生产率实证文献中最常用的方法①。考虑到代理变量法在研究零售业生产率时存在数据统计等方面的限制，本书未使用代理变量法，因此本小节仅简要介绍代理变量法的基本原理。

假设企业的生产活动服从 Cobb-Douglas 函数的对数形式：

$$y_t = \beta_k k_t + \beta_l l_t + \sum \beta_i x_{it} + \omega_t + \varepsilon_t \quad (3.6)$$

其中，y_t 代表第 t 期产出的对数；k_t、l_t 分别代表第 t 期的资本、劳动的对数；x_{it} 代表第 t 期除劳动、资本以外其他可变投入的对数，β_i 是对应变量的系数，不随时间变化；ω_t 代表全要素生产率（TFP）中可以被经营者识别的部分，ε_t 代表 TFP 中被企业者观测到的外生的生产率变动，但经济学家无法观测 ω_t 和 ε_t。依据利润最大化的原则，企业决策者会根据 ω_t 即时调整生产要素的投入组合；而如果对生产函数直接进行 OLS 回归，ω_t 会被放到残差项中，由此将导致典型的内生性问题，使得参数的估计结果与真实值出现偏离。代理变量法的基本原理就是通过找到生产率中的特殊组成部分——ω_t 的代理变量，将代理变量放入估计模型中，进而避免内生性问题。

Olley 和 Pakes 首先提出将投资额作为 TFP 代理变量的半参数方法，即 OP 方法②。该方法假设：在当期资本存量的基础上，企业对 ω_t 的预期越高，当期投资额越高。由此构建投资决策函数：

$$i_t = f_t^i(\omega_t, k_t)$$

其中，i_t 为第 t 期企业的投资。投资决策函数的反函数为：

$$\omega_t = f_t^{i-1}(i_t, k_t) \quad (3.7)$$

将（3.7）式代入（3.11）式，得到：

$$y_t = \beta_l l_t + \sum \beta_i x_{it} + \varphi_t(i_t, k_t) + \varepsilon_t \quad (3.8)$$

---

① Beveren I. V., "Total Factor Productivity Estimation: A Practical Review", *Licos Discussion Papers*, 2007, 26 (1), pp. 98 – 128.

② Olley G. S., Pakes A., "The Dynamics of Productivity in the Telecommunications Equipment Industry", *Econometrica*, 1992, 64 (6), pp. 1263 – 1297.

其中：

$$\varphi_t(i_t,k_t) = \beta_k k_t + f_t^{i-1}(i_t,k_t) \tag{3.9}$$

对 (3.8) 式进行半参数估计可得到参数 β_l、β_i 以及多项式 $\varphi_t(i_t,k_t)$ 的估计值 $\hat{\beta}_l$，$\hat{\beta}_i$ 和 $\hat{\varphi}_t$。然后进行第二步估计：假设生产率 ω_t 服从外生的一阶 Markov 过程，即：

$$\omega_t = E(\omega_t \mid \omega_{t-1}) + \xi_t$$

其中，ξ_t 代表与 $t-1$ 期的 ω_{t-1} 无关的部分，可视为企业 TFP 在第 t 期的创新。由此设定 ω_t 的演进方程为：

$$\omega_t = g(\omega_{t-1}) + \xi_t \tag{3.10}$$

根据 (3.7) 式、(3.8) 式、(3.9) 式、(3.10) 式，可以得到非线性估计方程：

$$\hat{\varphi}_t = \beta_k k_t + g(\hat{\varphi}_{t-1} - \beta_k k_{t-1}) + \xi_t$$

或：

$$y_t = \hat{\beta}_l l_t + \sum \hat{\beta}_i x_t + \beta_k k_t + g(y_{t-1} - \hat{\beta}_l l_{t-1} - \sum \hat{\beta}_i x_{t-1} - \beta_k k_{t-1}) + \varepsilon_t + \xi_t$$

对上述两个方程中任意一个进行非线性最小二乘估计，均可以得到 β_k 的估计值；其中，所有的非参部分可用高阶多项式或核密度函数进行拟合。在得到各参数的估计值后，可以利用索洛余量的测度方法直接计算得到 TFP。

OP 方法为解决生产率测度中的内生性问题提供了一个可行的思路。但在实证研究中，企业投资 i_t 的统计数据常常缺失或在某一年为零。Levinsohn 和 Petrin 针对这种情况，提出用中间投入（原材料、水、电等）作为 TFP 的代理变量，采用和 OP 方法过程类似的思路，对生产函数中的参数进行估计，他们的方法被称为 LP 方法[1]。然而，

---

[1] Levinsohn J., Petrin A., "Estimating Production Functions Using Inputs to Control for Unobservables", *Review of Economic Studies*, 2003, 70 (2), pp. 317–341.

Ackerberg、Caves 和 Frazer（以下简称为 ACF）指出：LP 方法存在潜在的多重共线性问题[①]。Ackerberg 等人考虑一个以附加值作为产出的生产函数方程[②]：

$$y_t = \beta_k k_t + \beta_l l_t + \omega_t + \varepsilon_t \tag{3.11}$$

若依据 LP 方法，将原材料 m_t 作为 ω_t 的代理变量，则可得：

$$m_t = f_t^m(\omega_t, k_t) \tag{3.12}$$

进而：

$$\omega_t = f_t^{m-1}(m_t, k_t) \tag{3.13}$$

如果劳动力投入 l_t 和原材料 m_t 一样，都是可变投入，那么企业关于 l_t 的决策也可能服从类似于 m_t 决策方程的形式，即：

$$l_t = f_t^l(\omega_t, k_t) \tag{3.14}$$

将（3.13）式代入（3.14）式可得：

$$l_t = f_t^l(\omega_t, k_t) = f_t^l(f_t^{m-1}(m_t, k_t), k_t) = F_t^l(m_t, k_t) \tag{3.15}$$

根据 LP 法，最终需要估计的方程是：

$$y_t = \beta_k k_t + \beta_l l_t + f_t^{m-1}(m_t, k_t) + \varepsilon_t = \beta_l l_t + \varphi_t(m_t, k_t) + \varepsilon_t \tag{3.16}$$

由于 l_t 和 $\varphi_t(\cdot)$ 都是 m_t 和 k_t 的函数，因此（3.16）式存在明显的多重共线性问题，无法识别得到 l_t 的系数——β_l 的估计值。

针对 LP 方法的多重共线性问题，ACF 提出了一种新的假设：劳动是介于固定投入和可变投入之间的"半可变投入"，因为企业培训新员工或在劳动市场搜寻新的劳动力需要一定的时间。因此，劳动投入 l_t 应当在 $t-b$（$0 < b < 1$）期决定，即先于原材料 m_t（在 t 期决

[①] Ackerberg D., Caves K., Frazer G., "Structural Identification of Production Functions", MPRA Paper, 2006, 88 (453), pp. 411–425.

[②] 附加值通常指从企业的销售额中扣除供生产之用而其他企业购入的原材料成本，因此当把附加值作为产出时，对应的投入只有劳动和资本，而不包括其他中间投入。

定），后于资本 k_t（在 $t-1$ 期决定）①。这种情况下，m_t 不仅取决于当期资本和生产率水平，还取决于当期的劳动力水平，即：

$$m_t = f_t(\omega_t, k_t, l_t) \tag{3.17}$$

反函数为：

$$\omega_t = f_t^{-1}(m_t, k_t, l_t) \tag{3.18}$$

将（3.18）式代入生产函数（3.16）式得到：

$$y_t = \beta_k k_t + \beta_l l_t + f_t^{-1}(m_t, k_t, l_t) + \varepsilon_t = \varphi_t(m_t, k_t, l_t) + \varepsilon_t$$

用高阶多项式拟合 $\varphi_t(m_t, k_t, l_t)$，得到其估计值 $\hat{\varphi}_t$。假设 ω_t 服从一阶马尔科夫过程，由此可得：

$$\hat{\varphi}_t = \beta_k k_t + \beta_l l_t + g(\hat{\varphi}_{t-1} - \beta_k k_{t-1} - \beta_l l_{t-1}) + \xi_t$$

或

$$y_t = \beta_k k_t + \beta_l l_t + g(y_{t-1} - \beta_l l_t - \beta_k k_t) + \varepsilon_t + \xi_t$$

上述两式中，由于 l_t 是在第 t 期之前决定的，因此可能会影响第 t 期的生产率创新部分 ξ_t，进而导致模型的内生性问题。为解决该问题，ACF 方法通过构造矩条件，对模型进行广义矩估计（GMM）②。ACF 方法将 l_t 的滞后项的 l_{t-1} 作为工具变量，得到上述两式对应的矩条件：

$$E\left[\xi_t \mid \begin{matrix} k_t \\ l_{t-1} \end{matrix}\right] = 0$$

$$E\left[\varepsilon_t + \xi_t \mid \begin{matrix} k_t \\ l_{t-1} \end{matrix}\right] = 0$$

上述任一矩条件均可识别 β_k 和 β_l，继而计算得到全要素生产率。

OP、LP、ACF 三种方法本质上都是通过寻找 ω_t 的代理变量来解决内生性问题，因此这一类方法被称为代理变量法。代理变量法非常

---

① 第 t 期的资本由 $t-1$ 期的资本存量和投资决策共同决定，因此是在 $t-1$ 期决定的。

② 广义矩估计是基于模型实际参数满足一定矩条件而形成的一种参数估计方法，是矩估计方法的一般化。只要模型设定正确，则总能找到该模型实际参数满足的若干矩条件而采用 GMM 估计。参见李子奈《高级应用计量经济学》，清华大学出版社 2012 年版。

注重构建经济个体理性决策的过程，这使得代理变量法具有微观层面较强的解释力。但这也反映了代理变量法最大的局限性，即对经济活动中投入产出设定过多的假设。另外，在使用代理变量法测度就经济活动的生产率时，如果没有考虑投入要素价格的异质性，将无法得到生产函数的无偏估计，继而导致对全要素生产率的错误的测度[①]。最后，代理变量法中常常使用滞后项作为工具变量（如 ACF 方法），因此，代理变量法通常不能在横截面数据结构的情况下使用，而只能面板数据结构的情况下使用。在零售微观生产率的研究过程中，投入产出面板数据常常难以获得，因此代理变量法的使用受到极大限制。

第三节　技术效率与全要素生产率变化的分解

在前文对实证方法的介绍中，生产率主要指两方面的概念：技术效率和全要素生产率。前者反映了经济个体距离最佳产出前沿的距离，是一种"相对"生产率；后者反映了经济个体产出的增长中无法被投入增长所解释的部分。因此，技术效率是一个静态的概念，而全要素生产率是一个动态的概念[②]。

在面板数据结构的情况中，技术效率的变化可以被视为全要素生产率变化的一个部分。下面通过最简单的情况——单投入单产出、规模报酬不变的经济活动来说明这一点。如图 3.7 所示，经济个体在投入产出空间内的位置从 t 期的 (X_t, Y_t) 移动至 $t+1$ 期的 (X_{t+1}, Y_{t+1})，显然，由于 $\frac{Y_{t+1}}{X_{t+1}} > \frac{Y_t}{X_t}$，所以全要素生产率发生了变化，而这一变化由两方面变化构成：一方面，$f_{t+1}(X) > f_t(X)$，说明 t 期到 $t+1$ 期的产出前沿提升了，即存在技术进步；另一方面，t 期和 $t+1$ 期经济个

[①] Bond S., Sderbom M., "Adjustment Costs and the Identification of Cobb Douglas Production Functions", Economics Papers, 2005.

[②] 根据索洛余项的计算公式，"全要素生产率变化率"的称谓可能更为准确。

体的产出均位于产出前沿之下，即技术无效一直存在，但 $t+1$ 期的产出到产出前沿的距离和 t 期有所不同，说明技术效率发生了变化。可见，在一个动态（或者说跨期）的经济活动中，技术效率的变化是全要素生产率变化的其中一个来源，而全要素生产率变化的另一个来源就是技术进步。

如果想要分析全要素生产率变化的来源，并将其分解为技术效率的变动和技术进步两个方面，首要的条件是必须获得经济活动的面板数据，因为面板数据一方面包含投入产出在不同时期的动态变化，从而能够得到全要素生产率的变化率；另一方面还包含多个经济个体的信息，从而能够构建产出前沿，以测度技术效率的变化情况。从图3.7还可以看出，当存在技术无效的情况时，全要素生产率不等于技术进步，因此用传统索洛余项的计算公式测度得到的全要素生产率不能直接反映技术进步的测度。

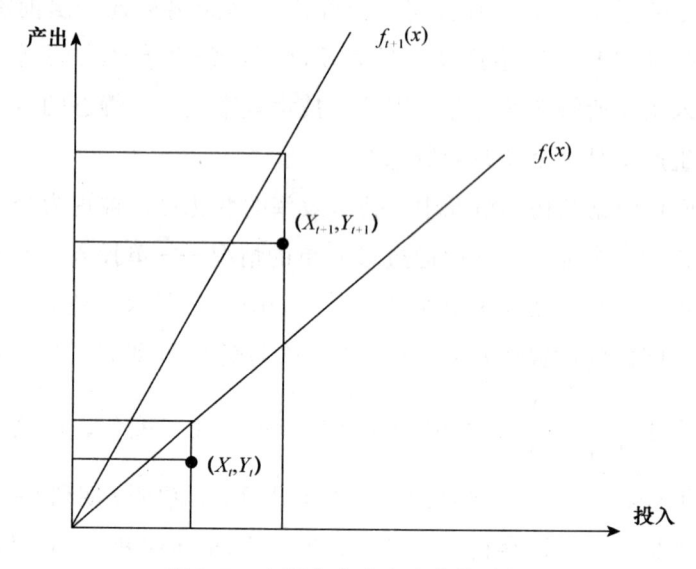

图 3.7 全要素生产率变化的分解

对全要素生产率的变化进行分解的方法主要有两种。第一种方法是以数据包络法为基础的曼奎斯特（Malmquist）生产率指数方法，即 DEA-Malmquist 指数方法。Caves 和 Diewert 通过构造距离函数之比，首次将 Malmquist 指数引入全要素生产率的测度[1]。在此基础上，许多学者利用数据包络法实证测度了生产率的 Malmquist 指数，并将该指数分解为技术效率变动、技术进步和规模效率变动三个部分[2]。本书的实证研究主要使用 Färe 等学者在 1994 年提出的生产率分解方法。Färe 假设有两期面板数据，其中被评价 DMU 的投入产出分别为 (X^t, Y^t) 和 (X^{t+1}, Y^{t+1})。基于 t 期和 $t+1$ 期的 DMU 可以分别用 DEA 方法构造两期的产出前沿。如前文所述，根据 CCR 模型和 BCC 模型可得：

$$技术效率 = 纯技术效率 \times 规模效率$$

利用技术效率和距离函数的等价关系，利用 CCR 模型和 BCC 模型可以得到两种距离函数，即服从规模报酬不变假设的距离函数和服从规模报酬可变假设的距离函数。基于 t 期和 $t+1$ 期的产出前沿，Caves 和 Diewert 将被评价经济个体 DMU 从 t 期和 $t+1$ 期的生产率 Malmquist 指数定义为[3]：

$$M^t(X^t, Y^t, X^{t+1}, Y^{t+1}) = \frac{D_C^t(X^{t+1}, Y^{t+1})}{D_C^t(X^t, Y^t)} M^{t+1}(X^t, Y^t, X^{t+1}, Y^{t+1})$$

$$= \frac{D_C^{t+1}(X^{t+1}, Y^{t+1})}{D_C^{t+1}(X^t, Y^t)}$$

其中距离函数 $D_C^t(\cdot)$ 表明规模报酬不变条件下以 t 期技术水平为

---

[1] Caves D. W., Diewert W. E., "The Economic Theory of Index Numbers and the Measurement of Input, Output, and Productivity", *Econometrica*, 1982, 50 (6), pp. 1393 – 1414.

[2] Färe R., Norris M., "Productivity Growth, Technical Progress, and Efficiency Change in Industrialized Countries: Comment", *American Economic Review*, 1994, 84 (1), pp. 66 – 83; Ray S. C., Desli E., "Productivity Growth, Technical Progress, and Efficiency Change in Industrialized Countries: Comment", *The American Economic Review*, 1997, 87 (5), pp. 1033 – 1039; Zofio J. L., "Malmquist Productivity Index Decompositions: A Unifying Framework", *Applied Economics*, 2007, 39 (18), pp. 2371 – 2387.

[3] Caves D. W., Diewert W. E., "The Economic Theory of Index Numbers and the Measurement of Input, Output, and Productivity", *Econometrica*, 1982, 50 (6), pp. 1393 – 1414.

产出前沿的距离函数（即技术效率），下标 C 代表规模报酬不变，X、Y 分别为 DMU 的投入和产出。此时，距离函数 $D_C^t(\cdot)$ 有可能大于 1，因为当以 t 期技术水平为产出前沿时，$t+1$ 期的投入产出组合 (X^{t+1}, Y^{t+1}) 可能在 t 期的生产前沿之外。Färe 将 Caves 等设定的 Malmquist 指数进一步分解为：

$$M(X^t, Y^t, X^{t+1}, Y^{t+1}) = \frac{D_V^{t+1}(X^{t+1}, Y^{t+1})}{D_V^t(X^t, Y^t)} \times \left[\frac{D_C^t(X^t, Y^t)}{D_C^{t+1}(X^t, Y^t)} \times \frac{D_C^t(X^{t+1}, Y^{t+1})}{D_C^{t+1}(X^{t+1}, Y^{t+1})} \right]^{\frac{1}{2}} \times \frac{D_C^{t+1}(X^{t+1}, Y^{t+1}) / D_V^{t+1}(X^{t+1}, Y^{t+1})}{D_C^t(X^t, Y^t) / D_V^t(X^t, Y^t)}$$

其中，下标 V 代表规模报酬可变。此时 Malmquist 指数可以视作三部分的乘积：第一部分是 t 期到 $t+1$ 期被评价 DMU 的纯技术效率的变化，即 $\frac{D_V^{t+1}(X^{t+1}, Y^{t+1})}{D_V^t(X^t, Y^t)}$。其中，$D_V^{t+1}(X^{t+1}, Y^{t+1})$ 代表规模报酬可变情况下 $t+1$ 期被评价 DMU 的投入产出组合 (X^{t+1}, Y^{t+1}) 与 $t+1$ 期产出前沿的距离；$D_V^t(X^t, Y^t)$ 代表规模报酬可变情况下 t 期被评价 DMU 的投入产出组合 (X^t, Y^t) 与 t 期产出前沿的距离。

第二部分是 t 期到 $t+1$ 期的技术进步。测度技术进步的思路是：分别以 t 期和 $t+1$ 期的被评价 DMU 为参照物，计算从 t 期到 $t+1$ 期被评价 DMU 技术效率的变化，这一变化反映了 t 期到 $t+1$ 期产出前沿的变化即技术进步，由此分别得到 $\frac{D_C^t(X^t, Y^t)}{D_C^{t+1}(X^t, Y^t)}$ 和 $\frac{D_C^t(X^{t+1}, Y^{t+1})}{D_C^{t+1}(X^{t+1}, Y^{t+1})}$，两者的几何平均数 $\left[\frac{D_C^t(X^t, Y^t)}{D_C^{t+1}(X^t, Y^t)} \times \frac{D_C^t(X^{t+1}, Y^{t+1})}{D_C^{t+1}(X^{t+1}, Y^{t+1})} \right]^{\frac{1}{2}}$ 可以反映从 t 期到 $t+1$ 期技术进步的平均程度。

第三部分是 t 期到 $t+1$ 期被评价 DMU 规模效率的变化。根据技术效率、纯技术效率、规模效率三者的关系：

$$\text{技术效率} = \text{纯技术效率} \times \text{规模效率}$$

规模效率可由技术效率除以纯技术效率得到，因此 t 期和 $t+1$ 期的规模效率分别可以表示为 $D_C^{t+1}(X^{t+1}, Y^{t+1}) / D_V^{t+1}(X^{t+1}, Y^{t+1})$ 和

$D_C^t(X^t,Y^t)/D_V^t(X^t,Y^t)$。

和前文介绍的数据包络法类似,基于 DEA 的 Malmquist 指数分解方法无须对生产函数形式做任何界定,产出前沿可通过最优 DMU 及其线性组合得到;该方法也不需要任何投入产出价格信息。但另一方面,DEA-Malmquist 方法和数据包络法一样,没有考虑随机扰动因素可能造成的影响。此外,由于 DEA-Malmquist 指数测度的是生产率随时间的动态变化情况,因此该方法不能用于截面数据结构情况下不同经济个体生产率的测度和研究。

与 DEA-Malmquist 指数方法相对的另一种方法是随机前沿分析方法。Kumbhakar 和 Lovell[1]对该方法进行了详尽的论述。他们将生产函数的设定为(暂不考虑随机扰动因素):

$$Y = f(X;\beta) \cdot \exp\{-u\}$$

其中,$u \geq 0$ 表示技术无效的程度,$\exp\{-u\}$ 代表技术效率。为了考虑生产率的变化,在多期的经济活动中,生产函数扩展为:

$$Y = f(X,t;\beta) \cdot \exp\{-u\} \quad (3.19)$$

t 为时间趋势变量,用来控制技术随时间的变化。此时,产出前沿随时间的变化,或技术进步可以表示为:

$$\Delta T = \frac{\partial \ln f(X,t;\beta)}{\partial t}$$

技术效率随时间的变化率为:

$$\Delta TE = -\frac{\partial u}{\partial t}$$

如前文所述,在满足完全竞争市场和规模报酬不变的条件下,全要素生产率的变化率(即索洛余项)被定义为产出的变化率减去要素投入变化率加权之和后剩余的部分,即:

$$\dot{TFP} = \dot{Y} - \sum S_i \dot{X}_i \quad (3.20)$$

---

[1] Kumbhakar S. C., Lovell C. A. K., *Stochastic Frontier Analysis*, Cambridge University Press, 2000.

其中，S_i 为第 i 项投入占总支出份额。将 (3.19) 式取对数并对时间求导可得：

$$\dot{Y} = \Delta T + \Delta TE + \sum \varepsilon_i \dot{X}_i$$

将上式带入 (3.20) 式可得：

$$T\dot{F}P = \Delta T + \Delta TE + \sum (\varepsilon_i - S_i) \dot{X}_i = \Delta T + \Delta TE +$$

$$(\varepsilon - 1) \sum \left(\frac{\varepsilon_i}{\varepsilon}\right) \dot{X}_i + \sum \left(\frac{\varepsilon_i}{\varepsilon} - S_i\right) \dot{X}_i \qquad (3.21)$$

其中，$\varepsilon_i = \dfrac{\partial \ln f(X,t)}{\partial \ln X_i}$ 代表第 i 项投入的产出弹性，而 $\varepsilon = \sum \varepsilon_i$ 代表各要素产出弹性之和，即规模经济效应。显然，ε 和 1 的相对大小可以反映经济活动的规模经济情况：$\varepsilon = 1$ 表明规模报酬不变；$\varepsilon > 1$ 表明规模报酬递增；$\varepsilon < 1$ 表明规模报酬递减。因此，$(\varepsilon - 1) \sum \left(\dfrac{\varepsilon_i}{\varepsilon}\right) \dot{X}_i$ 可以反映出经济个体的规模经济性和规模报酬不变之间的差距导致的全要素生产率的变化。$\dfrac{\varepsilon_i}{\varepsilon}$ 代表第 i 项要素投入的产出弹性占各要素产出弹性之和的比重——在规模报酬不变且完全竞争市场的条件下，第 i 项要素投入的产出弹性占总弹性的比例等于其要素成本占总支出的比重 S_i，因此 $\sum \left(\dfrac{\varepsilon_i}{\varepsilon}\right) - S_i \dot{X}_i$ 可以反映出市场竞争不完全导致的资源配置效率的变动对全要素生产率变化的影响。综上所述，全要素生产率变化率被分解为技术变化部分（ΔT）、技术效率变化部分（ΔTE）、规模经济部分 $\left[(\varepsilon - 1) \sum \left(\dfrac{\varepsilon_i}{\varepsilon}\right) \dot{X}_i\right]$ 和配置效率部分 $\left[\sum \left(\dfrac{\varepsilon_i}{\varepsilon}\right) - S_i \dot{X}_i\right]$。

利用随机前沿分析对全要素生产率变动进行分解的方法将增长核算法中索洛余项的概念和随机前沿分析中技术效率的概念相结合，丰富了全要素生产率的内涵。但这一方法也有相应的劣势和限制：首先，如果缺少要素投入价格或要素投入成本比例等数据，那么就无法计算全要素生产率变化率中的配置效率部分；其次，这一方法需要对生产函数的形式做先验的设定，函数形式设定的差异会直接影响最终的测度结果。

第四节　总结

本章讨论生产率测度主要的实证方法及其优点和限制，由此可以归纳总结不同方法所适用的研究环境和研究对象，如表3.4所示。在零售生产率的实证研究中，需要结合不同研究问题和不同的生产率实证方法的使用条件，选择适当的实证方法。例如，在行业层面的研究中，零售活动的产出通常由零售销售额表示，因此可以采用增长核算法、指数测算法或随机前沿分析；在商店层面的研究中，零售产出包含销售额和分销服务两个维度，而代理变量法、随机前沿分析等方法通常要求只有一项产出指标，由此不适合用于零售商店生产率的测度，此时适宜采用数据包络法或DEA-Malmquist指数方法；在企业层面的研究中，则需要根据数据结构的特点（截面数据、时间序列数据或面板数据），在随机前沿分析、数据包络法、DEA-Malmquist指数方法或代理变量法中灵活进行选择。本书后面的实证研究将遵循上述的逻辑，根据具体的研究问题选取适当的实证方法，确保实证结果的稳健性和可信度。

表3.4　　　　　　　　生产率实证测度方法综述

实证方法	类别	优势	劣势	适用情况
增长核算法	确定性单产出非前沿	操作简单，不需要设定确切的生产函数	需要完全竞争和规模报酬不变的假设；忽略了要素和技术进步的内在联系；无法厘清生产率变动的来源	国家、行业层面；时间序列、面板数据

续表

实证方法	类别	优势	劣势	适用情况
指数测算法	确定性 单产出 非前沿	考虑了不同类别要素的加总问题、时间序列上数据的离散性以及各期要素价格的变化	要求生产函数必须采取超越对数形式；需要完全竞争和市场出清的假设条件；无法厘清生产率变动的来源和原因；需要非常详尽的经济统计数据	国家、行业层面；时间序列、面板数据
数据包络法	确定性 多产出 前沿	无效具体函数形式；允许多产出多投入的情况；不需要投入产出的价格信息；可以帮助经济个体寻找参照对象，改进生产效率	投入产出的数量会直接影响测度结果，因此依赖一个可靠完善的投入产出框架；忽略了随机扰动因素可能存在的影响；不能用于面板数据	国家、行业、企业层面（微观层面使用更优）；截面数据
随机前沿分析	计量估计 多产出 前沿	充分考虑随机扰动因素的影响，缓解了随机扰动因素对产出前沿的选择所造成的偏差；可用于截面和面板数据；可用于全要素生产率变动的分解	对生产函数和随机扰动项需要进行严格的限制；在多产出的情况下使用随机前沿分析需要非常严苛的假设；用于分解全要素生产率是，存在和增长核算法类似的缺点	国家、行业、企业层面；面板、截面数据
DEA-Malmquist	确定性 多产出 前沿	包含数据包络法的优点；可以用于面板数据，分解生产率的变动。	缺点同数据包络法，同时不能用于截面数据	国家、行业、企业层面（微观层面使用更优）；面板数据
代理变量法	计量估计 单产出 非前沿	具备极强的微观解释力，注重经济个体理性决策的过程	对个体决策过程存在过多假设；在要素价格存在异质性时无效；不能用于截面数据结构下个体之间生产效率的比较	企业层面；面板数据

第四章　中国零售业生产率演进及分解

生产率的变化反映了一个行业技术进步和技术效率变化的趋势。本章主要研究我国零售业生产率的演进过程，为客观认识我国零售业发展状况的真实变化、识别重要的发展节点和影响因素提供实证证据。

第一节　中国零售业发展状况概述

长期以来，零售业在中国社会化商品流通的过程中一直发挥着重要作用。从历史来看，我国零售业的发展与整个社会经济体制、商品流通体制的变化直接相关。在改革开放之前的计划经济时期，由于市场商品供应严重匮乏，为保障城乡居民基本生活需要，国家对吃穿用等生活必需品实行按人口定量发行票证、计划供应的制度，彼时零售业主要以百货商店、供销社等为主，在经济社会运行中的作用相对有限，主要承担简单的商品展示、流转、存储等职能。改革开放特别是20世纪90年代以来，中国零售业迎来真正意义上的快速发展。自1992年党的十四大起，中国第一次明确了社会主义市场经济的经济体制。作为区别于计划经济体制的资源配置手段，市场经济体制对零售活动的促进作用体现在两个方面：第一，在市场经济体制下，由于价格规律和供求规律的作用，零售企业可以迅速响应市场需求，调整经营策略，计划经济时期的统购包销、条块分割和地区封锁等问题大大缓解，商品流通速率迅速提升，交易成本随之下降；第二，在市场经济体制下，作为商品流通主题的零售企业可以独立行使商品所有权"自愿让渡"的职能①，自购自销的激励机制大大促进了零售活动中人、资本、土地等生产要素的合理配置和迅速流动。

市场经济体制直接促进了商品流通形式的迅速变化，我国零售业也由此开始高速发展。随着零售业在商品流通过程中重要性的日益增加，国家统计部门从1994年起，将零售业从社会商业的部门中分离出来，对其进行单独统计②。但由于历史原因和其他客观因素的限制③，真正完整的零售业数据始于1998年。

图4.1、图4.2、图4.3显示了1998—2013年中国零售业从业人数、法人单位、固定资产、主营业务收入和毛利收入等指标的变化趋势④。在这15年间，中国零售业的发展进程有两个重要的时间节点。

第一个时间节点是2004年。2004年12月11日起，根据中国加入世界贸易组织（WTO）的有关贸易协定，中国零售业正式向外资全面开放，外资在国内开店不存在任何数量、地域、股权等方面的限制⑤。2001年加入WTO之前，中国零售业的规模连续数年处于上下

---

① 万典武：《市场经济与商品流通体制改革的目标模式》，《商业经济研究》1992年第12期。

② 国家统计局贸易外经统计司：《中国市场统计年鉴1994》，中国统计出版社1995年版。

③ 蒋萍、谷彬等学者认为，由于长期只重视物质产品生产及采用物质产品平衡表体系，包括零售业在内的服务业核算在中国一直属于薄弱环节，各项数据的漏算非常严重，数据缺乏时间维度上的连续性。参见蒋萍、谷彬《中国服务业TFP增长率分解与效率演进》，《数量经济技术经济研究》2009年第8期。

④ 数据来自《中国市场统计年鉴（1997—2005年）》、《中国贸易外经统计年鉴（2006—2014年）》、《中国统计年鉴（1994—2014年）》。其中，1998年及以前的零售业统计数据通过全口径统计获得，1998年及以后的统计数据则以年销售额500万以上企业为限额统计口径，因此1998年之后的零售业统计数据才是连续可比的数据。此外，2004年中国进行了第一次经济普查，该年度的《中国贸易外经统计年鉴》缺失，由于经济普查的统计口径远小于零售业数据统计的常用口径，因此经济普查的数据不适用于对零售业发展连续性趋势的研究。此处用到的2004年我国零售业从业人数、法人单位、固定资产、主营业务收入和毛利等数据均选取2003年和2005年数据的平均值，以避免各变量的总体变化趋势出现较大波动。

⑤ 李英宣：《后WTO时代中国零售企业的发展战略研究》，湘潭大学，硕士论文，2006年。

波动的停滞状态,并未显示出显著的增长态势,零售业从业人数和法人单位甚至还曾出现短暂的下滑;2001年起,零售业规模开始展现出上升趋势,但增幅尚不明显;直至2005年,我国规模以上零售业从业人数首次突破300万,固定资产总额逾2000亿元,主营业务收入超过1万亿元,此后中国零售业的体量持续迅速攀升。显然,外资进入中国零售业对整个行业的发展产生了巨大的拉动作用。但要注意的是,外资对零售业拉动作用的深层次原因和效应尚需进行进一步认识和甄别。在中国零售业统计框架内,规模以上的外资和内资零售企业均被纳入整体的零售部门,外资对零售业整体的拉动作用,一定程度上掩盖了外资对内资零售业的冲击和影响。一些学者认为,零售业对外资全面开放可能会挤占内资企业的市场份额,如果外资对内资零售企业产生较为显著的负面冲击,那么外资对我国零售业整体规模的迅速拉动的现象背后可能是外资占我国零售业总体规模占比的快速上升和内资零售企业的衰败和消亡;由于我国零售业特别是超市、购物中心、便利店等现代零售业态发展起步较晚,发展水平与国外差距较大,因此外资全面进入中国零售业可能危及中国零售业的产业安全[1]。

第二个时间节点是2008年。2008年金融危机对当时外贸依存度超过60%的中国经济产生了深远的影响,宏观经济基本面、金融体系和大部分行业领域均受到了巨大冲击。中国连锁零售协会和普华永道联合发布的《2009年中国零售企业资金链风险研究》显示,由于中国零售企业过度依赖短期负债[2],这种"食利型"盈利模式在金融危机的冲击下极易暴露资金链断裂的风险[3]。从中国零售业的发展现实来看,2008年金融危机的负面效应非常显著,零售业的从业人数、

---

[1] 杜丹清:《FDI对中国零售市场与企业绩效的影响及对策》,《经济学家》2011年第10期;纪宝成、李陈华:《我国流通产业安全:现实背景、概念辨析与政策思路》,《财贸经济》2012年第9期。

[2] 主要指以账期为媒介、向各类供应商的贷款和消费卡预收款等营运负债。

[3] 中国连锁经营协会:《2009年中国零售企业资金链风险研究——中国商业发展报告(2009—2010)》,社会科学文献出版社2010年版。

法人单位、主营业务收入及毛利总额等指标在危机后均呈现增速放缓的局面,固定资产总额甚至发生断崖式下滑,直至2011年才重新回到金融危机之前的水平。

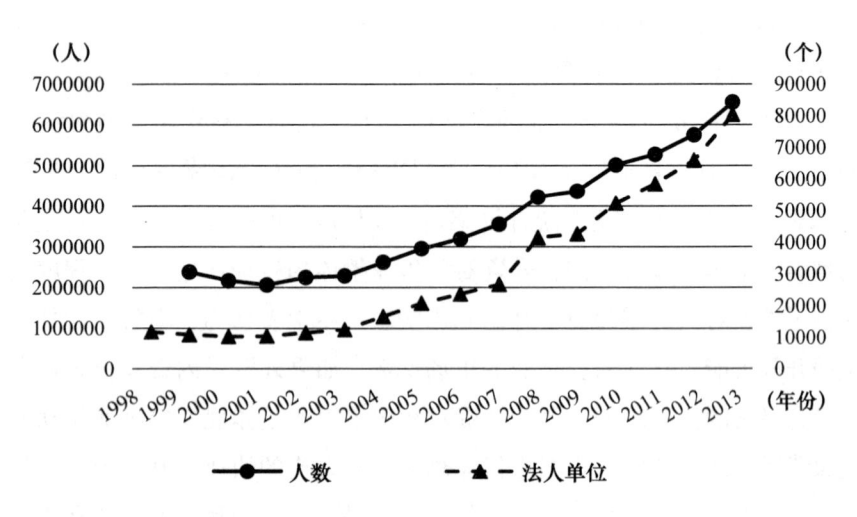

图4.1　各年零售业从业人数和法人单位

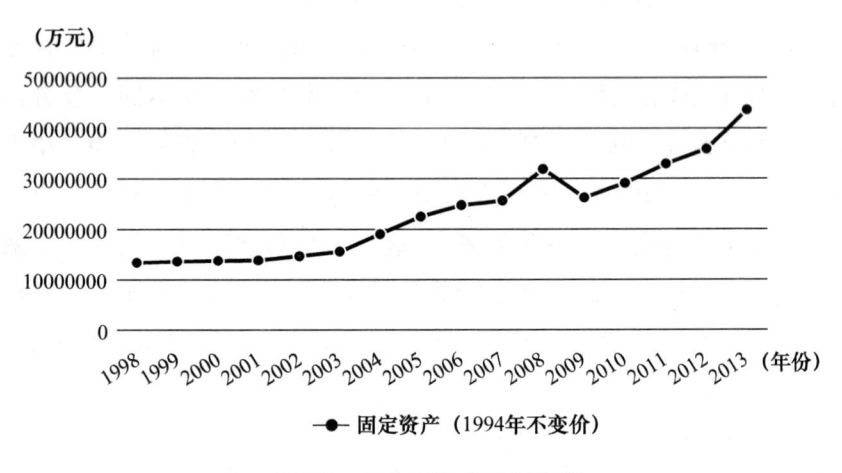

图4.2　各年零售业固定资产

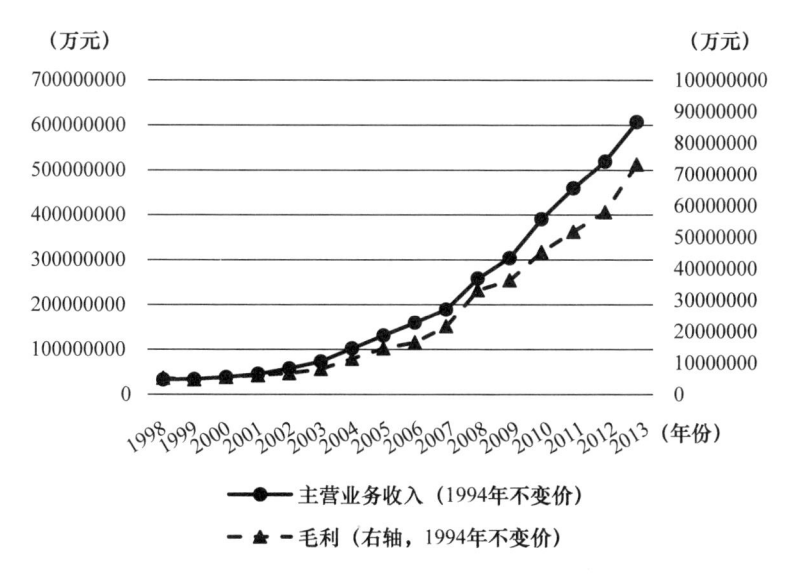

图 4.3 各年零售业主营业务收入和毛利

零售业各类统计指标的变化虽然能够直观简洁地反映我国零售业的发展历程，但缺乏系统性和科学性。生产率指标反映了经济活动中投入转化为产出的效率，是分析经济增长源泉的重要工具[1]。测度我国零售业的生产率及变化趋势，有利于充分认识和研究零售业的增长模式及其驱动因素的变化过程。本章主要研究我国零售业生产率的总体演进过程，并对生产率变化的来源进行分解。而本书的第五章将研究零售业生产率变化的主要来源——技术效率的变化以及其影响因素。

第二节 数据核算和指标构建

数据核算和指标构建的问题是零售业生产率研究的难题。中国包

---

[1] 郭庆旺、贾俊雪：《中国全要素生产率的估算：1979—2004》，《经济研究》2005年第6期。

括零售业在内的服务业数据核算工作长期以来一直存在各种各样的问题①，特别是服务业行业划分标准几经变化，服务业内部各子行业之间的数据核算体系存在相当大的差异，这些问题都为服务业领域的数据统计带来诸多困难。从已有的中国零售业生产率实证研究文献来看，大部分文献既没有考虑零售业统计口径和会计核算准则等的变化对零售业数据可用性的影响，对指标的选取和构建比较盲目且缺乏根据，不仅导致测度结果存在偏误，也使得不同研究结论之间难以进行横向比较。测度行业层面的零售业生产率，首先必须解决零售数据核算和指标构建的问题。

一 零售业的数据核算

关于零售业的数据核算要特别注意以下四个方面的问题②。

一是零售业作为单独的行业部门进入国民经济核算体系的时间较晚。1985年国务院发布《关于建立第三产业统计的报告》③，服务业从此进入了中国国民经济核算体系。1985—1993年，零售业和批发业在服务业生产核算体系中一直作为一个整体的部门——"社会商业"。从《中国市场统计年鉴1995》起，中国才开始对零售业进行单独统计，但零售业仍然被列为"批零业"的子行业，与其他3个批发子行业④并列。直至《中国市场统计年鉴1999》，零售业才完全成为与批发业并列统计的行业。流通领域核算体系的变化在一定程度上反映出我国社会商品流通过程中批零结构、比重的变化，同时也反映出零售业逐渐从生产性服务业性质向生活性服务业性质的转变。

二是零售业统计的口径经历过较大变动。在1998年之前，包括

---

① 岳希明、张曙光：《我国服务业增加值的核算问题》，《经济研究》2002年第12期。
② 本节所涉及的零售业数据核算和数据结构问题，详情可参见对应年份的统计年鉴；需注意某年统计年鉴所统计数据为前一年的数据。
③ 许宪春：《中国服务业核算及其存在的问题研究》，《统计研究》2004年第7期。
④ 早期国民经济核算体系中的批零业共含四个子行业：食品、饮料、烟草和家庭用品批发业，能源、材料和机械电子设备批发业，其他批发业，零售业。

零售业在内的"批零业"或"社会商业"并无规定的限额统计口径，小至200万以下、大至30000万以上的流通企业均被纳入统计体系内。随着批发、零售业的迅速发展，再加上流通领域企业具有规模小、分布散的特点，全口径统计工作的成本和难度都大幅增加。从《中国市场统计年鉴1999》起，我国制定了限额以上批发零售贸易业标准：批发业年销售额2000万元及以上，从业人员20人及以上；零售业年销售额500万元及以上，从业人员60人及以上。值得一提的是，统计口径提升之后，《中国市场统计年鉴1999》统计得到的1998年零售业的总利润相较于此前年份出现大幅下滑，几乎所有省份的零售业利润总额均为负值，这表明当时中国大型零售企业的发展刚刚处于起步阶段，对各类业态的经营方式依然在探索和试错，虽然投入了大量的固定成本，但规模效应尚未显现，经营效益低于中小零售企业和各类"夫妻老婆店"。

三是与零售业相关的行业分类标准有所变化。从2003年起使用的GB/T 4754—2011国民行业分类标准与国际通用的ISIC/Rev.3分类准则相一致，但和2003年之前使用的GB/T 4754—94分类标准存在较大差异，行业类别之间难以一一对应[1]。就零售业而言，2003年之前，零售业被划分为食品饮料烟草零售业、日用百货零售业、纺织服装鞋帽零售业、日用杂品零售业、五金交电化工零售业、药品及医疗器械零售业、图书报刊零售业和其他零售业共计8项子行业；2003年之后，零售业则被划分为综合零售业、食品饮料及烟草制品专门零售业、纺织服装及日用品专门零售业、文化体育用品及器材专门零售业、医药及医疗器材专门零售业、汽车摩托及燃料配件专门零售业、家用电器及电子产品专门零售业、五金家具及室内装修材料专门零售业和无店铺及其他零售业共计9项子行业。行业分类标准变化前后，零售业子行业虽然各有重合，但难以一一对应。新的分类标准较好地

---

[1] 国家统计局网站，http://www.stats.gov.cn/。

适应了我国居民消费习惯和消费结构的变化，但为连续、系统地研究零售子行业的发展状况设置了障碍。

四是部分零售业主要数据在某些年份有所遗漏。尽管从《中国市场统计年鉴1999》起，零售业成为经济核算的独立部门，但在此之后某些年份的数据依然有遗漏的情况。1998年变换统计口径以后我国零售业历年数据核算的基本情况如表4.1所示。表4.1为本章后续的实证研究提供选择研究时间范围和研究方法的依据。

除上述四方面问题以外，零售业长期受到改制、兼并、重组等影响，普遍存在转包、租赁、靠挂等现象；零售业自身小而散的特点使得规模以上零售企业占零售业整体比例较小；对电子零售的统计只包括规模以上的自营电子商务企业，而不包括平台型电子商务企业。这一系列与行业特征和统计准则相关的客观原因，造成了对中国零售业真实规模的低估，也在一定程度上限制了本书实证研究结果与现实状况吻合的程度。

二 指标构建

为了测度零售业生产率，需要合理地构建投入产出的测度指标。如第三章所述，行业层面的零售总产出可以用销售额（sales）衡量，此时如果选用劳动力（从业人数）作为投入，可以得到零售业的劳动生产率。尽管劳动生产率难以反映所有要素投入之外零售产出增长的来源，但这一指标依然在各国产业部门广为使用，这是因为除劳动力以外，很难得到其他要素投入连续的时间序列数据。劳动生产率也能在一定程度上反映其他要素投入（主要是资本）和劳动力之间替代性的变化。

与销售额有所区别的另外两个产出指标是毛利（gross margins）和附加值（value-added）。毛利是零售、批发等流通行业特有的产出指标，可由销售额减去进货总额得到。毛利减去中间投入（劳动、资本和进货之外的投入）即得附加值。一般而言，零售活动的投入包括

第四章 中国零售业生产率演进及分解 ◇ 97

表 4.1 零售业数据核算基本情况

行业分类标准	年份	数据结构（是否有分地区截面数据）	主要指标					
			主营业务收入	主营业务成本	从业人数	销售（营业）、管理、财务费用	工资、劳保等职工薪酬	固定资产
GB/T 4754—94	1998	是			缺失	缺失（未区分批零业）；可由各地零售子行业数据加总得到	缺失	
	1999	是						
	2000	否	缺失分行业数据	缺失分地区数据	缺失分地区数据	缺失分地区数据	缺失分地区数据	
	2001	否	缺失分地区数据	缺失分地区数据	缺失分地区数据	缺失分地区数据	缺失分地区数据	
	2002	是						
	2003	是						缺失分地区数据
GB/T 4754—2011			2005—2013 年分行业、分地区数据完整	2004 年经济普查造成数据缺失					

资料来源：根据《中国市场统计年鉴（1997—2005 年）》、《中国贸易外经统计年鉴（2006—2014 年）》整理得到。

劳动、资本、中间投入和进货总额，根据销售额、毛利和附加值的概念，零售活动投入产出的对应关系如图4.4所示。

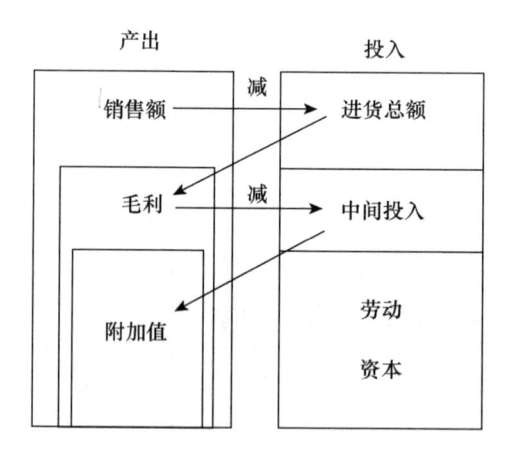

图4.4 零售活动过程

基于零售业投入产出的对应关系，可以得到三种零售投入产出的框架：以销售额为产出，以进货总额、中间投入、劳动、资本为投入；以毛利为产出，以中间投入、劳动、资本为投入；以附加值为产出，以劳动、资本为投入。如果忽视产出投入的对应关系，将造成零售生产率的错估。例如，如果将销售额作为产出，将劳动、资本作为投入，那么进货总额和中间投入这两项要素投入的增长对产出的贡献将被归到全要素生产率的范畴，此时全要素生产率的变化率显然会被高估，这也是已有关于中国零售生产率的研究[1]普遍存在的问题。

在中国的零售核算体系中，批发业和零售业的附加值是在一起合算的，数据无法获得，因此只能选择销售额或毛利作为产出指标对零售生产率进行测度。罗切斯特大学经济学家 Oi 曾指出，销售额是零

---

[1] 雷蕾：《我国零售业技术效率及影响因素的实证研究——基于2001—2012 年30 个省份限额以上零售业的数据》，《北京工商大学学报》（社会科学版）2014 年第6 期；刘培标：《零售业全要素生产率增长、纯技术效率及其影响因素》，《商业经济研究》2013 年第35 期。

第四章　中国零售业生产率演进及分解

售业产出的合理指标，因为毛利变化的来源不仅仅是投入和全要素生产率的变化，还可能包括零售商市场势力的变化（主要指对上游供应商或生产商的市场/谈判势力）；毛利减去支付资本、劳动要素的成本和中间投入的成本之后，得到净利润就是垄断租金[1]。美国劳工统计局生产率和技术委员会的经济学家 Manser 则认为，销售额作为产出指标来测度零售生产率可能会面临更严重的问题，因为买进的商品和劳动、资本等其他要素投入并不存在互相替代的关系，因此不应当作为一种投入列入生产函数[2]。本章的实证研究主要参照 Manser 的观点，以毛利为零售产出的指标，对零售业生产率进行测算。为此，需要构建以毛利为产出，以中间投入、劳动、资本为投入的指标体系。结合我国零售业统计核算的指标体系，参照商品流通企业会计的一般准则，零售业投入产出指标可以按照如下方法构建和计算[3]。

首先，在零售企业中，主营业务收入代表零售商零售业务的销售额，主营业务成本则指对应的进货总额。因此毛利可以由主营业务收入减去主营业务成本计算得到。

其次，劳动要素的数量可由从业人员作为指标；劳动要素总成本可由应付职工薪酬度量。应付职工薪酬包含工资、福利、住房公积金、劳动保险金等支出。

最后，资本要素的数量可由固定资产衡量。在零售业核算体系中没有资本要素成本的指标，所有成本均归于销售费用、管理费用、财务费用3项支出内。所以资本要素的成本可以由销售费用、管理费用、财务费用3项费用之和减去应付职工薪酬得到。由于水、电等中间投入并未进入核算体系，此时得到资本要素成本包含了水、电等中间投入。

---

[1] Oi W. Y., *Productivity in the Distributive Trades: The Shopper and the Economies of Massed Reserves*, in Output Measurement in the Service Sectors, University of Chicago Press, 1992.

[2] Manser M. E., "Productivity Measures for Retail Trade: Data and Issues", *Monthly Labor Review*, 2005, 128 (7), pp. 30–38.

[3] 史玉光：《商品流通企业会计》，电子工业出版社2016年版。

综上所述，用毛利作为产出，资本、劳动作为投入，在实证研究中依然存在遗漏中间投入变量、高估资本要素投入的问题，但考虑到数据可得性，毛利—资本—劳动依然是最具有可操作性的投入产出框架。特别的，如果中间投入的变化率完全等于资本要素的变化率（即中间投入和资本投入线性相关），那么得到的全要素生产率将是无偏的①。

第三节 零售业全要素生产率的演进过程
——基于增长核算法

在行业层面测度零售业生产率的指标通常有两项：劳动生产率和全要素生产率。劳动生产率在零售活动中一般被称为"人效"，可由零售销售额除以从业人员总数求得，即：

$$LP = \frac{Y}{L} \tag{4.1}$$

在时间序列数据下，对（4.1）式两段取对数并对时间求导可得劳动生产率随时间的变化趋势，即劳动生产率指数②：

$$\ln\left(\frac{LP_t}{LP_{t-1}}\right) = \ln\left(\frac{Y_t}{Y_{t-1}}\right) - \ln\left(\frac{L_t}{L_{t-1}}\right) \tag{4.2}$$

下面可以采用增长核算法和指数测算法构建零售业全要素生产率指数。根据索洛余项的计算公式和毛利—资本—劳动的投入产出框架，全要素生产率指数可以表示为：

---

① 根据索洛余量的计算方法，假设全要素生产率的增长率为：$TFP = y - S_l l - S_k k - S_m m$，其中 y、l、k、m 分别为毛利、劳动、资本、中间投入的变化率，S_l、S_k、S_m 为各要素对应的成本份额。如果资本和中间投入线性相关，则两者的变化率相同，即有 $k = m$，继而可得 $TFP = y - S_l l - (S_k + S_m) k$。此时如果将中间投入的成本归于资本要素的成本，虽然难以得到资本要素系数的无偏估计，但可以得到无偏的全要素生产率增长率。

② Ratchford B. T., "Retail Productivity", in Basker E., *Handbook on the Economics of Retailing and Distribution*, Edward Elgar, 2016, pp. 54–69.

第四章 中国零售业生产率演进及分解 ◇ 101

$$\ln(\frac{TFP_t}{TFP_{t-1}}) = \ln(\frac{Y_t g_t}{Y_{t-1} g_{t-1}}) - W_t^L \ln(\frac{L_t}{L_{t-1}}) - W_t^K \ln(\frac{K_t}{K_{t-1}}) \quad (4.3)$$

其中，g 代表零售毛利率，Y、L、K 分别为零售销售额、劳动投入和资本投入，W 为不同要素投入的权重系数。根据 Caves 和 Diewert 的研究[1]，在产出最大化和投入最小化的假设前提下，生产函数的任意二阶形式都可以导出汤氏指数（Tornqvist Index），因此可以将权重系数定义为相邻两期各要素成本占比的几何平均值（即汤氏指数的计算方法）。(4.3) 式由此转化为：

$$\ln(\frac{TFP_t}{TFP_{t-1}}) = \ln(\frac{Y_t g_t}{Y_{t-1} g_{t-1}}) - (\frac{S_t^L + S_{t-1}^L}{2})$$

$$\ln(\frac{L_t}{L_{t-1}}) - (\frac{S_t^K + S_{t-1}^K}{2})\ln(\frac{K_t}{K_{t-1}}) \quad (4.4)$$

其中，S^K、S^L 分别为资本、劳动要素成本的占比，由于劳动和资本成本构成了所有的成本，因此有 $S^K + S^L = 1$。由（4.3）式和（4.4）式可以得到：

$$\ln(\frac{TFP_t}{TFP_{t-1}}) = \ln(\frac{LP_t}{LP_{t-1}}) + \ln(\frac{g_t}{g_{t-1}}) +$$

$$(\frac{S_t^K + S_{t-1}^K}{2})\left(\ln(\frac{L_t}{L_{t-1}}) - \ln(\frac{K_t}{K_{t-1}})\right) \quad (4.5)$$

可以看到，(4.5) 式中全要素生产率变化率受到三个部分的影响：一是劳动生产率变化的部分 $\ln(\frac{LP_t}{LP_{t-1}})$。二是资本劳动比的变化部分 $(\frac{S_t^K + S_{t-1}^K}{2})\left(\ln(\frac{L_t}{L_{t-1}}) - \ln(\frac{K_t}{K_{t-1}})\right)$。这部分的变化反映了劳动、资本要素投入的相对变化，或者说劳动、资本要素替代率的变化。三是毛利率的变化 $\ln(\frac{g_t}{g_{t-1}})$。毛利率的增长既可能来源于零售企业运营能力和

---

[1] Caves D. W., Diewert W. E., "The Economic Theory of Index Numbers and the Measurement of Input, Output, and Productivity", *Econometrica*, 1982, 50 (6), pp. 1393–1414.

提供分销服务水平的提升，也可能来源于整个行业市场势力的提升。

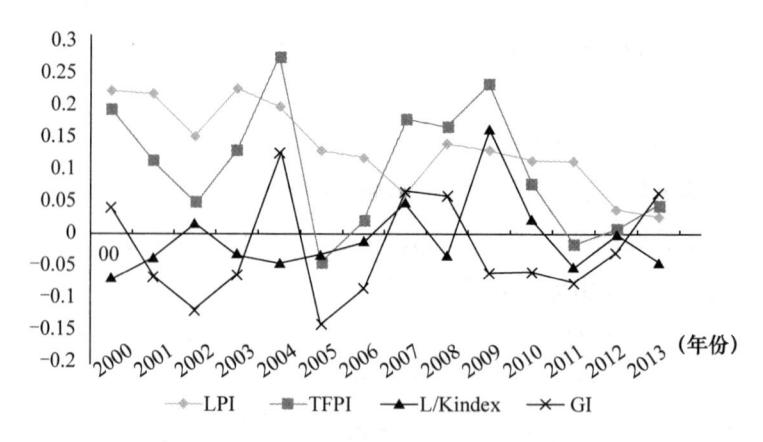

图 4.5　2000—2013 年零售业劳动生产率、全要素生产率、劳动资本比指数、毛利率变化

数据来源：《中国市场统计年鉴（1999—2005 年）》《中国贸易外经统计年鉴（2006—2014 年）》。

下面进一步对零售业的全要素生产率进行测算。如前文所述，销售额由主营业务收入表示；毛利由主营业务收入减去主营业务成本得到；劳动要素成本由应付职工薪酬表示，资本要素成本则由销售费用、管理费用、财务费用之和减去劳动要素成本所得。由此可以计算得到劳动、资本要素在生产率核算公式中对应的权重。图 4.5 显示了 2000 年到 2013 年中国零售业的劳动生产率指数 $[LPI = \ln(\frac{LP_t}{LP_{t-1}})]$、全要素生产率指数 $[TFPI = \ln(\frac{TFP_t}{TFP_{t-1}})]$、毛利率指数 $[GI = \ln(\frac{g_t}{g_{t-1}})]$ 和劳动资本比指数 $[L/Kindex = (\frac{S_t^K + S_{t-1}^K}{2})(\ln(\frac{L_t}{L_{t-1}}) - \ln(\frac{K_t}{K_{t-1}}))]$ 的变化情况。

第四章　中国零售业生产率演进及分解　◇　103

从图 4.5 可以看到，中国零售业的全要素生产率指数呈现一定的周期性变化。

2002—2004 年：原国家经贸委于 2002 年宣布将之前仅用于工业企业技术改造的国债贴息优惠政策给予一大批有市场发展前景和竞争实力的商业企业，支持商业企业通过技术改造增强竞争力[1]，充足的资金使许多规模较大的零售企业能够有余力在物流配套、营运管理等方面进行创新，行业整体的全要素生产率指数也从 2002 年起快速上升。

2004—2008 年：根据中国加入世界贸易组织时做出的服务业开放承诺，外资从 2004 年起开始全面进入我国零售业，对内资零售业形成较大冲击，全要素生产率指数随之迅速下跌，2005 年甚至跌为负值（即全要素生产率低于前一年），但此后重新回升。可见，虽然外资进入零售业对整个行业造成了一定的冲击，但随着零售企业的自我调整和经营方式革新，这种冲击得到了迅速的消化。由于在生产率核算过程中无法区分内外资零售业，因此外资零售业对内资零售业的综合影响在此处尚无法甄别。

2008 年以后：把中国零售业产出（毛利）的增长率分解为全要素生产率、劳动投入、资本投入增长率的贡献（见图 4.6），可以发现全要素生产率对零售业产出的拉动作用在过去较长一段时间内都要超过要素投入的作用，同时全要素生产率指数的变化很大程度上直接影响了零售产出的变化，两者具备较高的关联性。2008 年全球金融危机爆发后，中国零售业产出（毛利）增长率迅速下降，下降的原因不是全要素生产率增长率的下降，而是资本要素投入（固定资产）增长率的大幅下滑。实际上，金融危机之后中国零售业的全要素生产率指数非但没有下降，反而有所上升，缓解了零售业产出增长率的下跌趋势。然而，2010 年之后，零售业全要素生产率指数持续走低，

---

[1] 商场现代化编辑部：《2002 年中国零售业重大新闻回顾》，《商场现代化》2003 年第 1 期。

2011年起全要素生产率的贡献率开始低于资本、劳动要素投入的贡献率，资本增长成为产出增长的主要来源，这种变化带来的直接结果是零售业整体产出增长率陷入停滞。由此可见，全要素生产率对零售业发展起到至关重要的作用；研究零售业的发展趋势和动力，必须聚焦零售业全要素生产率的变化趋势。

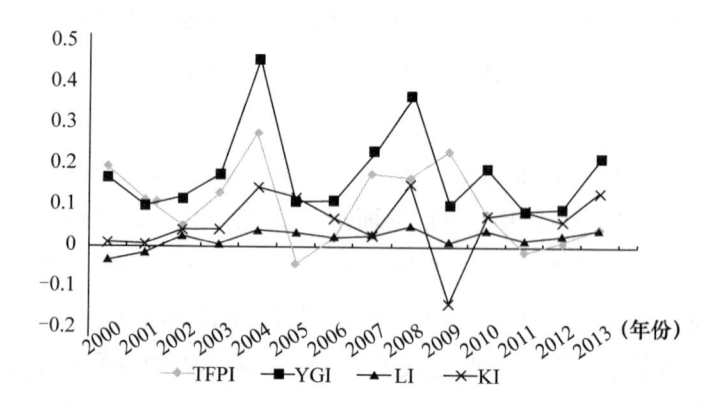

图4.6　2000—2013年零售业产出增长的来源：全要素生产率变化和要素投入变化

注：产出增长率（YGI）由相邻两期的毛利相除求对数得到，劳动增长率（LI）和资本增长率（KI）由相邻两期的从业人数、固定资产相除求对数，然后乘以相邻两期成本份额的算术平均数得到。

此外，从增长核算理论的角度来看，劳动资本比的提高反映了要素投入中劳动要素占比增加的趋势，而劳动生产率则和劳动要素投入的数量负相关（即固定产出情况下劳动要素投入越少，劳动生产率越高）。因此，劳动资本比指数越高，劳动生产率指数越低。马克思曾举例说明了劳动生产率与劳动和资本相对数量的关系，他指出："有一笔资本，按百分比计算，起初50%投在生产资料上，50%投在劳动力上。后来，随着劳动生产率的发展，80%投在生产资料上，20%投在劳动力上"[①]，这里面的"生产资料"主要指劳动者进行生产时

---

① 《马克思恩格斯全集》第44卷，人民出版社2001年版，第718页。

所需要使用的厂房、机器设备、工具等，大致等同于生产率研究中的资本的概念。显然，马克思认为劳动生产率的提高会导致劳动在所有成本中的比重下降，资本在所有成本中的比重上升。图4.5证明了这一观点——劳动生产率指数和劳动资本比指数基本呈现相反的趋势。另外，和零售业劳动生产率指数相比，全要素生产率指数波动更加剧烈，两者在波动趋势上的偏离主要是由劳动资本比指数的剧烈变化导致的。

图4.5还显示，毛利率指数与全要素生产率指数的变化趋势几乎保持一致，而且大部分年份的毛利率指数为负，即零售业毛利率在逐年降低。实际上，中国零售业的毛利率已经从2000年的12.54%下降到2013年的8.49%，外资进入和电子商务的崛起可能是导致零售市场竞争激烈、零售业盈利空间持续被压缩、进而毛利率持续走低的主要原因。

下面测度中国零售业及子行业的全要素生产率指数。由于2002年起零售业采用了新的行业分类标准，因此零售业及子行业的全要素生产率指数测算从2004年开始（见表4.2）。总体而言，零售业全要素生产率指数的变化和纺织服装日用品、家电产品、综合零售以及无货铺零售4个零售子行业的变化趋势非常一致，这4个子行业是零售业的主要组成部分，其主营业务收入在2013年占零售业整体的比例逾40%。2007—2009年零售业全要素生产率指数的迅速提升主要依赖于这4个零售子行业全要素生产率的提升；而2009年之后，这四个子行业的全要素生产率指数迅速下跌并持续处较低水平，这直接导致零售业全要素生产率指数的下跌。这四个行业可以分为两类。

第一类行业是无货铺零售。无货铺零售与实体零售相对，主要以电子零售行业为主。2004—2009年，无货铺零售的全要素生产率指数一直处于极高水平，全要素生产率持续上升；但从2010年起，无货铺零售的全要素生产率指数开始进入下降趋势，2013年全要素生产率甚至出现了负增长，说明2013年以后电子零售行业逐渐从技术进步驱动转变为要素投入驱动,这可能反映出2013年之后大量电零企业盲目追求规模扩张、收购圈地、吸引资本市场,反而忽视了核心技术研发和经营能力提升。无货铺零售全要素生产率指数的下滑也提醒实体零售商:在缺乏经营能力和核心竞争力的情况下,盲目转型进入电子商务行业、引入电子零售模式,并不一定是明智的选择。

第二类行业是实体零售,包括综合零售、纺织服装日用品、家电产品零售业。表4.2显示,这三个子行业虽然也经历过一段飞速发展的时期(2007—2009年),但2010年之后全要素生产率指数持续处于极低水平。综合零售、纺织服装日用品、家电产品一般以百货、超市、专业店为经营业态,是传统实体零售业的主要组成部分。2010年以后,在电子商务野蛮增长的冲击之下,百货、超市、专业店的客流量流失严重,关店潮时有发生,经营效率也逐年下滑。综合零售、纺织服装日用品和家电产品零售业的全要素生产率指数变化趋势是现实行业状况的真实反映。

表4.2　零售业及子行业全要素生产率指数(2004—2013年)

行业＼年份	2004	2005	2006	2007	2008	2009	2010	2011	2012	2013
纺织服装日用品	0.15	0.10	0.03	0.28	0.16	0.36	0.02	0.11	-0.03	-0.06
家电产品	0.39	0.25	0.28	-0.04	0.10	0.23	-0.10	0.02	0.03	-0.01
汽摩及配件	0.12	0.04	-0.04	0.21	0.10	0.24	0.09	-0.12	-0.21	0.15
食品饮料烟酒	0.24	0.23	0.21	0.08	0.16	0.13	0.18	0.26	0.05	-0.14
文体器材	0.07	0.05	-0.06	0.08	0.10	0.19	0.08	0.16	0.05	0.01
无货铺	0.40	0.23	0.28	0.25	0.36	0.23	0.08	-0.08	0.14	-0.07
五金家具	-0.05	-0.02	0.16	0.08	0.10	0.55	-0.22	-0.20	0.45	-0.01
医药医疗	0.06	0.05	0.04	0.18	0.16	0.32	0.07	0.09	0.00	0.14
综合零售	0.08	0.06	0.01	0.18	0.12	0.17	0.09	0.00	0.08	-0.03
零售	0.27	-0.04	0.02	0.18	0.17	0.23	0.08	-0.02	0.01	0.04

第四节 零售业全要素生产率的测度和分解
——基于面板随机前沿方法

本节将以分地区的零售业面板数据为基础，利用随机前沿分析方法测度我国零售业的全要素生产率。随机前沿分析方法能够对零售业全要素生产率的变化来源进一步分解，这是其相对于增长核算法的优势[①]。基于数据的可获得性，根据表4.1对历年中国零售业数据核算情况的概述，本节选取了2002—2013年全国31个省（直辖市、自治区）的零售业数据[②]。

随机前沿分析方法首先需要设置生产函数。相关文献一般采用超越对数的生产函数形式[③]，即：

$$y_{it} = \beta_0 + \beta_1 k_{it} + \beta_2 l_{it} + \beta_3 k_{it}^2 + \beta_4 l_{it}^2 +$$
$$\beta_5 k_{it} l_{it} + \beta_6 k_{it} t + \beta_7 l_{it} t + \beta_8 t + \beta_9 t^2 + v_{it} - u_i \quad (4.6)$$

其中，y_{it}、k_{it}、l_{it}分别为零售业毛利、资本、劳动的对数，随机扰动项v_{it}服从分布$N(0, \sigma_v^2)$，技术无效项u_i服从分布$N^+(\mu, \sigma_u^2)$。超越对数生产函数在形式上比较灵活，放松了常替代弹性的假设，但同时

[①] 本书不采用的DEA-Malmquist方法的原因是：分地区的零售业面板数据覆盖了中国几乎所有的地区和长达12年的时间跨度，因此可能存在一些宏观的、地区的、系统性的随机扰动因素。付晓霞、吴利学认为，在中宏观层面的研究中，DEA-Malmquist方法对指标和数据的处理非常敏感，测度得到的结果并不平稳；随机前沿分析方法则充分考虑了随机扰动因素的作用，更适合作为生产率分析工具。本书也沿用这一观点，选择随机前沿分析方法对我国零售业的全要素生产率进行测度和分解。相关研究参见傅晓霞、吴利学《技术效率、资本深化与地区差异——基于随机前沿模型的中国地区收敛分析》，《经济研究》2006年第10期。

[②] 尽管2002年前后行业分类标准发生了变化，但在本节的实证研究中，我们并不进行零售子行业的生产率研究，因此2002年的数据也被纳入研究范围。31个省份不包含香港特别行政区、澳门特别行政区以及台湾省。

[③] Kumbhakar S. C., Lovell C. A. K., *Stochastic Frontier Analysis*, Cambridge University Press, 2000；蒋萍、谷彬：《中国服务业TFP增长率分解与效率演进》，《数量经济技术经济研究》2009年第8期；王志刚、龚六堂、陈玉宇：《地区间生产效率与全要素生产率增长率分解（1978—2003）》，《中国社会科学》2006年第2期。

也先验地假设劳动和资本的要素产出弹性均有随时间变化的性质。为了判断超越对数生产函数是否适用于零售业生产率的研究，可以分析零售业的劳动成本份额，因为劳动要素的成本份额能够很大程度的反映产出弹性的变化情况①。图 4.7 显示，零售业的劳动成本份额没有随时间规律变化的明显趋势。因此，劳动要素的产出弹性并不随时间规律变化，即超越对数生产函数形式并不适于对中国零售业的测度②。

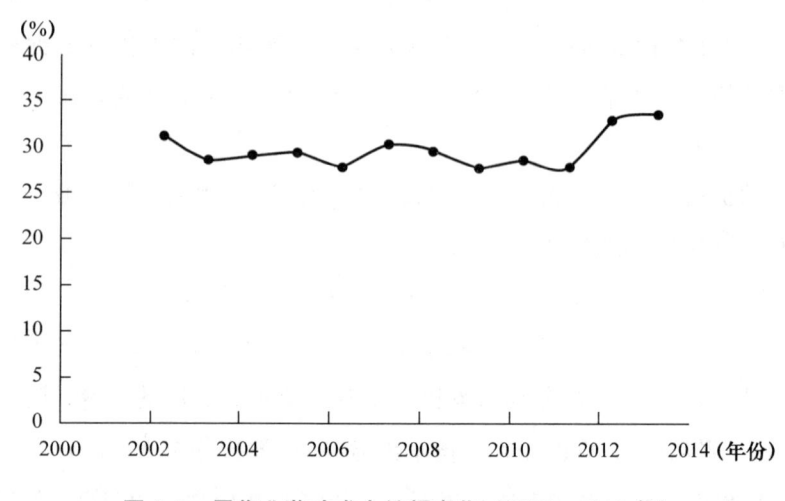

图 4.7 零售业劳动成本份额变化（2002—2013 年）

综上所述，本章将零售业生产函数形式设定为：

$$y_{it} = \beta_0 + \beta_1 k_{it} + \beta_2 l_{it} + \beta_3 t + \beta_4 t^2 + v_{it} - u_{it} \quad (4.7)$$

即假设要素的替代弹性不变，同时假定全要素生产率中除技术效率之外的部分（即产出前沿面）具有随时间 U 型变化的趋势③，即把

---

① 现实的零售业越接近规模报酬不变的完全竞争市场，要素的成本份额越接近要素的产出弹性。

② 笔者也采用超越对数生产函数对零售业生产率进行了估计，计量结果表明包含时间趋势的大部分变量的系数不显著，即超越对数生产函数不能够有效地拟合真实的零售业经济活动。

③ 此处的时间变量设置为：2002 年对应的时间变量为 1；2003 年对应的时间变量为 2，以此类推。

第四章 中国零售业生产率演进及分解 ◇ 109

t^2 列入生产函数模型。此外，借鉴 Battese 和 Coelli[①] 的随机前沿模型，假设技术无效项 u_{it} 随时间变化而变化，即：

$$u_{it} = e^{-\eta(t-T)} u_i \qquad (4.8)$$

其中，T 为面板数据的时间跨度，η 为待估参数，$u_i \sim N^+(\mu, \sigma_u^2)$。（4.8）式也被称为"时变衰减模型"，因为在（4.8）式中技术无效项 u_{it} 随时间递减[②]——根据技术效率的定义，这也意味着技术效率随时间递增。在最后一期时，由于 $t = T$，因此 $u_{it} = u_i$。

用 Stata2012 软件对（4.7）式、（4.8）式定义的零售业随机前沿模型进行估计，估计方法为极大似然估计，估计结果如表4.3所示，其中参数 μ 代表（4.8）式中技术无效项 u_i 的期望；参数 σ_u^2 代表 u_i 的方差；参数 σ_v^2 代表随机扰动项 v_{it} 的方差；$\sigma^2 = \sigma_u^2 + \sigma_v^2$；$\gamma = \dfrac{\sigma_u^2}{\sigma^2}$，当 $\gamma > 0.5$ 时，表明技术无效项在复合扰动项 $v_{it} - u_{it}$ 中占主导地位[③]。表4.3显示，生产函数中所有系数均高度显著，γ 在1%的置信水平上超过0.5，同时极大似然估计的 Wald 值高达3875.59，证明（4.7）式能够有效拟合零售业的生产函数形式。

表4.3 基于面板数据的中国零售业随机前沿函数估计（2002—2013年）

变量	参数	估计系数	标准差	z值	p值
k	β_1	0.423	0.046	9.10	0.000
l	β_2	0.567	0.458	12.37	0.000
t	β_3	0.166	0.016	10.05	0.000

[①] Battese G. E., Coelli T. J., "Frontier Production Functions, Technical Efficiency and Panel Data: With Application to Paddy Farmers in India", *Journal of Productivity Analysis*, 1992, 3 (1), pp. 153-169.

[②] 如果参数 η 为0，则（4.8）式退化为技术效率不随时间变化的模型。

[③] 陈强：《高级计量经济学及 Stata 应用》（第二版），高等教育出版社2013年版。

续表

变量	参数	估计系数	标准差	z 值	p 值
t^2	β_4	-0.004	0.001	-4.87	0.000
截距项	β_0	0.752	0.278	2.71	0.007
	μ	0.390	0.083	4.70	0.000
	η	0.046	0.012	3.75	0.000
	σ^2	0.067	0.013	4.95	0.000
	γ	0.533	0.096	5.55	0.000
	σ_u^2	0.036	0.013	2.66	0.008
	σ_v^2	0.031	0.002	13.24	0.000
	Wald	3875.59			0.000

下面进一步分析表4.3给出的实证结果。首先，从 t 和 t^2 对应的估计系数来看，产出前沿面随时间的变化呈现二次函数的曲线特征，但曲线对称轴对应的时间超过了实证研究的时间跨度（ $t = \dfrac{0.166}{2 \times 0.008} = 20.75 > 12$ ），根据二次曲线的性质，这意味着产出前沿面随时间持续地改进，但改进的速度在逐年下降。其次，资本和劳动对应的估计系数之和为0.99，非常接近于1，说明我国零售业存在规模报酬不变的特征。最后，参数 η 也在1%的置信水平上高度显著，证明技术无效项确实存在时变衰减的特征，换而言之，我国各地区的零售业技术效率随时间在持续的改进。在表4.3的基础上，我们可以计算各地区零售业各年的技术效率，计算公式为：

$$TE = e^{-u_{it}}$$

其中，u_{it} 由（4.8）式得到。各地区零售业各年的技术效率如表4.4所示。

表4.4　　中国各地区零售业技术效率（2002—2013年）

年份 地点	2002	2003	2004	2005	2006	2007	2008	2009	2010	2011	2012	2013
全国	0.602	0.616	0.630	0.643	0.656	0.669	0.681	0.693	0.704	0.716	0.727	0.737
北京	0.854	0.860	0.866	0.871	0.877	0.882	0.887	0.892	0.896	0.901	0.905	0.909
天津	0.631	0.644	0.657	0.670	0.682	0.694	0.705	0.717	0.728	0.738	0.748	0.758
河北	0.319	0.336	0.353	0.370	0.387	0.404	0.421	0.437	0.454	0.471	0.487	0.503
山西	0.345	0.362	0.379	0.396	0.413	0.429	0.446	0.463	0.479	0.495	0.511	0.527
内蒙古	0.565	0.580	0.594	0.608	0.622	0.636	0.649	0.662	0.674	0.686	0.698	0.710
辽宁	0.501	0.517	0.532	0.548	0.563	0.578	0.592	0.606	0.620	0.634	0.647	0.660
吉林	0.407	0.423	0.440	0.457	0.473	0.490	0.506	0.521	0.537	0.552	0.567	0.582
黑龙江	0.439	0.455	0.472	0.488	0.504	0.520	0.536	0.551	0.566	0.581	0.595	0.609
上海	0.898	0.903	0.907	0.911	0.915	0.918	0.922	0.925	0.929	0.932	0.935	0.938
江苏	0.594	0.608	0.622	0.635	0.648	0.661	0.674	0.686	0.698	0.709	0.720	0.731
浙江	0.596	0.610	0.624	0.637	0.650	0.663	0.675	0.687	0.699	0.711	0.722	0.732
安徽	0.422	0.438	0.455	0.471	0.488	0.504	0.520	0.535	0.551	0.566	0.580	0.595
福建	0.607	0.621	0.635	0.648	0.661	0.673	0.685	0.697	0.708	0.720	0.730	0.741
江西	0.456	0.472	0.489	0.505	0.521	0.536	0.552	0.567	0.581	0.596	0.610	0.624
山东	0.498	0.514	0.530	0.545	0.560	0.575	0.590	0.604	0.618	0.632	0.645	0.658
河南	0.288	0.305	0.322	0.339	0.356	0.373	0.390	0.407	0.423	0.440	0.457	0.473
湖北	0.442	0.458	0.475	0.491	0.507	0.523	0.538	0.554	0.569	0.583	0.598	0.612
湖南	0.571	0.586	0.600	0.614	0.628	0.641	0.654	0.667	0.679	0.691	0.703	0.714
广东	0.876	0.881	0.886	0.891	0.896	0.900	0.904	0.909	0.913	0.916	0.920	0.923
广西	0.458	0.474	0.491	0.507	0.522	0.538	0.553	0.568	0.583	0.597	0.611	0.625
海南	0.517	0.532	0.548	0.563	0.578	0.592	0.606	0.620	0.634	0.647	0.660	0.672
重庆	0.632	0.645	0.658	0.671	0.683	0.695	0.706	0.718	0.728	0.739	0.749	0.759
四川	0.630	0.644	0.656	0.669	0.681	0.693	0.705	0.716	0.727	0.738	0.748	0.758
贵州	0.508	0.524	0.539	0.554	0.569	0.584	0.598	0.612	0.626	0.640	0.653	0.665
云南	0.552	0.567	0.582	0.596	0.610	0.624	0.637	0.651	0.663	0.676	0.688	0.700
西藏	0.902	0.906	0.910	0.914	0.918	0.921	0.925	0.928	0.931	0.934	0.937	0.940
陕西	0.490	0.506	0.522	0.538	0.553	0.568	0.583	0.597	0.611	0.625	0.639	0.652
甘肃	0.418	0.435	0.452	0.468	0.485	0.501	0.517	0.532	0.548	0.563	0.578	0.592

续表

年份 地点	2002	2003	2004	2005	2006	2007	2008	2009	2010	2011	2012	2013
青海	0.320	0.337	0.353	0.370	0.387	0.404	0.421	0.438	0.455	0.471	0.488	0.504
宁夏	0.362	0.379	0.396	0.413	0.430	0.447	0.464	0.480	0.496	0.512	0.528	0.543
新疆	0.508	0.524	0.539	0.555	0.570	0.584	0.599	0.613	0.626	0.640	0.653	0.665

下面进一步对全要素生产率变化率进行分解。回顾第三章介绍的生产率分解方法：

$$\dot{TFP} = \Delta T + \Delta TE + \sum (\varepsilon_i - S_i) \dot{X}_i = \Delta T + \Delta TE +$$

$$(\varepsilon - 1) \sum \left(\frac{\varepsilon_i}{\varepsilon}\right) \dot{X}_i + \sum \left(\frac{\varepsilon_i}{\varepsilon} - S_i \dot{X}_i\right)$$

$$i = k, l$$

其中，第 t 年 i 地区技术效率随时间的变化率可以表示为：

$$\Delta TE_{it} = -\frac{\partial u_{it}}{\partial t} = u_i \eta \, e^{-\eta(t-T)}$$

第 t 年 i 地区技术或产出前沿随时间的变化率可以表示为：

$$\Delta T = \frac{\partial (y_{it} + u_{it})}{\partial t} = \frac{(y_{it} + u_{it}) - (y_{it-1} + u_{it-1})}{(y_{it-1} + u_{it-1})}$$

由此可将零售业全要素生产率变化率分解为技术变化率（ΔT）、技术效率变化率（ΔTE）、规模效率变化率 $\left[(\varepsilon - 1) \sum \left(\frac{\varepsilon_i}{\varepsilon}\right) \dot{X}_i\right]$ 和配置效率变化率 $\left[\sum \left(\frac{\varepsilon_i}{\varepsilon}\right) - S_i \dot{X}_i\right]$。其中各地区各年资本劳动的成本份额占比 S_i 用上文的方法计算。

根据测算结果[①]，得到 2003—2013 年中国零售业全要素生产率变化率以及各组成部分的变动情况，如图 4.8 所示。

---

① 各省各年零售业的技术变化率、技术效率变化率见本章附录。根据测算公式，变化率测度的时间范围为 2003—2013 年。

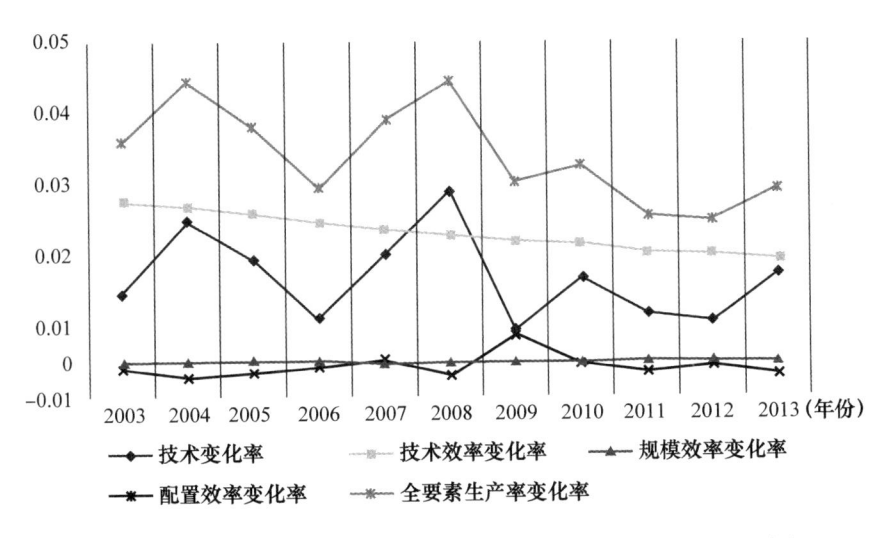

第四章　中国零售业生产率演进及分解　◇　113

图4.8　中国零售业TFP变化率以及各组成部分（2003—2013年）

　　一是中国零售业全要素生产率变化率呈现周期性的变化，两个重要的时间节点分别是2004年外资全面进入零售业和2008年金融危机。在2004年和2008年之后，全要素生产率变化率均迅速出现下降的趋势，但在之后均有所回升。2010年以后，全要素生产率变化率呈现较稳定状态，但整体水平维持在较低水平。

　　二是零售业的技术进步是导致全要素生产率发生周期性变化的主要原因。从图4.8来看，零售业技术进步一直处于剧烈波动的过程中，而全要素生产率变化率和技术变化率几乎保持一致；换而言之，全要素生产率变化率周期性变化的主要来源是零售业技术变化率的变化。这和零售业特有的行业现实有关。2003—2013年中国零售业既受到了外资进入、金融危机等行业、宏观层面的冲击，同时由于消费者消费能力和消费观念的快速迭代，零售业新的技术、业态和管理体系也层出不穷，互联网、物联网、大数据和全渠道零售等概念深刻改变零售活动的经营方式。技术和商业模式的快速迭代、创新是我国零售业技术变化率呈现剧烈波动的主要原因。

　　三是技术效率变化率是全要素生产率变化率和技术变化率之间差

距的来源。在传统的增长理论中,全要素生产率的变化往往被解释为技术进步,图4.8表明,技术效率的改进也是我国零售业全要素生产率增长的重要动力。表4.3的实证结果显示,代表技术无效时变衰减的参数 $\eta = 0.046$ 且高度显著,说明技术效率虽然呈现指数性的逐年改进,尽管改进的速度即技术效率变化率逐年下降(技术效率对时间的二阶导数为负),这使得全要素生产率变化率和技术变化率之间的差距逐年缩小。在零售活动中,技术效率往往代表零售企业通过改进经营效率和管理效率来接近产出前沿的努力。由于零售技术的变革常常来自于外生的技术冲击(如消费者消费习惯的变化和新技术的引入),因此提升技术效率可能是短期内零售企业提高全要素生产率的主要途径。

四是零售业配置效率变化率虽然绝对值较小,但大部分时间均为负值,说明中国零售业的资源配置长期以来存在一定程度的扭曲。这和零售业劳动密集型的特点有直接的原因:在中国大部分地区,当地的零售企业往往都是提供就业的主要来源,当这些企业由于经营不善、高负债等问题出现资金链断裂时,当地政府为了保障就业和社会稳定,往往倾向于为零售企业提供税收、信贷等方面的优惠,因此虽然零售企业面临较低的进入壁垒,竞争强度较大,但就业人数较多的大中型零售企业很难退出市场,继而导致在市场竞争中处于劣势或经营效率低下的零售企业迟迟无法退出市场,并占用大量的劳动、资本、土地等资源。零售业的资源错配还和中国长期以来流通体制的弊病有关:受行政区划、部门利益和地方利益的影响,零售企业在进行跨区域发展和商业重组时,常常会遇到各种障碍,零售市场分割严重,要素流动也受到了极大的制约。在测算配置效率变化率的过程中可以发现,尽管配置效率变化率 $\left[\sum \left(\frac{\varepsilon_i}{\varepsilon} - S_i \right) \dot{X}_i \right]$ 的绝对值较小,但这仅仅是因为要素投入变化率($\dot{X}_i$)非常小,实际上要素产出弹性占比（$\frac{\varepsilon_i}{\varepsilon}$）和要素成本（$S_i$）占比之间的差距非常显著[①]，说明我国零售业资源配置扭曲的问题依然比较严重。

五是规模效率变化率几乎没有显著变化，这是因为我国零售业显示出规模报酬不变的特征，资本产出弹性和劳动产出弹性之和几乎等于1。

下面比较基于增长核算法得到的全要素生产率增长率和基于面板随机前沿方法得到的全要素生产率增长率。如图4.9所示，尽管增长核算法得到的全要素生产率增长率要比随机前沿方法高出一个数量级，但两者的变化趋势基本保持一致，证明对零售业生产率的测度结果比较稳健。另外，和随机前沿方法相比，增长核算法得到的数值波动性要更大一些，说明随机扰动因素确实影响了增长核算法对生产率的测度。因此，在行业层面的零售业生产率研究中，随机前沿分析是更合理的方法。

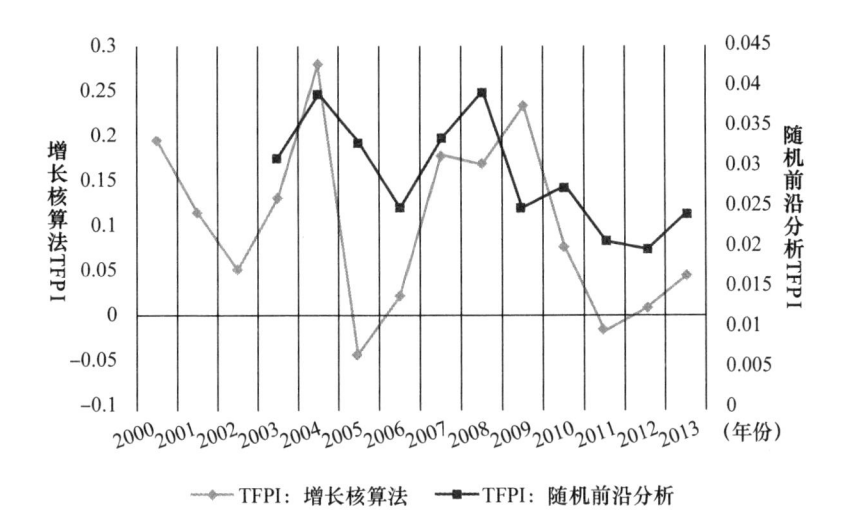

图4.9 零售业全要素生产率增长率：增长核算法和随机前沿分析

[①] 在规模报酬不变且完全竞争市场的情况下，要素产出弹性占比等于要素成本占比。由于实证结果显示中国零售业生产函数基本满足规模报酬不变的特征，因此要素产出弹性占比与要素成本占比的差距可以反映市场不完全竞争即要素配置扭曲的程度。

第五节　总结

本章对中国零售业全要素生产率进行了实证测度和分解，展示了2000—2013年中国零售业生产率的变化趋势。总体来看，零售业全要素生产率的变化率呈现周期性的剧烈波动。两个重要的时间节点是2004年和2008年——无论是外资全面进入中国零售业，还是全球性的金融危机，都对中国零售业的整体发展产生了显著的负面冲击。这一冲击既体现在对零售产出、要素投入等静态变量的冲击上，也体现在对全要素生产率变化率、技术变化率和技术效率变化率等一系列动态变量的冲击上。

在基于增长核算法的零售业全要素生产率研究中，本章得到两个重要启示：第一，和全要素生产率相比，零售业的劳动生产率或"人效"难以客观地反映零售业投入转化为产出的效率，因为劳动生产率直接受到资本、劳动要素成本占比的影响。第二，无论是以电子零售为主的无货铺零售业，还是以超市、百货、专业店等业态为主的综合零售业、家电产品零售业和服装日用品零售业，其全要素生产率指数均持续维持在较低水平，说明中国零售业提升经营效率的任务还很艰巨，整体行业发展处于相对下行的状态。

在基于随机前沿分析方法的零售业全要素生产率研究中，通过对全要素生产率变化率的分解可以发现，零售业全要素生产率的提升速度一方面和技术进步速度保持联动关系；另一方面也离不开零售技术效率持续改进的贡献。技术进步变化率的剧烈波动可能反映了零售业技术外生的快速迭代，而技术效率的持续改进反映了零售管理效率的提升。此外，中国零售业呈现典型的规模报酬不变的特征，同时资源配置扭曲的现象长期存在，这既可能由于劳动密集的零售企业面临较高的退出壁垒，也可能与中国流通体制不够健全、地方割裂严重、零售资源无法自由流动相关。

第五章　基于随机前沿模型的中国零售业技术效率影响因素研究

第四章的研究表明，2010年之后中国零售业全要素生产率指数陷入停滞，说明中国零售业近年来开始进入调整期和低速增长期，过去靠开店扩张、集中采购获得的粗放式规模效益已经达到边际顶点，资本和劳动要素增长率也进入较低水平，仅仅依靠要素投入的增加很难继续支撑零售业的持续发展。零售产出的增长仍然应当依赖全要素生产率的作用，提升全要素生产率成为零售业实现高质量发展、摆脱困境的关键。

从经济学角度而言，全要素生产率的提升一方面依赖于技术进步；另一方面也与经营活动离其产出前沿的距离即技术效率相关。第四章的结论显示全要素生产率变化的主要来源是技术进步和技术效率的改进。和外生的技术变化相比，技术效率更能反映零售业内生的管理效率的提升。本章主要研究中国零售业技术效率的影响因素。值得注意的是，第四章假设技术效率服从时变递增的性质，在本章的实证研究中则不对零售业的技术效率变化做任何先验的限制。

技术效率是零售生产率研究的重要概念。从零售微观市场主体经营活动的特点来看，零售商店在不同时间往往存在客流量和销售额的高峰低谷[1]，因而无法持续达到其"产出前沿"，往往存在人力、设

---

[1] Dubelaar C., Bhargava M., Ferrarin D., "Measuring Retail Productivity: What Really Matters?", *Journal of Business Research*, 2002, 55 (5), pp. 417-426.

备等资源的闲置问题。技术效率则可以衡量零售资源的利用程度，从而直观地反映零售业的经营效率。因此，研究零售业的技术效率，对促进中国零售业产出效率的提升具有重要意义。本章利用2006—2013年中国零售业的省级面板数据，以随机前沿面板模型为基础，结合中国零售业近年的发展现实和第四章的相关结论，重点研究三个方面的问题。

第一，连锁化经营是否通过规模效应和资源整合提升了中国零售业的技术效率？连锁化经营的零售企业在组织化程度、服务标准化、品类选择和规模经济性等方面具有单店式的"夫妻老婆店"所无法比拟优势，连锁经营的零售企业会通过旗下商店的经营实际情况，为商店根据选择合理的商圈、店面规模、人力设备配置及营销方式，从而尽可能避免资源闲置，提升经营效率。因此，连锁化经营对零售业技术效率很可能具有正面作用。但我国连锁零售企业是否充分发挥了这种正面作用尚有待实证检验。

第二，外资进入对中国零售业的技术效率产生怎样的影响？对外资零售企业进入效应的讨论和研究一直是业界、学界和产业政策关注的重点，但目前大部分实证研究只停留在把外资作为一种要素投入对零售业产出的影响上，而未曾考虑外资对零售业整体生产率以及技术效率的溢出和挤占作用。

第三，网络购物是否对传统零售业的技术效率造成了负面冲击？网络购物的冲击是实体零售商近年来最关注的问题之一。电子商务的兴起广泛改变了城乡居民的消费习惯，网络购物不断取代线下购物，逐渐成为重要的零售场景。网络购物的冲击对传统零售业的直观影响，反映在对传统零售商店客流量、坪效等指标的冲击上，这都可能意味着传统零售商店离其产出前沿距离的更远，因此网络购物对零售业的技术效率也可能存在的负面效应。

第五章　基于随机前沿模型的中国零售业技术效率影响因素研究

第一节　相关研究简述

随机前沿分析（SFA）是技术效率测度的主流方法。SFA 理论认为：生产函数代表给定投入和技术水平下的最大产出，而现实中的厂商可能无法达到最大产出的前沿，生产函数估计方程应当包括一个反映厂商距离效率前沿距离的"无效率项"。随机前沿分析在零售业技术效率研究中有两方面的优点：第一，SFA 是一种包含随机扰动项的参数估计方法，可以较好地避免随机事件和测量误差对估计结果的影响[1]；第二，如前文所述，零售活动的场景中，常常存在交易频率的高峰、低谷，零售商店内的设备和员工在某些时段可能处于闲置或半闲置的状态，而可观测到的零售产出并没有达到零售生产函数的前沿面，SFA 的假设则与零售活动的特点相契合。

国内文献中利用 SFA 测度中国零售业技术效率的研究较少，主要包括吴政球和李华磊对 2001—2009 年 11 家上市零售企业并购行为下技术效率变化的研究[2]，雷蕾对 2001—2012 年全国各省份零售业技术效率收敛性的研究[3]，等等。这些研究普遍存在两方面问题：

一是专门针对零售业的技术效率研究较少。杨青青等[4]、黄莉芳等[5]、崔敏和魏修建[6]等国内学者曾研究了中国服务业的技术效率，其中

---

[1] Sena V., "Technical Efficiency and Human Capital in the Retail Sector", *The Service Industries Journal*, 31 (16), 2011, pp. 2661–2676.
[2] 吴振球、李华磊：《我国上市零售企业行业内并购技术效率研究》，《数量经济技术经济研究》2011 年第 7 期。
[3] 雷蕾：《我国零售业技术效率及影响因素的实证研究——基于 2001—2012 年 30 个省份限额以上零售业的数据》，《北京工商大学学报社会科学版》2014 年第 6 期。
[4] 杨青、苏秦、尹琳琳：《我国服务业生产率及其影响因素分析——基于随机前沿生产函数的实证研究》，《数量经济技术经济研究》2009 年第 12 期。
[5] 黄莉芳、黄良文、洪琳琳：《基于随机前沿模型的中国生产性服务业技术效率测算及影响因素探讨》，《数量经济技术经济研究》2011 年第 6 期。
[6] 崔敏、魏修建：《服务业各行业生产率变迁与内部结构异质性》，《数量经济技术经济研究》2015 年第 4 期。

通常也涉及零售业技术效率的研究和讨论，但主要侧重研究整个服务部门技术效率及影响因素。服务业在我国的定义近似等同第三产业，即将第一、第二产业之外的所有产业统称为服务业，其内部各个产业之间并没有经济学意义上的共同点，存在较强的异质性[①]。因此，以服务业为研究对象的技术效率分析，对零售业的研究价值和实践意义相对有限。

二是已有的零售业技术效率研究缺乏科学性和系统性。例如，吴政球和李华磊的研究基于上市零售企业数据，然而截至2020年4月，中国上市零售企业总数仅有90家[②]，而2018年中国规模以上零售业法人企业单位数达到97819个[③]，上市零售企业的样本量少、覆盖面不足，导致研究结论很难真实反映中国零售业的实际情况。汪旭辉和杨东星基于地区层面的零售业数据研究了零售业的技术效率，但没有根据零售业数据核算的特点选择合适的投入产出指标，也未曾研究与中国零售业发展直接相关的因素对其技术效率的影响，研究主题和行业现实、业界焦点有所偏离[④]。

本章试图将零售业技术效率研究纳入零售生产率研究的框架中，并着力避免上述两方面问题。本章的研究思路是：基于2006—2013年零售业的省级面板数据，利用随机前沿分析方法，在控制人口统计学特征、金融危机和地区竞争状况等变量的情况下，系统地研究讨论连锁化经营、外资进入和网络购物三方面因素对零售业技术效率的影响。

第二节　模型构建和变量选取

如第三章所述，利用随机前沿分析模型研究技术效率的方法主要

[①] 蒋萍、谷彬：《中国服务业TFP增长率分解与效率演进》，《数量经济技术经济研究》2009年第8期。
[②] 数据来自中国上市公司数据库。
[③] 数据来自国家统计局。
[④] 汪旭晖、杨东星：《我国流通服务业FDI溢出效应及其影响因素——基于省际面板数据的实证检验》，《宏观经济研究》2011年第6期。

第五章 基于随机前沿模型的中国零售业技术效率影响因素研究 ◇ 121

有两种：第一种是 Reifschneider 和 Stevenson 提出的模型，该模型假设企业生产活动的无效率项 u_i 服从均值为 0 的半正态分布，即 $u_i \sim N^+(0, \sigma_u^2)$，其中方差 σ_u^2 受到外生变量的影响；第二种是 Kumbhakar、Ghosh 和 McGuckin 提出的模型，该模型假设企业生产活动的无效率项 u_i 服从均值大于 0 的半正态分布，即 $u_i \sim N^+(\mu, \sigma_u^2)$，其中均值 μ 受到外生变量的影响。本章使用 Kumbhakar 等对无效率项 u_i 的设定对我国零售业技术效率进行分析。这是因为在各种宏观因素的影响下，零售业技术效率分布的均值极有可能发生移动，并与技术前沿出现明显的距离，即应当把无效率项 u_i 设定为均值大于 0 的变量。Battese 和 Coelli[①] 进一步发展了 Kumbhakar 等的模型，将技术无效率项的均值 μ 设定为一系列技术效率影响因素的函数，并通过极大似然估计一次性的得到生产函数和技术无效函数中的所有参数，本章采用了这一模型。

在生产函数的设置方面，本章选取 Christensen 等（1973）提出的超越对数模型作为生产函数。第四章提到，同传统的 CES（固定替代弹性生产函数）、C—D（柯布—道格拉斯）函数相比，超越对数模型放松了要素替代弹性不变的假设，形式较为灵活，很大程度地避免了生产函数模型误设对估计结果的影响，但第四章的研究需要对全要素生产率进行测度，这要求生产函数的所有参数估计值均高度显著，因此未采用超越对数生产函数的形式，选用了估计结果更显著的模型。而本章的实证研究并不需要测度全要素生产率和技术效率等指标，而是希望尽可能地在生产函数部分控制时间效应，以使得技术无效函数部分得到的参数更加显著、准确，因此本章选择使用超越对数生产函数。综上所述，零售业技术效率分析的随机前沿生产函数可以设定如下：

$$y_{it} = \beta_0 + \beta_1 l_{it} + \beta_2 k_{it} + \beta_3 l_{it}^2 + \beta_4 k_{it}^2 + \beta_5 l_{it} k_{it} +$$

---

① Battese G. E., Coelli T. J., "A Model for Technical Inefficiency Effects in a Stochastic Frontier Production Function for Panel Data", *Empirical Economics*, 1995, 20 (2), pp. 325 – 332.

$$\beta_6 \, l_{it}t + \beta_7 \, k_{it}t + \beta_8 t + \beta_9 \, t^2 + \varepsilon_{it}$$

其中，y_{it}、l_{it}、k_{it}分别代表i省第t年零售业的产出、劳动、资本，时间变量t和t^2用来控制技术前沿面随时间的变化，t和l_{it}、k_{it}的交互项用来控制要素弹性随时间的变化。误差项ε_{it}的表达式为：

$$\varepsilon_{it} = v_{it} - u_{it}$$

其中，v_{it}服从正态分布$N(0,\sigma_v^2)$，代表随机、未知或不可观测因素造成的误差；u_{it}为非负的无效率项，服从半正太分布$N^+(\mu_{it},\sigma_v^2)$，代表i省第t年零售活动离效率前沿的距离。无效率项u_{it}的均值μ_{it}满足下面的技术无效函数：

$$\mu_{it} = \delta \times Z_{it}$$

其中，Z_{it}为零售业技术效率影响因素，δ为待估参数。Z_{it}中除时间变量和以百分比为单位的变量外，其他变量均进行对数化处理。对数化处理的作用是更加直观地反映影响因素和技术效率之间的关系。技术效率的表达式为：

$$TE = e^{-\mu}$$

μ代表技术无效率项的均值。假设关于μ的技术无效函数为：

$$\mu = \beta_0 + \beta_x \ln(x) + \omega$$

x为影响μ的变量。由此可得：

$$\frac{\partial \ln(TE)}{\partial \ln(x)} = \frac{\partial(-\mu)}{\partial \ln(x)} = -\beta_x$$

因此，当把技术效率影响因素进行对数化处理后，所估参数就是影响因素x与技术效率的弹性系数的相反数，对数化处理既排除了数量单位对估计结果的干扰。下面基于本章所关注的三个问题——连锁化经营、外资进入、网络购物对中国零售业技术效率的影响，分别设置技术无效函数进行研究。

一 连锁化经营

连锁企业在零售业的发展过程中一直发挥着不可替代的重要作

第五章 基于随机前沿模型的中国零售业技术效率影响因素研究 ◇ 123

用。在世界范围内,连锁零售的销售额占比超过60%,2019年世界500强中连锁零售企业更是占到了48家。相比之下我国连锁零售企业的规模较小,截至2013年,规模以上的中国连锁零售企业销售额仅为21.1万亿元,仅占当年社会消费品零售总额的17.6%①。

零售业连锁经营的发展水平被认为是一国零售业与世界零售业接轨程度的直观反映和流通业现代化水平的重要标志②。黄国雄曾提出,中国零售业核心竞争力的构建要注重"连锁扩市","发挥连锁经营优势,提高其市场的竞争力,逐步扩大经营范围,以更多的份额占领市场"③。2014年国务院办公厅发布的《关于促进内贸流通健康发展的若干意见》中重点提出,要"大力发展连锁经营,推进发展直营连锁,规范发展特许连锁,引导发展自愿连锁"。总体而言,学界和政府部门对零售业的连锁化经营均持正面态度。

与传统的个体零售商相比,连锁零售具有经营规模大、采购议价能力强、标准化程度高、品牌效应明显的优势④。连锁化经营的零售商店一般具备统一的配送、库存渠道,可以统一调配资金、设备,充分整合资源和信息⑤,因此容易避免零售资源闲置或销不对路的状况。连锁企业在整体形象、商品质量、广告营销等方面的标准化,容易让消费者产生品牌信任或依赖⑥,使其经营活动更具有持续性、稳定性。连锁化经营还有利于零售技术的专业化,因为在连锁企业内部,零售技术和营销策略往往可以得到快速的复制和普及⑦。连锁化经营的这些优势都意味着连锁零售企业可能具备更高的技术效率,反映到行业

---

① 数据来自《2014年中国零售与餐饮连锁企业统计年鉴》和《中国统计年鉴》。
② 王瑛、柴华奇:《中国连锁零售业集中度研究——基于地理区位角度》,《财贸经济》2007年第10期。
③ 黄国雄:《中国零售业发展中变与不变的战略选择》,《商业经济研究》2015年第3期。
④ 应翔君、诸惠伟:《中国连锁零售业运营效率研究》,《商业经济研究》2016年第1期。
⑤ 杨顺勇、魏栓成、郭伟:《连锁经营管理》,复旦大学出版社2008年版。
⑥ 刘培标、宋传珍:《连锁经营原理》,北京师范大学出版社2015年版。
⑦ 王琴:《连锁经营管理》,北京理工大学出版社2009年版。

层面，则意味着连锁化经营程度的提高很可能会带动零售业整体的技术效率。然而，连锁化经营在组织化程度和规模经济性上的优势，需要一定程度的规模化为基础。中国连锁零售业目前呈现出总体规模较小、市场集中度欠缺的现状，连锁化经营的优势可能难以得到充分体现。

综上所述，有必要通过实证研究检验连锁化经营对中国零售业技术效率的整体作用。可以构建技术无效函数：

$$\mu_{it} = \delta_0 + \delta_1 \times chaininde\,x_{it} + \delta_d \times control_{it} + \omega_{it}$$

其中，$chaininde\,x_{it}$ 代表第 t 年 i 省零售业连锁化程度；参数 δ_1 的估计值如果小于 0，则表明连锁化经营对零售业技术效率呈正向作用，连锁零售企业充分发挥了其组织化、规模化经营带来的技术效率上的优势，带动了零售业整体技术效率的提升[1]。$chaininde\,x_{it}$ 用各地区各年的连锁零售企业占当地规模以上零售业的销售额比重来衡量；考虑到零售业是劳动密集型产业，也可以用连锁零售企业从业人数占当地规模以上零售业从业人数的比重来衡量 $chaininde\,x_{it}$[2]。$control_{it}$ 代表一系列与零售业相关的外生变量，作为技术效率研究的控制变量。考虑到零售业自身的特点，$control_{it}$ 由以下三方面的变量组成：一是人口统计学变量，包括地区人口及人均可支配收入，用来控制零售业的潜在市场；二是当地零售企业数量，用来控制地区产业内竞争程度对零售技术效率的影响[3]；三是代表金融危机的时间虚拟变量，控制金融危机及相关因素对零售技术效率的冲击。

下文涉及的控制向量 $control_{it}$ 的含义与上述说明一致。进一步

---

[1] 由于 μ_{it} 代表无效率程度，因此技术无效函数的参数符号与对技术效率影响的方向是相反的。

[2] 这两项指标一般情况下小于100%。当大于100%时，意味着在该地区不仅所有规模以上的零售企业实现了连锁化经营，部分规模以下的零售企业也进行了连锁化经营。

[3] 常用的衡量市场竞争状况的指标有赫芬达尔—赫希曼指数、CR4、CR8，由于缺乏各地区企业销售额的微观数据，这三项指标均无法使用，因此近似地用企业数量反映各地区零售业的竞争程度。

的，为了考察零售业连锁化程度影响的时间变化，引入连锁化程度与时间的交互项。由此可以得到技术无效函数：

$$\mu_{it} = \delta_0 + \delta_1 \times chaininde\, x_{it} + \delta_2 \times chaininde\, x_{it} \times t + \delta_d \times control_{it} + \omega_{it}$$

二 外资进入

2004年12月起，为了履行加入WTO的有关贸易协议，中国零售业正式向外资全面开放，不再对外资进入做地域、数量和股权比例等方面的限制。即便在"两税并轨"[①]政策宣布实施之后，一些外资商业巨头实际上仍享受着极大的投资优惠。许多地区政府不仅为外资提供最好的商业地段，而且承诺基础设施配套、开业初期租金减免等优惠条件，外资进入零售业的体量因此逐年迅速攀升。目前流通学界对外资进入零售业的影响主要有两种观点：第一种是零售业的全面开放可能会挤占民族零售企业的市场份额，进而导致商品流通完全由外资企业掌控，危及零售产业安全[②]；第二种是外资可以通过供应链管理、信息管理技术等方面的外溢效应正面促进零售业的发展[③]。此外，还有一些研究表明外资进入对中国零售业的影响或不显著，或存在倒"U"形的变化[④]。

从实证研究的方法来看，已有大部分研究都把外资作为一种区别于内资的生产要素置入生产函数中进行估计，但这只能验证外资对零售业产出的边际效应，无法说明这种效应的作用机制。本章试图检验

[①] "两税并轨"是指2008年通过的《中华人民共和国企业所得税法》取代了之前的《外商投资企业和外国企业所得税法》和《企业所得税暂行条例》，外资零售企业从此不再享受税率政策的"超国民待遇"。

[②] 杜丹清：《FDI对中国零售市场与企业绩效的影响及对策》，《经济学家》2011年第10期；纪宝成、李陈华：《对中国流通产业安全的几点认识》，《经济理论与经济管理》2012年第1期。

[③] 汪旭晖、杨东星：《我国流通服务业FDI溢出效应及其影响因素——基于省际面板数据的实证检验》，《宏观经济研究》2011年第6期。

[④] 艾文卫：《溢出递减与持续挤出：外资零售在华影响再议》，《商业经济与管理》2015年第8期。

外资进入是否通过对零售业技术效率的作用来影响零售业的发展。构造技术无效函数如下：

$$\mu_{it} = \delta_0 + \delta_1 \times foreigncap_{it} + \delta_2 \times nationcap_{it} + \delta_d \times control_{it} + w_{it}$$

其中，$foreigncap_{it}$ 和 $nationcap_{it}$ 分别代表第 t 年 i 省的零售业外资、国有资本规模。引入国有资本规模是为了控制零售业内资所有制结构对技术效率的影响。δ_1 若为负，证明外资进入对零售业整体的技术效率有正面作用，外资进入的溢出效应大于对内资企业的挤出效应。进一步的，为了保证计量结果的稳健性，参考陈福中和刘向东[1]等学者的方法，可以考察外资占零售业资本总数的比例对零售业技术效率的影响，即：

$$\mu_{it} = \delta_0 + \delta_1 \times foreignratio_{it} + \delta_2 \times nationratio_{it} + \delta_d \times control_{it} + w_{it}$$

其中，$foreignratio_{it}$、$nationratio_{it}$ 分别代表 i 省第 t 年外资、国有资本占零售业资本总额的比例。此外，为了验证外资进入对零售业技术效率是否具有非线性的影响，引入外资规模对数的平方项，即：

$$\mu_{it} = \delta_0 + \delta_1 \times foreigncap_{it} + \delta_2 \times (foreigncap_{it})^2 + \delta_3 \times nationcap_{it} + \delta_d \times control_{it} + \omega_{it}$$

三　网络购物

网络购物目前已经成为国内社会零售消费重要的增长驱动力。中国网络购物市场在近年的迅速发展，得益于互联网普及率的提高，也离不开移动支付、智能物流等技术条件的日益成熟。更重要的是，相比传统的零售企业，网络购物在销售价格、交易终端便利性和个性化营销等方面均具有显著优势。截至2019年6月，中国网络购物用户规模达到了6.39亿[2]；2018年网络零售交易总额突破9万亿元，占社会消费品零售总额的18.4%[3]。为了应对网络购物对零售消费市场

---

[1] 陈福中、刘向东：《开放经济条件下外资进入对中国流通企业的影响——基于批发和零售业企业省级面板数据的实证考察》，《财贸经济》2013年第3期。
[2] 数据来自中国互联网络信息中心第44次《中国互联网络发展状况统计报告》。
[3] 数据来自国家统计局。

第五章 基于随机前沿模型的中国零售业技术效率影响因素研究   ◇   127

的巨大冲击，传统零售商主要进行了两方面的尝试：一是采用 O2O（Online to Offline）模式，二是采用异业联盟或"多网合一"的模式①。从行业现实状况来看，固然有一些传统零售业转型成功的案例，但巨额亏损、利润下滑、关店潮等负面新闻仍屡见报端。

在网络购物的冲击下，传统零售业的技术效率可能会出现三方面的变化：第一，传统零售业的诸多零售指标如人效、坪效、客流量等开始下降，其零售活动距离产出前沿更远，传统零售业技术效率受到负面影响；第二，技术效率低下的传统零售企业或企业内技术效率低下的商店逐步退出市场，依然留在市场的零售企业、商店相对而言具有更高的技术效率，网络购物对传统零售业起到去劣存优的"过滤器"作用，因此传统零售业整体的技术效率反而有所上升；第三，网络购物倒逼传统零售业采取异业联盟、O2O 模式、电子商务等经营策略，这些策略逐渐为传统零售业带来新的发展动力和契机，并推动行业整体技术效率的提升。

为了验证网络购物对零售业技术效率的总体影响，构造技术无效函数如下：

$$\mu_{it} = \delta_0 + \delta_1 \times onlineshop_{it} + \delta_d \times control_{it} + \omega_{it}$$

其中，$onlineshop_{it}$ 代表第 t 年 i 省的网络购物程度，用当地当年的网购消费者人数来衡量。参数 δ_1 若为正，表明网络购物对零售业技术效率存在负面效应。在此基础上，将生产函数中的零售业总体产出、资本、劳动变量替换为传统零售业的产出、资本、劳动变量②，以考察网络购物对传统零售业技术效率的影响。

此外，考虑到传统零售业面对网络购物的冲击可能是一个逐步适应的动态过程，有必要讨论网络购物效应随时间的动态变化。因此引

---

① 刘向东：《2014 年中国零售业互联网实践的回顾与思考》，联商网 2014 年 12 月 16 日；林梨奎：《网络购物发展概况及对传统零售业态的影响》，《商业经济研究》2014 年第 5 期。
② 根据国家统计局国民经济行业分类标准 GB/T 4754，本书定义传统零售业为无店铺零售（F529）以外全体零售子行业的集合。

入网购消费者人数与时间、时间平方项的交互项，以检验时间维度上网络购物效应的线性和非线性变化，即：

$$\mu_{it} = \delta_0 + \delta_1 \times onlineshop_{it} + \delta_2 \times onlineshop_{it} \times t +$$
$$\delta_3 \times onlineshop_{it} \times t^2 + \delta_d \times control_{it} + \omega_{it}$$

第三节　数据收集和处理

本章的随机前沿模型主要涉及两个部分：一是生产函数部分；二是技术无效函数部分。

在生产函数部分中，主要变量为资本、劳动和产出。借鉴第四章的指标构建方法，本章将各年各省零售业的固定资产、年末从业人员和主营业务毛利分别作为资本、劳动、产出的衡量指标，数据来源为历年的《大中型批发零售和住宿餐饮企业统计年鉴》和《中国贸易外经统计年鉴》。根据数据的完整性，本章选取2006—2013年八年的零售业数据作为研究对象。以2005年为基期，固定资产通过各年的固定资产投资价格指数进行平减，主营业务毛利由主营业务收入减去主营业务成本后经各年零售价格指数平减获得[1]。

在技术无效函数部分中，地区连锁零售企业销售额和从业人数来自《中国零售与餐饮连锁企业统计年鉴》；地区零售业外资、国有资本来自《大中型批发零售和住宿餐饮企业统计年鉴》；网购消费者数量通过各地各年的网民数量与网络购物渗透率[2]相乘得到，其中网民数量来自《中国统计年鉴》，网络购物渗透率来自中国互联网络信息中心发布的历年《中国互联网络发展状况统计报告》[3]。人口和人均可支配收入来自《中国统计年鉴》，零售企业数量来自《大中型批发零售和

---

[1] 所有价格指数均来自国家统计局。
[2] 网络购物渗透率，即一定时期内在网上买过东西的用户数量占网民数量的比例。
[3] 该报告于每年年中、年末各发布一次，本文使用的网络购物渗透率数据取当年两次统计数据的均值。

住宿餐饮企业统计年鉴》。

用上述方法收集整理得到的数据中,某些省份、年份的变量有所缺失,由于随机面板方法支持非平衡面板的数据结构,因此应当删除缺失变量的观测样本。基于不同研究对应数据的缺失情况,模型估计的样本量有所区别,具体样本数量在后面的实证结果中给出。

第四节 实证结果及讨论

本节使用 Frontier 4.1 软件对随机前沿模型进行估计。该软件采用了 Battese 和 Coelli[①] 构造的包含技术无效函数的面板随机前沿模型,估计方法为一步极大似然估计法。

一 连锁化经营与技术效率

表 5.1 中的模型检验部分给出了两项指标:参数 γ 代表了随机前沿模型中无效率项方差占随机误差项总方差的比重,即 $\gamma = \dfrac{\sigma_u^2}{\sigma_u^2 + \sigma_v^2}$ 且 $0 \leq \gamma \leq 1$,γ 越大,越表明实际产出对技术前沿的偏离由技术无效部分引起,因此越适合使用随机前沿模型;LR 检验的原假设为 H_0: $\sigma_u^2 = 0$,备择假设为 $H_1: \sigma_u^2 > 0$,如果拒绝原假设则验证了无效率项的存在。随机前沿分析的 LR 检验为单边广义似然比检验,而非传统的似然比检验[②]。表 5.1 显示,四个模型的 γ 值均显著地大于 0.8,LR 检验均在 1% 的置信水平上拒绝了原假设,因此连锁化经营和零售业技术效率关系的研究适合使用随机前沿方法。

表 5.1 的模型Ⅰ、模型Ⅲ分别以连锁业销售额占比、从业人数占比作为连锁化程度的指标,考察了连锁化经营对零售业技术效率的影

---

① Battese G. E., Coelli T. J., "A Model for Technical Inefficiency Effects in a Stochastic Frontier Production Function for Panel Data", *Empirical Economics*, 1995, 20 (2), pp. 325 – 332.

② Frontier 4.1 软件给出了单边 LR 检验的自由度,据此易得对应的 p 值。

响。可以看到：地区连锁销售额占比每增加1%，零售业技术效率反而减少0.9%；连锁业从业人员占比每增加1%，技术效率减少0.4%。这两个结果均在1%的置信水平上显著。模型Ⅱ、模型Ⅳ进一步考察了连锁化经营影响的时间变化趋势，结果分别表明连锁化经营对零售业技术效率的负面效应平均每年显著地增加0.3%和0.1%。

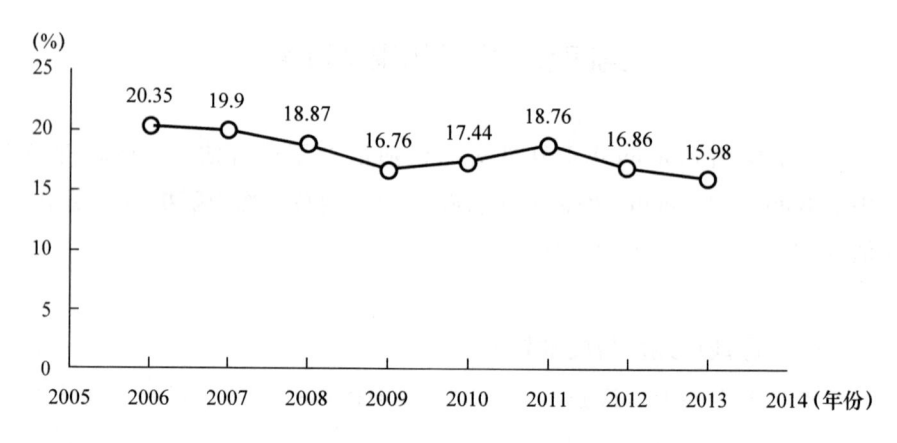

图5.1　连锁零售业销售额占社会消费品零售总额比例

注：《中国统计年鉴》《中国零售与餐饮连锁企业统计年鉴》。

表5.1的实证研究结果表明：从技术效率的角度来看，中国的连锁零售企业并没有充分发挥其自有优势，反而呈现出对零售业整体技术效率的负面效应。这可能与中国目前连锁零售企业规模不足的现状有直接关系。连锁零售企业规模化、组织化经营的优势一般可以体现在建立统一的配送中心以节省流通费用；建立统一的库存管控机制，整合不同商店经营信息流，以对市场进行快速反应；统一进货以保证价格谈判优势和商品质量；等等①。这一系列优势都可以转化为零售活动较高的技术效率，但需要足够的规模作为支撑，以平摊较大的初始成本投入，实现规模经济性。当连锁化经营

---

① 王琴：《连锁经营管理》，北京理工大学出版社2009年版。

的规模不足时，不仅规模化和组织化的优势得不到体现，企业反而可能需要承担额外产生的组织成本，管理活动和经营活动相对低效。从图 5.1 可以看到，中国连锁零售业规模占社会消费品零售总额的比重在各年均处于 20% 以下，这与发达国家的连锁零售规模存在绝对差距；更为严峻的现实则是中国连锁零售业规模占比近年来呈逐年下滑的趋势。零售业连锁化进程缓慢，极大地制约连锁经营对中国零售业技术效率的正面效应，甚至一些规模不足的连锁企业表现出低于零售业整体的技术效率，导致连锁经营最终呈现出对零售业技术效率的负面效应。

表 5.1　　　　　　　　连锁化经营与技术效率

变量		连锁化程度：销售额占比		连锁化程度：从业人员占比	
		Ⅰ	Ⅱ	Ⅲ	Ⅳ
生产函数部分	截距项	6.787 *** (1.847)	7.201 *** (2.052)	7.247 *** (2.431)	8.279 *** (2.949)
	l_{it}	-0.604 (0.478)	-0.667 (0.485)	-0.43 (0.538)	-0.468 (0.553)
	k_{it}	0.907 * (0.468)	0.893 * (0.47)	0.691 (0.516)	0.559 (0.556)
	l_{it}^2	-0.166 ** (0.07)	-0.171 ** (0.07)	-0.18 *** (0.068)	-0.192 *** (0.068)
	k_{it}^2	-0.174 ** (0.073)	-0.179 ** (0.073)	-0.172 ** (0.074)	-0.176 ** (0.074)
	$l_{it} k_{it}$	0.368 *** (0.141)	0.382 *** (0.14)	0.381 *** (0.142)	0.403 *** (0.141)
	$l_{it} t$	-0.007 (0.022)	-0.007 (0.022)	-0.008 (0.02)	-0.01 (0.02)
	$k_{it} t$	0.002 (0.022)	0.002 (0.022)	0.003 (0.02)	0.001 (0.02)
	t	0.144 * (0.087)	0.156 ** (0.081)	0.164 * (0.091)	0.206 * (0.112)
	t^2	-0.003 (0.004)	-0.003 (0.003)	-0.004 (0.003)	-0.004 (0.003)

续表

变量		连锁化程度：销售额占比		连锁化程度：从业人员占比	
		I	II	III	IV
技术无效函数部分	截距项	10.700 *** (2.913)	10.927 *** (2.567)	10.7 *** (3.265)	11.787 *** (3.762)
	连锁企业销售额占比	0.009 *** (0.003)	0.002 (0.005)		
	连锁企业销售额占比 × t		0.003 *** (0.001)		
	连锁企业从业人数占比			0.004 *** (0.001)	0.001 (0.002)
	连锁企业从业人数占比 × t				0.001 * (0.0007)
	人口	-1.044 *** (0.278)	-1.042 *** (0.238)	-1.062 *** (0.31)	-1.148 *** (0.389)
	收入	0.040 (0.062)	0.042 (0.061)	-0.047 (0.121)	-0.043 (0.104)
	企业数量	-0.456 *** (0.16)	-0.513 *** (0.182)	-0.289 * (0.157)	-0.341 ** (0.16)
	金融危机	0.213 ** (0.095)	0.136 (0.091)	0.299 ** (0.117)	0.106 (0.177)
模型检验	σ^2	0.120 *** (0.017)	0.12 *** (0.016)	0.112 *** (0.027)	0.113 *** (0.027)
	γ	0.810 *** (0.042)	0.806 *** (0.044)	0.821 *** 0.061	0.827 *** (0.062)
	Log 似然函数	54.370	54.739	57.158	58.6
	LR 检验	33.180 ***	33.924 ***	38.76 ***	41.645 ***

注：①样本量为246；②***、**、*代表1%、5%、10%的置信水平；括号内为标准误。

二 外资进入与技术效率

表5.2中随机前沿模型的 γ 值均大于0.7且高度显著，LR单边检验均在1%的置信水平上拒绝了原假设，因此对外资进入的研究同样适合使用随机前沿方法。

表 5.2　　　　　　　　　外资进入与技术效率

	变量	V	VI	VII
生产函数部分	截距项	12.656*** (4.866)	2.201 (2.706)	11.164** (5.155)
	l_{it}	-0.072 (0.581)	0.112 (0.511)	-0.021 (0.56)
	k_{it}	-0.419 (0.758)	1.064 (0.648)	-0.224 (0.799)
	l_{it}^2	-0.203*** (0.074)	-0.151** (0.075)	-0.2*** (0.074)
	k_{it}^2	-0.135* (0.078)	-0.153** (0.076)	-0.14* (0.075)
	$l_{it}k_{it}$	0.393** (0.156)	0.295** (0.146)	0.385** (0.154)
	$l_{it}t$	0.001 (0.021)	0.001 (0.022)	0.0001 (0.021)
	$k_{it}t$	-0.011 (0.022)	0.007 (0.022)	-0.007 (0.022)
	t	0.251 (0.154)	0.018 (0.102)	0.206 (0.153)
	t^2	-0.005 (0.003)	-0.006** (0.004)	-0.006* (0.003)
技术无效函数部分	截距项	4.149 (3.736)	0.234 (1.222)	4.581 (3.641)
	外资规模	-0.082** (0.038)		-0.268* (0.172)
	内资规模	-0.149** (0.076)		-0.129** (0.064)
	外资规模×外资规模			0.012* (0.097)
	外资规模比例		-0.007** (0.003)	
	内资规模比例		-0.005*** (0.002)	
	人口	-0.287 (0.28)	-0.164 (0.12)	-0.289 (0.256)
	收入	0.28** (0.124)	0.348*** (0.101)	0.267** (0.111)
	企业数量	-0.333** (0.139)	-0.25*** (0.083)	-0.276** (0.133)
	金融危机	0.32** (0.157)	0.175** (0.084)	0.28** (0.139)

续表

变量		V	VI	VII
模型检验	σ^2	0.103*** (0.038)	0.051*** (0.012)	0.084** (0.033)
	γ	0.857*** (0.06)	0.705*** (0.146)	0.832*** (0.075)
	Log 似然函数	63.439	65.014	64.006
	LR 检验	43.099***	46.26***	44.234***

注：①样本量为221；②***、**、*代表1%、5%、10%的置信水平；括号内为标准误。

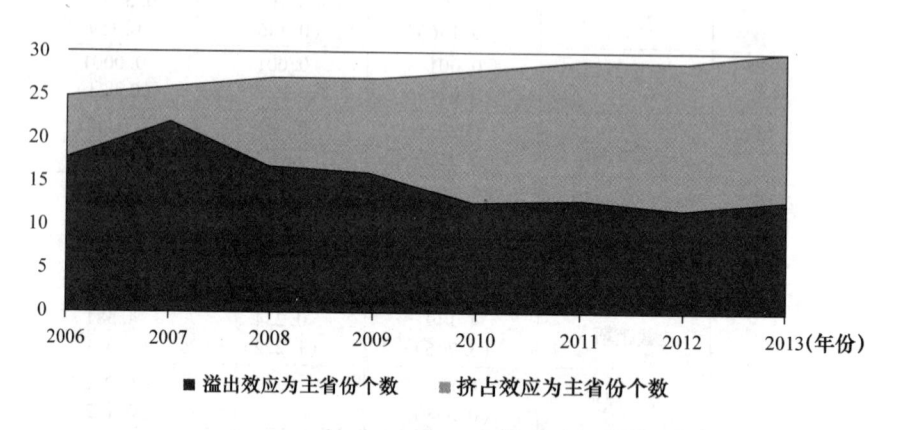

图 5.2 外资效应不同阶段的省份个数变化

注：由于本书使用的是非平衡面板数据，因此各年省份总数因数据可得性而有所不同。

表5.2的模型Ⅴ、模型Ⅵ分别以外资规模和外资规模占比作为地区零售业外资进入的测度指标，考察了外资进入对零售业技术效率的影响。模型Ⅴ的实证结果显示：外资规模每增加1%，零售业技术效率增加0.08%；模型Ⅵ的实证结果显示：外资占比每增加1%，零售业技术效率增加0.7%。这两项估计结果均在5%的置信水平上显著，表明2006—2013年外资进入对中国零售业技术效率的总体效应为正，溢出效应要大于挤出效应。为了防止模型误设导致的错估，模型Ⅶ进

一步引入外资规模的平方项,检验外资进入对零售业技术效率的非线性效应。可以看到:外资规模和外资规模平方项的系数分别为-0.268和0.012,且都在10%的置信水平下显著,表明外资进入对零售业技术效率的影响呈倒"U"形的曲线。外资规模的真实拐点值约为70732.94万元,这与艾文卫[1]的研究结果非常吻合。当外资规模小于拐点值时,外资规模越大,零售业整体技术效率越高,外资进入的技术溢出效应占据主要地位;当外资规模大于拐点值时,外资规模的增加反而抑制了零售业技术效率的提高,外资进入的挤出效应超过了溢出效应。将外资规模拐点作为分界点,可以得到外资效应的两个阶段,即外资规模小于拐点值的"溢出效应为主"阶段和外资规模大于拐点值的"挤出效应为主"阶段。根据各年各省零售业外资资产规模,可以得到不同年份处于外资"溢出效应为主"阶段和"挤出效应为主"阶段的省份数量。如图5.2显示,在2007年之前,处于外资"溢出效应为主"阶段的省份数量逐年上升,但2007年之后,外资"溢出效应为主"的省份个数逐年下降,外资"挤占效应为主"的省份个数逐渐增加,反映出外资对中国零售业的负面挤出效应正在不断扩大影响范围和影响测度。

综上所述,2006—2013年八年间,外资进入对中国零售业技术效率的总体影响显著为正,溢出效应大于挤占效应;但挤占效应为主的省份个数正在逐年攀升,溢出效应为主的省份则逐年递减。因此,零售业相关政策特别是外资准入政策应当重视外资进入的负面影响和中国零售业的产业安全,避免盲目吸引外国商业巨头引资的政策行为,"利用外资"的概念要和外资对中国零售业的影响相结合,做到动态变化、与时俱进。

---

[1] 艾文卫:《溢出递减与持续挤出:外资零售在华影响再议》,《商业经济与管理》2015年第8期。

三 网络购物和技术效率

表 5.3 显示三个模型的 γ 值均显著大于 0.7，LR 单边检验均在 1% 的置信水平上显著，表明随机前沿方法适用于对网络购物和零售业技术效率间关系的研究。

模型Ⅷ首先检验了网络购物对零售业整体技术效率的影响，实证结果表明地区网络购物人数的增加对零售业整体技术效应的影响为正，但并不显著。模型Ⅸ、模型Ⅹ检验了网络购物对传统零售业技术效率的影响。其中，模型Ⅸ的结果表明网络购物的增加对传统零售业技术效率有显著的正面效应；模型Ⅹ中网络购物人数与时间、时间平方的交互项分别为 0.0796 和 -0.0104，且在 1% 的置信水平上显著，表明随着时间的变化，网络购物的正面效应呈现先减后增的趋势。

表 5.3 网络购物与技术效率

变量		零售业整体		传统零售业
		Ⅷ	Ⅸ	Ⅹ
生产函数部分	截距项	5.468*** (1.896)	15.211*** (3.211)	4.589** (2.231)
	l_{it}	-0.963* (0.532)	-0.946 (0.648)	0.158 (0.57)
	k_{it}	1.444*** (0.444)	-0.038 (0.551)	0.65 (0.497)
	l_{it}^2	-0.077 (0.049)	-0.114* (0.058)	-0.089* (0.057)
	k_{it}^2	-0.135** (0.059)	-0.098 (0.077)	-0.083 (0.072)
	$l_{it}k_{it}$	0.237** (0.111)	0.288** (0.136)	0.176 (0.131)
	$l_{it}t$	0.0006 (0.00053)	0.03 (0.025)	0.013 (0.025)
	$k_{it}t$	-0.00054 (0.00045)	-0.036 (0.024)	-0.005 (0.022)
	t	0.038 (0.046)	0.233** (0.106)	0.089 (0.113)
	t^2	0.003 (0.005)	-0.004 (0.004)	-0.013*** (0.004)

续表

变量		零售业整体		传统零售业
		Ⅷ	Ⅸ	Ⅹ
技术无效函数部分	截距项	9.41*** (2.952)	12.036*** (2.992)	4.548** (1.786)
	网购人数	-0.145 (0.105)	-0.039** (0.020)	-0.2796** (0.14)
	网购人数 × t			0.0796*** (0.024)
	网购人数 × t^2			-0.0104*** (0.002)
	人口	-0.931*** (0.285)	-1.002*** (0.24)	-0.432** (0.171)
	收入	0.07 (0.099)	-0.051 (0.136)	0.13 (0.107)
	企业数量	-0.24** (0.12)	-0.518*** (0.167)	-0.126 (0.09)
	金融危机	0.155 (0.106)	0.297** (0.119)	0.015 (0.135)
	σ^2	0.097*** (0.016)	0.102*** (0.011)	0.073*** (0.014)
	γ	0.755*** (0.075)	0.814*** (0.04)	0.773*** (0.072)
模型检验	Log 似然函数	55.581	55.771	57.808
	LR 检验	40.224***	38.447***	42.521***

注：①样本量为248；②***、**、*代表1%、5%、10%的置信水平；括号内为标准误。

模型Ⅹ计量结果实际上说明：网络购物冲击对传统零售业技术效率的影响呈现随时间动态变化的趋势。如图5.3所示，2006—2013年网络购物对传统零售业技术效率的影响总体为正面效应。这既可能由于电商的崛起冲击淘汰了技术效率低下的实体零售企业和商店，也可能由于一些传统零售企业和商店自身实现了技术效率的提升。由于缺乏企业层面进入、退出的微观数据，因此难以区分何种原因更大程

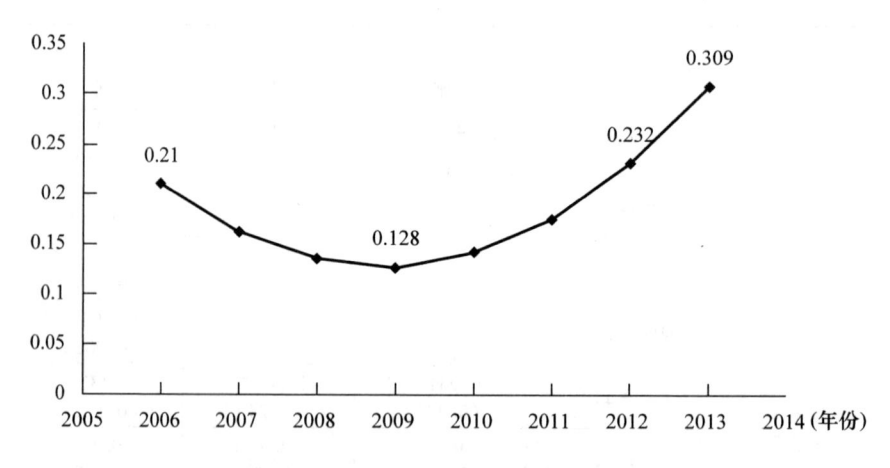

138 ◇ 中国零售业生产率测度及影响因素研究

图5.3 网购对传统零售业技术效率边际效应的变化

度地导致了网络购物的正面效应①。图 5.3 还显示，2006 年网购人数每增加 1%，传统零售业技术效率增加 0.21%；此后，网购冲击的边际效应不断下降，并于 2009 年达到最低点。可以推测在 2006—2009 年，网购冲击改善了传统零售业整体的技术效率，但依然对留在市场的零售企业技术效率造成了一定的负面效应，这种负面效应一定程度上抵消了网购冲击的正面效应；2009 年之后，网购冲击的边际效应开始回升，并于 2012 年超过了 2006 年的原始水平，2013 年网购人数每增加 1%，传统零售业技术效率可以增加 0.309%。网购边际效应的回升可能由于两方面的原因：一是传统零售企业逐步适应了网络购物的冲击，开始尝试电子商务、O2O 零售和异业联盟等策略，并在采购协同、信息系统升级等后台业务上进行整合，逐步回归零售本质，注重对消费者、对商品的经营②，因此网购冲击的正面效应也呈现逐

---

① Foster 等学者曾研究了企业的进入退出决策对零售劳动生产率的变化，但他们的研究主要使用了美国零售企业和商店的普查数据，中国目前尚没有这方面的详细数据。参见 Foster L., Krizan J. H. J., "Market Selection, Reallocation, and Restructuring in the U. S. Retail Trade Sector in the 1990s", *The Review of Economics and Statistics*, 2006, 88 (4): 748 – 758。

② 赵向阳：《独家解析关店潮：中国零售业集体彷徨》，联商网 2014 年 8 月 8 日。

步上升的趋势；二是在网购冲击下，技术效率低下的传统零售企业和商店越来越多地退出了市场，只有技术效率足够优秀的传统零售企业才能在网购冲击下继续经营，在优胜劣汰的市场机制作用下，传统零售业整体的技术效率由此提升。同样的，由于缺乏微观数据的支持，很难判断哪一方面的原因导致了网购冲击效应随时间的"U"形变化。

总体而言，无论网购冲击倒逼传统零售业自我变革，还是迫使技术效率低下的零售企业退出市场，实证分析都证明了网络购物的兴起直接促进传统零售业从粗放式的、依赖人口红利和规模红利的增长模式向集约型的、依赖零售服务创新和供应链整合的发展模式转变，这种促进作用体现在网购冲击对传统零售业技术效率的正面效应上。

四 行业竞争、金融危机的影响

除连锁化经营、外资进入和网络购物等因素之外，实证结果还验证了零售业竞争状况和金融危机对零售业技术效率的影响。表5.4总结了相关的计量结果。

表5.4 行业竞争、金融危机与技术效率

模型	I	II	III	IV	V
地区竞争	-0.456***	-0.513***	-0.289*	-0.341**	-0.333**
金融危机	0.213**	0.136	0.299**	0.106	0.32**
模型	VI	VII	VIII	IX	X
地区竞争	-0.25***	-0.276**	-0.24**	-0.518***	-0.126
金融危机	0.175	0.28**	0.155	0.297**	0.015

注：***、**、*代表1%、5%、10%的置信水平；括号内为标准误。

首先分析行业竞争对零售业技术效率的影响。所有模型的地区竞争参数估计值均为负，且10个生产函数模型中只有模型X的估计值不显著，表明行业竞争对零售业技术效率存在显著的促进作用。国内已有文献在分析零售业发展与竞争程度的关系时，主要关注零售业"过度竞争"的概念，如吴小丁等[①]、张群[②]等学者都认为目前中国零售业处于低进入壁垒和高退出壁垒的市场环境，因此存在过度竞争的情况。从表 5.4 的实证结果来看，地区零售业的竞争状况并没有呈现过度竞争的负面效应，反而有利于零售业技术效率的改进。考虑到近年以来大量零售企业和商店退出市场的"关店潮"现象，可以认为中国零售业不存在严重的过度竞争问题，企业之间的竞争有利于激活发展潜力、优化资源配置，从而提升行业整体的经营效率。

下面分析金融危机对零售业技术效率的影响。表 5.4 中所有模型的金融危机参数均为正，其中显著的估计结果有六项，证明零售业受到了金融危机的显著负面冲击。黄国雄[③]、张庶平[④]等学者认为金融危机对零售业的影响是"百货大于超市、高档消费品大于日常消费品、城市大于农村"，金融危机主要通过影响居民的财富和可支配收入制约了消费者对不同需求弹性的产品、零售服务的购买力。居民消费能力的下降，直接导致了零售商店在客流量、客单价、坪效等零售指标方面的下滑，最终导致零售业技术效率的下降。

第五节　总结

第四章利用面板随机前沿方法全面系统地研究了 2006—2013 年间中国零售业技术效率的影响因素。结合近年中国零售业的发展现实，本章重点分析了连锁化经营、外资进入、网络购物三个因素对零

---

① 吴小丁、王锐、王晓彦：《零售业过度竞争的理论界定及判断标准》，《财贸经济》2007 年第 8 期。
② 张群：《大型零售业过度竞争判断标准——以大型超市为例》，《中国流通经济》2015 年第 9 期。
③ 黄国雄：《中国零售业如何应对金融危机的挑战》，《商业研究》2009 年第 3 期。
④ 张庶平：《中国零售业——应对金融危机中的创新与发展》，《商业经济研究》2010 年第 1 期。

售业技术效率的影响，得到的主要结论如下。

首先，目前中国零售业的连锁化程度与水平并没有能够对零售业整体的技术效率产生正面影响，这是本章计量分析得出的一个重要的结论。这个结论并不否定连锁化经营在采购、议价、营销与管理等方面的规模经济性，但中国零售业连锁化程度长期处于较低水平、零售业市场集中度偏低的现实，已经严重制约了连锁化经营规模经济性的发挥、制约了中国零售业的健康、快速发展。

其次，外资进入在2006—2013年对中国零售业技术效率的总体影响是正面的，但这种影响呈现出倒"U"形的变化，外资挤占效应为主的省份个数呈现逐年递增的趋势。因此，各地的零售业是否需要大力引进外资，不仅要因时制宜，更要因地制宜，不同地区的零售业发展可能处于外资"溢出效应为主"或"挤出效应为主"的不同阶段，需要综合判断外资引入对本地零售企业发展的具体影响。

最后，网络购物的冲击显著地促进了传统零售业技术效率的改进。这可能是由于网购冲击下技术效率低下的传统零售企业退出了零售市场，也可能由于未退出市场的传统零售企业在网购冲击倒逼之下进行O2O模式、异业联盟和业态创新等方面的尝试，实现了自我技术效率的提升。从长远来看，网络购物的冲击有利于传统零售业摆脱粗放式的发展路径，回归"经营消费者、经营商品"的零售本质。此外，网购冲击的正面效应随时间呈现先减后增的"U"形趋势，并在2009年之后逐年递增。对该现象原因的进一步分析有助于厘清行业内部技术效率动态变化的来源，但这方面的研究需要更详尽的企业微观数据的支持。

第六章 实体零售商"触网"策略对技术效率的影响

第五章研究得到的一个重要结论是：网络购物的冲击对传统零售业技术效率有着显著的促进作用，但这一作用的来源尚未得到甄别：一方面，网络购物冲击之下经营效率低下的零售企业可能会逐渐退出市场，因此零售业整体的技术效率可以得到改善；另一方面，在网络购物冲击的倒逼之下，零售企业也可能通过O2O（Online to Offline）等模式引入线上渠道，开拓新的业务领域，提升零售生产率。

本章试图从另一个角度——零售企业的维度出发，研究在网络购物冲击之下，传统的实体零售企业引入线上渠道的策略是否对其经营效率产生了显著的正面效应，以及不同的"触网"策略是否对企业的经营效率产生了不同的效果。对这一问题的研究能够为网络购物冲击之下传统零售业技术效率提升的路径提供了实证依据。从现实的行业情况来看，零售业线上线下渠道间竞争、融合的形势变化和网络购物的直接冲击已经迫使一部分实体零售企业加快"突围"步伐。实体零售企业的一项重要的应对策略就是"触网"，即依托互联网、大数据等现代信息技术引入和拓展线上渠道进行商品销售，从"对抗电商"转向"拥抱电商"。实体零售商是否应该"触网"、如何"触网"，是已经开始转型求变和仍然处于观望状态的零售经营者都希望得到答案的问题。

第六章 实体零售商"触网"策略对技术效率的影响

中国实体零售商的"触网"实践可以划分为不同的历史阶段[①]。2012年之前,中国实体零售商的"触网"实践尚处于"双渠道"或"多渠道"的阶段,其特征是实体零售商的线上线下渠道在商品交易过程中相对独立,线上渠道的营销、物流、仓储与线下渠道完全分离。2013年之后,实体零售商逐步开始探索并接受"全渠道"的理念,试图在商品交易的各个环节针对消费者的偏好,分别采用合适的渠道,此时线上渠道和实体商店不再完全平行和割裂,而是相互组合、整合,协同开展零售活动。无论线上渠道在零售经营中扮演怎样的角色,实体零售商目前面临的基本问题是:"触网"是否有必要,以及应当自建购物网站、还是采取与第三方的电子商务平台合作的形式。从现实情况来看,我国实体零售商的"触网"实践尚处于不断试错和策略迭代的过程:不同企业选取的"触网"方式各有不同;零售企业自建网站的发展状况也参差不一,部分自建购物网站由于"线上引流"不力,已经逐渐停用(见表6.1)。

结合行业热点问题和第五章的研究结论,本章将系统、实证地检验两个问题:一是实体零售商为了应对网络购物冲击所实施的"触网"策略是否有效提升了实体零售商的技术效率;二是自建网站和与第三方平台合作这两种"触网"策略对零售技术效率的影响是否有所差异。

表6.1 部分实体零售商的"触网"实践(截至2015年1月)

"触网"方式	代表企业	自建网站/第三方平台
自建网站	苏宁	苏宁易购,红孩子
	国美	国美在线,大中电器,库巴购物网(已停用)
	大商集团	天狗网,大商网(已停用)
	步步高	云猴网
	大润发	飞牛网

[①] 李飞:《全渠道零售的含义、成因及对策——再论迎接中国多渠道零售革命风暴》,《北京工商大学学报》(社会科学版)2013年第2期。

续表

"触网"方式	代表企业	自建网站/第三方平台
与第三方平台合作	唐久便利	京东
	美特好	一号店
	银泰	天猫、支付宝（阿里巴巴）
	华联	阿里巴巴

第一节 实体零售商"触网"相关研究简述

目前国外学者关于实体零售商"触网"的实证研究主要集中在"触网"是否有利于实体零售商绩效的提升。一部分学者持肯定观点，例如 Pozzi 认为，开展网络销售业务虽然可能会挤出实体零售商的实体门店的销售额，但能够促进实体零售商整体的销售规模[1]；Gensler 等认为，实体零售商可以通过拓展网络渠道增加消费者福利，从而直接刺激消费者进行更多的交易行为，提升零售商店销售额[2]。也有一些学者认为，"触网"对实体零售商的影响是多方面的，最终的结论需视实际情况而定。例如 Weltevreden 的研究表明，网络销售与实体商店线下销售构成直接的替代关系[3]；Biyalogorsky 等发现开展网络销售业务对实体零售商造成负面影响，但这一结论并不具有统计学意义上的显著性[4]；Bernstein 等通过一个寡头垄断的均衡模型说明：实体零售商引入线上销售渠道可以增进消费者的福利，但由于零售商需要为此付出成本，同时线下的销售规模可能受到冲击，因此零售商

---

[1] Pozzi A., "The Effect of Internet Distribution on Brick-and-mortar Sales", *The RAND Journal of Economics*, 2013, 44 (3), pp. 569 – 583.

[2] Gensler S., Leeflang P., Skiera B., "Impact of Online Channel Use on Customer Revenues and Costs to Serve: Considering Product Portfolios and Self-selection", *International Journal of Research in Marketing*, 2012, 29 (2), pp. 192 – 201.

[3] Weltevreden J. W. J., "Substitution or Complementarity? How the Internet Changes City Centre Shopping", *Journal of Retailing & Consumer Services*, 2007, 14 (3), pp. 192 – 207.

[4] Biyalogorsky E., Naik P. Clicks and Mortar, "The Effect of On-line Activities on Off-line Sales", *Marketing Letters*, 2003, 14 (1), pp. 21 – 32.

第六章 实体零售商"触网"策略对技术效率的影响

的利润不一定增加[①]。

国内学者对实体零售商"触网"的研究主要停留在概念界定和逻辑推演的层面,实证研究相对较少。王成荣[②]、洪涛[③]等学者将零售业的互联网化称作继现代百货、连锁经营、自助超市之后的零售第四次革命。李飞试图从概念界定和商业模式选择的角度,厘清多渠道、全渠道等"触网"方式在不同零售场景下的具体内涵、实现路径和作用机制[④]。郭燕等通过数理推导证明:实体零售商必须将线下实体零售业务的成本控制在较低水平,同时其线上销售形成足够规模,"触网"的策略才有利可图[⑤]。

总体来看,关于中国零售商"触网"策略的已有研究有两点不足:第一,没有区分实体零售商的不同"触网"策略,即实体零售商应当自建网络渠道,还是与第三方购物平台合作——实际上,许多学者之所以对"'触网'能否促进实体零售商绩效"的问题意见不一,很可能是没有区分实体零售商的不同"触网"策略对其绩效的不同影响;第二,大部分研究缺乏实证证据。实体零售商是否应该"触网",如何"触网",不能只停留在经验分析和数学模型推演的层面,应当基于零售商自身的"触网"实践进行实证检验。本章力图弥补上述两个方面的不足,聚焦实体零售商的"触网"策略对其经营效率的影响。

[①] Bernstein F., Song J. S., Zheng X. N., "'Bricks-and-mortar' vs. 'Clicks-and-mortar': An Equilibrium Analysis", *European Journal of Operational Research*, 2008, 187 (3), pp. 671–690.

[②] 王成荣:《第四次零售革命:流通的变革与重构》,中国经济出版社 2014 年版。

[③] 洪涛:《一次零售全业态、全渠道的革命——〈第四次零售革命——流通变革与重构〉书评》,《北京财贸职业学院学报》2015 年第 1 期。

[④] 李飞:《迎接中国多渠道零售革命的风暴》,《北京工商大学学报》(社会科学版) 2012 年第 3 期;李飞:《全渠道零售的含义、成因及对策——再论迎接中国多渠道零售革命风暴》,《北京工商大学学报》(社会科学版) 2013 年第 2 期。

[⑤] 郭燕、王凯、陈国华:《基于线上线下融合的传统零售商转型升级研究》,《中国管理科学》2015 年第 1 期。

第二节 基于实体零售商"触网"策略的模型构造

参照第四、第五章,以零售企业毛利作为产出,企业的资本、劳动和中间投入(主要包括营销费用和水电费用等)作为投入①。假设 I 个零售企业投入产出组合的集合为:

$$S = \{(X_i, Y_i)\}, i = 1, 2 \ldots I \tag{6.1}$$

其中,X_i 为零售企业 i 的 J 项投入 $X_i^1, X_i^2 \ldots X_i^J$ 组成的向量,Y_i 为零售企业 i 的产出。衡量企业实际产出与产出前沿之间距离的距离函数由此可以定义为:

$$D(X_i, Y_i) = \inf\{\theta : (X_i, Y_i/\theta) \in S\} \tag{6.2}$$

给定(6.1)式,易得距离函数 $D(X_i, Y_i) \leq 1$;$D(X_i, Y_i) = 1$ 则意味着企业位于产出前沿上,此时企业的生产活动是技术有效的。显然,(6.2)式中的距离函数 $D(X_i, Y_i)$ 的数值等于技术效率。利用所有可观测的零售企业的投入、产出构造零售活动的产出前沿,那么就容易得到每个零售企业的距离函数(即技术效率);进一步的,可以研究包括"触网"策略在内的一系列零售企业策略对其技术效率的影响。

如第三章所述,测度技术效率的方法主要有两种,其一是随机前沿分析方法(Stochastic Frontier Analysis)。根据随机前沿分析方法,可以假设零售企业的生产函数服从柯布道格拉斯生产函数,即生产函数的对数形式为:

$$y_i = \ln D_i + f(x_i^j) = \ln D_i + \left(\sum_j \beta_j x_i^j + v_i\right) \tag{6.3}$$

其中,x_i^j 代表企业 i 第 j 项投入 X_i^j 的对数;y_i 代表企业 i 的产出 Y_i 的对数;$f(x_i^j)$ 代表企业 i 最大潜在产出 $F(X_i^j)$ 的对数;v_i 服从正态分

---

① 第四章曾分析了忽略中间投入可能带来的测度偏差。在宏观层面,零售业的中间投入数据一般难以获得。在本章的研究中,可以得到企业层面的中间投入数据,因此设定存在三项零售投入:资本、劳动、中间投入。

第六章 实体零售商"触网"策略对技术效率的影响

布 $N(0,\sigma_v^2)$，代表随机、未知或不可观测因素造成的误差；β_j 为待估参数。由（6.3）式易得：

$$D_i = \frac{Y_i}{F(X_i)}$$

参考 Park 和 King[①] 的随机前沿模型，可以假定零售企业的技术效率服从：

$$\begin{cases} \ln D_i = -u_i \\ u_i \sim N^+(\mu_i, \sigma_u^2) \\ \mu_i = \delta_0 + \delta Z_i + \varepsilon_i \end{cases} \quad (6.4)$$

其中，u_i 为非负（由于 $D_i \leq 1$）的无效率项，服从半正态分布 $N^+(\mu_i,\sigma_u^2)$，代表企业 i 的零售活动与其产出前沿之间的距离，u_i 越大，距离函数 D_i 越小，企业的技术效率越低；无效率项 u_i 的均值 μ_i 取决于零售企业的经营策略向量 Z_i，δ_0、δ 为待估参数，ε_i 为随机扰动项。由于无效率项和技术效率之间是负相关关系（$\ln D_i = -u_i$），如果零售企业的某项经营策略对无效率项产生负面作用，则意味着该策略促进了企业的技术效率，反之亦然。

在第三章中提到，随机前沿分析方法虽然可以构造零售技术效率的计量模型，但却需要外生假定生产函数的具体形式，因此可能存在模型误设的问题。为了确保实证研究结果的稳健性，可以引入第二种测度效率的方法——数据包络法。由于本章的实证研究采用截面数据，因此使用数据包络法时不容易受到系统性、趋势性的随机因素的影响。数据包络法在实证研究中的基本原理是：利用观测到的个体构造生产可能集，然后利用线性规划方法，基于生产可能集构造产出前沿，并计算技术效率（或距离函数）。我们采用数据包络法中的规模报酬不变的 CCR 模型，因此求解（6.2）式中的距离函数 $D(X_i,Y_i)$ 的问题可以转化为如下线性规划问题：

[①] Park T. A., King R. P., "Evaluating Food Retailing Efficiency: The Role of Information Technology", *Journal of Productivity Analysis*, 2007, 27 (2), pp. 101-113.

$$\begin{cases} D(X_i, Y_i) = \max \theta_i \\ x_i^j \geq \sum_I \lambda_i x_i^j, j = 1, 2 \dots J \\ \theta_i y_i \leq \sum_I \lambda_i y_i \\ \lambda_i \geq 0, i = 1, 2 \dots I \end{cases}$$

继而可以求得每个企业对应的技术效率。为了进一步讨论零售企业的经营策略对技术效率的影响，构建如下回归方程：

$$D(X_i, Y_i) = \eta_0 + \eta Z_i + \zeta_i \qquad (6.5)$$

其中，Z_i 是零售企业经营策略向量，η_0、η 为待估参数，ζ_i 为随机扰动项。

在上述设定的两个模型——随机前沿分析模型和数据包络模型的基础上，为研究"触网"策略对实体零售商技术效率的影响，根据数据可得性，可以将相关变量分为三部分：产出，即零售毛利（Y_i）；投入，包括商店面积（K_i）、员工人数（L_i）、经营支出（M_i）、水电支出（E_i），其中，经营支出主要指零售企业的营销费用；经营策略，包括企业的"触网"策略和其他策略。根据"触网"策略的不同，可以将实体零售商分为三类情况：未选择网络零售、自建购物网站、与第三方平台合作。由此设置虚拟变量如下：

$$V_i^{own} = \begin{cases} 1, \text{企业选择自建网站} \\ 0, \text{其他} \end{cases}$$

$$V_i^{third} = \begin{cases} 1, \text{企业选择与第三方平台合作} \\ 0, \text{其他} \end{cases}$$

其他零售策略则作为控制变量。基于已有的零售业生产率研究文献，本章主要控制以下三方面的零售策略。

一是员工工资水平（W_i）。一些研究表明，高水平的工资意味着零售企业雇佣的员工技能水平更高，员工流动更少，以及全职员工比例更多①，因此工资水平可以控制零售企业人力资源水平对其技术效率测度的影响。

二是单店平均面积（SK_i）。Basker 和 Klimek 等的研究表明，现代的实体零售商存在单店规模增大的趋势，因为较大面积的商店会通过为消费者提供更广品类的商品和更高水平的一站式购物服务，从而产生范围经济性，提高零售交易效率②。本章用实体零售商单店平均面积控制范围经济性对技术效率的影响。

三是组织形式。规模化零售商的组织形式通常包括直营和特许经营。Betancourt 认为，特许经营是介于垂直一体化和公平市场交换之间的组织形式。和直营相比，特许经营的优势在于降低了零售商扩张过程中的组织成本，缺点是无法完全掌握特许商店的运营状况，同时可能存在潜在的"委托—代理"问题③。因此，这里用直营商店个数占企业商店总数的百分比（$Dratio_i$）控制实体零售商的组织形式对其技术效率可能存在的影响。

根据上文构造的模型和指标，当采用随机前沿分析方法进行实证研究时，可以构造计量模型 I：

$$\begin{cases} ln\ Y_i = \beta_0 + \beta_K \ln K_i + \beta_L \ln L_i + \beta_M \ln M_i + \beta_E \ln E_i + v_i - u_i \\ \qquad u_i \sim N^+(\mu_i, \sigma_u^2) \\ \mu_i = \delta_0 + \delta_W \ln W_i + \delta_{SK} \ln SK_i + \delta_{Dratio} Dratio_i + \delta_{Vown} V_i^{own} + \delta_{Vthird} V_i^{third} + \varepsilon_i \end{cases}$$

---

① Sellersrubio R., Másruiz F. J., "Technical Efficiency in the Retail food Industry: The Influence of Inventory Investment, Wage Levels, and Age of the Firm", *European Journal of Marketing*, 2007, volume 43 (5 – 6), pp. 652 – 669.

② Basker E., Klimek S., Van P. H., "Supersize It: The Growth of Retail Chains and the Rise of the 'Big-Box' Store", *Journal of Economics & Management Strategy*, 2012, 21 (3), pp. 541 – 582.

③ Betancourt, R. R., *The Economics of Retailing and Distribution*, Cheltenham, UK and Northampton, MA: Edward Elgar Publishing, 2004, pp. 208 – 211.

我们采用 Battese 和 Coelli[①] 构造的基于距离函数的一步极大似然估计法对模型 I 中各参数进行估计。

当采用 CCR 模型进行实证研究时，可以通过解决下面的线性规划问题，得到规模报酬不变情况下的各企业技术效率（$Crste_i$）。

$$D(X_i, Y_i) = \max \theta_i$$

$$x_i^j \geqslant \sum_I \lambda_i x_i^j, j = 1, 2 \ldots J$$

$$\theta_i y_i \leqslant \sum_I \lambda_i y_i$$

$$\lambda_i \geqslant 0, i = 1, 2 \ldots I$$

进而构造计量模型 II：

$$Crste_i = \eta_0 + \eta_W W_i + \eta_{SK} \zeta_i + \eta_{Dratio} Dratio_i + \eta_{Vown} V_i^{own} + \eta_{Vthird} V_i^{third} + \zeta_i$$

从而研究实体零售商"触网策略"对技术效率 $Crste_i$ 的影响。由于企业的技术效率总处于 0—1 之间，且可能有多个企业属于技术有效（即 $Crste_i = 1$）的情况，因此传统的 OLS 回归难以得到模型 II 的一致估计，这种情况下应当选用归并回归模型——Tobit 模型对计量模型 II 进行估计[②]。

关于模型 I 和模型 II，需要注意以下两点：第一，根据技术效率的性质，当实证结果稳健时，模型 I 第三式中的所有参数应当与模型 II 中对应变量的参数方向相反。因此，如果与第三方合作和自建网站两种"触网"策略都能够提升实体零售商的技术效率，那么模型 I 中的参数 δ_{Vown} 和 δ_{Vthird} 应当分别为负，模型 II 中的参数 η_{Vown} 和 η_{Vthird} 应当分别为正。

第二，模型 I 中的无效率项 u_i 是技术效率对数化处理后的相反

---

① Battese G. E., Coelli T. J., "A Model for Technical Inefficiency Effects in a Stochastic Frontier Production Function for Panel Data", Empirical Economics, 1995, 20（2）, pp. 325 - 332.

② 陈强：《高级计量经济学及 Stata 应用》（第二版），高等教育出版社 2013 年版。

数，为了保持模型的一致性，同时便于对参数进行解释，模型Ⅰ第三式中工资水平（W_i）和单店平均面积（SK_i）均进行了对数化处理；其他变量为百分比计算的变量（如 $Dratio_i$）或虚拟变量（如 V_i^{third}、V_i^{own}），不作同样的处理。

第三节 实证研究的数据来源

本章的数据来自中国连锁经营协会（CCFA）。CCFA 是中国连锁零售行业唯一的全国性行业组织，2011 年其团体会员企业的销售额占到了社会消费品零售总额的 12% 和规模以上零售企业销售总额的 31%[1]。CCFA 于 2013 年和 2014 年分别在其团体会员企业范围内随机抽取样本，并获得各企业当年及前一年的经营数据。通过数据和地理位置的比对，可以得到一组包含 212 家实体零售商的 2013 年连锁零售企业截面抽样数据，其销售总额约 18500 亿元人民币，占到了 2013 年规模以上零售企业销售总额的 18.78%[2]。本章删除了缺少销售额、营业总面积和从业人数的样本，同时删除毛利率为负的异常数据[3]，最后得到包含 66 家实体零售商的有效样本数据。

表 6.2 给出了相关数据的描述性统计。如前文所述，零售产出由零售商的毛利来衡量。根据第四章对零售投入产出框架的分析，与毛利相对应的零售投入不应当包括零售企业买进的商品，因此这里把商店总面积、员工总数、经营支出（主要指促销支出）和中间投入（主要指水电支出）作为投入。在 66 家实体零售商中，2013 年尚未开通网上渠道的企业数量接近一半（30）；在已开通线上渠道的企业中，超过 2/3（25）的实体零售商选择与第三方平台合作，这表明从

---

[1] CCFA 官方网站，http://www.ccfa.org.cn/portal/cn/view.jsp?lt=11。
[2] 2013 年全国规模以上零售业商品销售额为 98487.26 亿元人民币。数据来自国家统计局。
[3] 毛利率为负意味着零售商品的进价高于售价，表明数据失实，因此应当将毛利率为负的样本删除。

企业的角度来看，通过与第三方平台合作的形式引入线上渠道可能是优于自建平台的"触网"策略。

表6.2 样本数据描述性统计

变量类别	变量名称	均值（或"触网"情况）	单位
产出	Y（毛利）	167635.64	万元/年
投入	K（面积）	62.23	万平方米
	L（员工人数）	7899	人
	M（经营支出）	118961.83	万元/年
	E（水电支出）	87619.63	万元/年
策略	W（工资水平）	3.51	万元/年
	SK（单店平均面积）	0.43	万平方米
	Dratio（直营门店个数占比）	68.21	%
	"触网"策略	与第三方合作的企业数为25；自建网站企业数量为11；未开通网上渠道企业数量为30。共计66	个

第四节 实证结果分析和讨论

一 模型Ⅰ——随机前沿模型

使用Frontier 4.1软件对模型Ⅰ进行估计。表6.3给出了模型Ⅰ的计量结果。其中，模型检验部分给出两项用来检验SFA方法适用性的指标：参数γ代表SFA模型中无效率项方差（σ_u^2）占随机误差项总方差（$\sigma_u^2 + \sigma_v^2$）的比重，$\gamma = \dfrac{\sigma_u^2}{\sigma_u^2 + \sigma_v^2}$介于0和1之间，$\gamma$越大，越表明实际产出对技术前沿的偏离由技术无效部分引起，因此越适合使用随机前沿模型；LR检验的原假设为$H_0:\sigma_u^2 = 0$，备择假设为$H_1:\sigma_u^2 > 0$，拒绝原假设意味着无效率项显著存在，即表明不同企业的技术效率存在差异。表6.3显示，模型Ⅰ的参数γ近似等于1，同时其估计值在5%的置信水平上显著，而LR检验则在1%的置信水平上拒绝了H_0，表明模型Ⅰ适合通过随机前沿分析方法进行估计。

从计量结果的生产函数部分来看,员工人数的产出弹性最高(0.574),验证了实体零售业是高度劳动密集型的产业。水电支出的产出弹性最低且不显著,这可能说明水电支出在零售活动中是一项必需的基本支出和固定成本,对具体的零售活动没有直接的影响,也和其他要素投入不具备显著的相互替代关系。技术无效函数部分是研究关注的主要内容。计量结果显示:工资水平每增加1%,实体零售企业的技术效率会显著地提升约0.447%,这验证了Sellersrubio和Másruiz认为的"零售员工质量可以促进零售企业技术效率"的观点[1];单店范围经济性(单店平均面积)和零售组织形式(直营商店个数占比)对技术效率的影响并不显著。在控制了上述三方面的策略变量后,实体零售商的两种"触网"策略均对其技术效率产生了正面影响:与第三方平台合作的实体零售商技术效率比不"触网"的企业平均高30.5%,这一结果在1%的置信水平上高度显著;自建网站的实体零售商技术效率比不"触网"的企业平均高19.5%,但这一结果的显著性较差。可见,"触网"对实体零售商的技术效率具有正面作用,而且和自建网站的策略相比,与第三方平台合作是更优的"触网"策略。

表6.3　　　　　　　　　模型Ⅰ的SFA估计

	变量	参数估计值	标准误
生产函数部分	截距项	4.146***	0.524
	$\ln K$	0.227**	0.088
	$\ln L$	0.574***	0.096
	$\ln M$	0.233***	0.071
	$\ln E$	0.035	0.051

---

[1] Sellersrubio R., Másruiz F. J., "Technical Efficiency in the Retail Food Industry: The Influence of Inventory Investment, Wage Levels, and Age of the Firm", *European Journal of Marketing*, 2007, volume 43 (5-6), pp. 652-669.

续表

变量		参数估计值	标准误
技术无效函数部分	截距项	5.965***	1.017
	$\ln W$	-0.447***	0.091
	$\ln SK$	-0.059	0.049
	$Dratio$	0.002	0.002
	V^{own}	-0.195	0.180
	V^{third}	-0.305***	0.138
模型检验	σ^2	0.226***	0.039
	γ	0.999**	0.493
	Log 似然函数	-44.613	
	LR 检验	24.174***	

注：***、**、*分别代表1%、5%、10%的置信水平。

二 模型Ⅱ——DEA-Tobit 估计

为了研究结果的稳健性，下面进一步使用模型Ⅱ研究实体零售商的"触网"策略对其技术效率的影响。模型Ⅱ的估计包括两个步骤：一是利用数据包络法和 CCR 模型得到各实体零售商的技术效率，这一步通过软件 Deap2.1 来实现；第二步是利用 Tobit 模型，测度"触网"策略及其他策略变量对零售商技术效率的影响，这一部分通过软件 Stata12 实现。

图 6.1 给出了由 DEA 方法得到的各企业技术效率的分布直方图，其中纵轴为分布密度，横轴为技术效率。可以明显看到，有较多的企业技术效率取值为 1，因此宜采用右归并点为 1 的 Tobit 模型。表 6.4 显示了模型Ⅱ最终的实证结果。其中，工资水平每增加 1 万元，企业的技术效率会显著地提升 0.036[①]；单店平均面积和直营商店个数占比对技术效率的影响不显著；"触网"的实体零售商具有更高的技术效率，其中与第三方平台合作的企业技术效率要比不"触网"的企

[①] 此处技术效率未进行对数化处理，因此参数估计值应当被视作解释变量对技术效率绝对变化而非相对变化的边际影响。

业平均高 0.178——考虑到技术效率的最大值为 1，这说明两种"触网"策略的影响非常明显。自建网站企业的技术效率虽然平均高于不"触网"的企业，但其优势较小（估计值为 0.057），且并不显著。

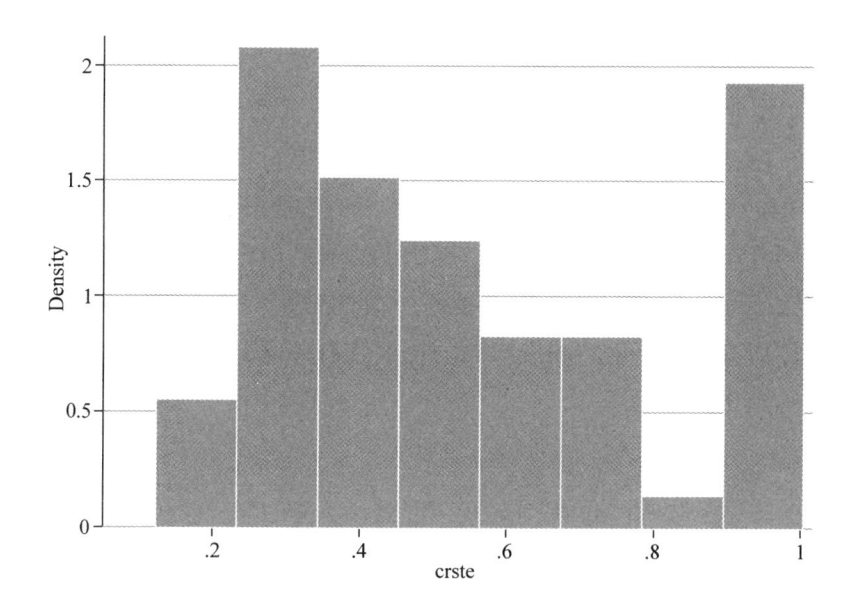

图 6.1 技术效率（$Crste$）

表 6.4　　　　　　　　模型 Ⅱ 的 DEA-Tobit 估计

变量	参数估计值	标准误
截距项	0.457***	0.093
W	0.036**	0.016
SK	0.022	0.047
$Dratio$	-0.0013	0.0009
V^{own}	0.057	0.106
V^{third}	0.178**	0.078
Log 似然函数	-19.49	—
LR 检验	12.18**	—

注：***、**、* 分别代表 1%、5%、10% 的置信水平。

三 稳健性讨论

按照 Gauri[①] 和 Donthu 等[②] 的观点，数据包络法和随机前沿分析本质上都是一种生产率基准比较（Benchmarking Productivity）的方法——这两种方法都能够测度每个企业和绩效最优（best performance）企业之间的差距，因为产出前沿是基于绩效最优企业构建的。因此，两种方法测度得到的企业技术效率应当具有较高的相关性。图 6.2 显示了模型 I（随机前沿分析）和模型 II（DEA-Tobit）技术效率的分布情况及相关系数。与模型 I 的结果相比，模型 II 测度结果的最大不同是有多个企业处于技术有效的情况（即技术效率为 1），但总体而言，两个模型测度得到的技术效率呈现较高的相关性（相关系数达到 0.76）。

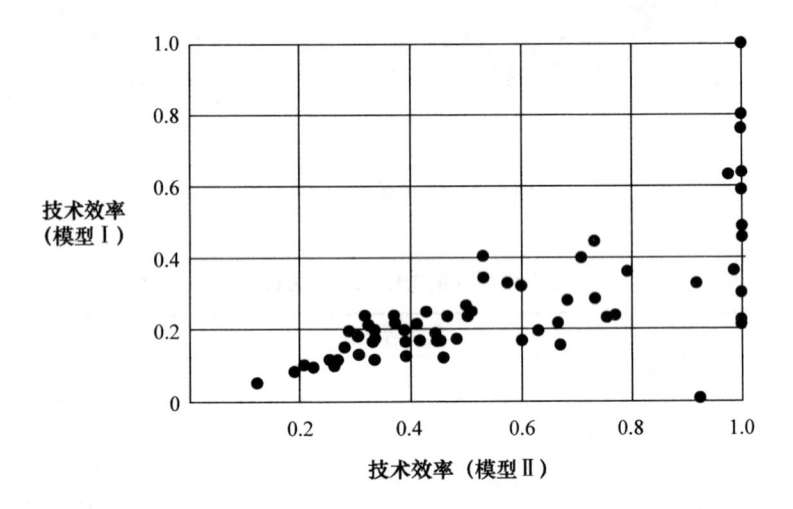

图 6.2 技术效率散点分布（相关系数 = 0.76）

[①] Gauri D. K., "Benchmarking Retail Productivity Considering Retail Pricing and Format Strategy", *Journal of Retailing*, 2013, 89 (1), pp. 1 – 14.

[②] Donthu N., Hershberger E. K., Osmonbekov T., "Benchmarking Marketing Productivity Using Data Envelopment Analysis", *Journal of Business Research*, 2005, 58 (11), pp. 1474 – 1482.

表 6.5 列出了模型Ⅰ和模型Ⅱ中关于企业策略变量的主要计量结果。模型Ⅰ和模型Ⅱ中的所有系数方向均相反，系数的显著性情况也相一致，证明模型设定基本正确，实证结果较稳健。本章关注的主要问题是，实体零售商是否应当"触网"，以及与第三方平台合作和自建网站的策略孰优孰劣。从表 6.5 最后两行的计量结果来看，模型Ⅰ和模型Ⅱ都表明："触网"的企业具有更高的技术效率，即"触网"可以促进实体零售商的绩效；与未开展网络渠道的企业相比，自建网站的企业在技术效率方面的优势较小且并不显著；与第三方平台合作的企业的技术效率显著地高于未开展线上渠道的企业。因此，模型Ⅰ和模型Ⅱ的实证结果具有较好的稳健性，一致表明与第三方平台合作能够更好地提升实体零售商的技术效率，是当前实体零售商最优的"触网"策略选择。

表 6.5　　　　　　　模型Ⅰ和模型Ⅱ计量结果对比

变量	模型Ⅰ	模型Ⅱ
$\ln W\ (W)$	-0.447***	0.036**
$\ln SK\ (SK)$	-0.059	0.022
$Dratio$	0.002	-0.0013
V^{own}	-0.195	0.057
V^{third}	-0.305***	0.178**

注：***、**分别代表1%、5%的置信水平。

四　对实体零售商"触网"策略的进一步讨论

从现实中的实体零售商"触网"实践来看，自建网站的优势表现在实体零售商可以通过自建网站实现线上线下渠道的"闭环"，充分控制零售活动中商流、物流、信息流和资金流的各个环节；劣势表现在电子商务平台的构建需要相当程度的专业性固定投入，同时非常依赖高频率交易活动带来的规模经济性，而实体零售商不仅在电子商务平台的构建方面不具有专业性，同时也在"线上引流"的初始环节上存在明显的短板弱项，很可能由于自建的平台流量过小、无法形成规模经济，导致初期的投入成本可能难以收回。

实体零售商与第三方平台的合作的优势主要表现在：实体零售商能够充分利用第三方平台的流量迅速开展线上零售业务，并基于第三方平台优秀的数据挖掘能力进行精准营销；第三方平台既可以从中获利分成，也可以利用实体零售商对线下区域的广泛覆盖，补充其在物流环节"最后一公里"的短板。当然，对实体零售商而言，如果选择与第三方电子商务平台的合作，就无法避免自身的营销数据为第三方平台所用，也必然要接受长期盈利共享的模式；同时由于不掌握消费者流量入口，其长期发展可能受到掣肘。

中国当前的网购市场具备两个鲜明的特点：高集中度和高增长率。2011—2019 年的销售额年均复合增长率高达 32.3%[①]；以成交总额（GMV）计算，2019 年网络零售 B2C 市场集中度 CR4 高达 92.45%，仅天猫和京东两家购物平台的市场份额就分别高达 50.1% 和 26.51%[②]。在这种现实条件下，实体零售商如果选择自建购物网站，必然面临和大型电商平台的直接竞争，考虑到数字平台经济"赢者通吃"的特征，自建购物网站恐怕不是明智的选择。进一步权衡自建网站和与第三方平台合作的优劣势，就不难理解，为什么对大部分实体零售商而言，与第三方平台是更优的选择。

那么，与第三方平台合作是否一定是所有实体零售商的最优"触网"策略呢？从零售业近年来的实践来看未必如此。实体零售商自建的购物网站之所以面临引流的困难，往往是由于商品品类广度不足，长尾商品有限，难以形成消费者的用户黏性——这恰恰是天猫、京东等网购平台最大的优势。一些具备条件的实体零售商则反其道而行，首先立足专业市场，在自建网站的商品品类广度不足的情况下，充分拓展某一类商品的品类深度，大力发展垂直电商业务，通过差异化经

[①] 2011 年网络购物市场交易额约为 0.8 亿元，2019 年约为 7.5 亿元。数据来自国家统计局。

[②] CR4 指行业前四名市场份额之和。

营吸引消费者；在规模化、持续性的流量形成之后，逐步拓展其他品类商品的销售业务。这一类实体零售企业往往以专业店、专营店等经营业态为主，在某些品类商品的配送、采购、营销和售后等线下业务方面有显著的势，这些优势可以在自建垂直购物网站、开展垂直电商业务的过程中发挥重要作用。苏宁（苏宁易购）、国美（国美在线）等实体零售企业就是其中成功的案例，这些企业遵循"立足特殊品类（家电产品）——自建网站——开展垂直电商业务——拓展全品类商品业务"的路径，积极"触网"，取得了较好的效果。当前中国垂直电商市场在整个电商平台市场中的比重与发达国家相比存在很大的差距。国外一些垂直电商平台，如德国的 BA 保镖网、Erwin Muller 和美国的服装电商 Everlane、眼镜电商平台 Warby Parker，都属于深耕细分领域的"小而美"的电商平台。中国垂直电商领域依然有较大的市场发展空间，对一些条件成熟的实体零售企业而言，通过自建垂直购物平台进行"触网"可能也是合理的选择。

五 其他相关问题的讨论

从模型Ⅰ、模型Ⅱ的实证结果来看，实体零售商的平均技术效率较低：模型Ⅰ得到的技术效率平均值仅为 0.27，模型Ⅱ得到的技术效率平均值也仅有 0.56，两者均远小于 1。由于技术效率测度时所构造的产出前沿是由绩效最好的企业构成的，因此样本中企业平均较低的技术效率水平可能意味着实体零售商的两极分化，即有较多的零售企业位于产出前沿之下，同时离产出前沿（即绩效最好的企业）的距离较远。模型Ⅰ、模型Ⅱ得到的技术效率方差分别达到了 0.18 和 0.29，一定程度上印证了实体零售商技术效率两极分化的判断。此外，模型Ⅰ、模型Ⅱ测度的实体零售商技术效率值与面积的相关系数分别仅为 0.01 和 0.23，与员工人数的相关系数分别仅为 0.04 和 0.18，表明技术效率较高的企业并没有显著地占用较多的商业区位和人力资源，说明大规模的零售企业不一定具有较高水平的技术效率。

模型Ⅰ、模型Ⅱ都还在较高的置信水平上证明：工资水平更高的实体零售商具有更高的技术效率。较高的工资水平不仅意味着零售企业的员工技能水平或全职员工的比重较高，而且可能反映出企业对员工较高的激励水平，进而促进了员工业务熟练程度的提升。由于零售活动是劳动要素密集的经济活动，提升零售企业整体的人力资源水平对提升技术效率具有关键作用，因此零售企业应当重视采取灵活积极的薪酬激励制度，通过提升人力资源水平和零售劳动生产率来促进企业绩效。

第五节 总结

本章从技术效率的研究框架，系统地研究了实体零售商的"触网"策略对其技术效率的影响。从现实情况来看，一些创新领先的实体零售商已经开始通过构造线上线下的全渠道零售模式，服务广大的零售会员和社区顾客，其自身也逐渐成为流量汇聚的平台，并取得了良好的经营绩效。本章则进一步为网络购物冲击之下实体零售商是否需要选择以及如何选择网络销售渠道提供直观的参考借鉴。

一是"触网"策略可以提升实体零售商的技术效率。实体零售商应当充分适应电子商务的冲击以及消费者消费习惯的快速变化，主动求变，积极拓展线上渠道，促进线上线下零售业务的交互衔接和资源共享，以实现经营绩效的提升。当然，引入线上渠道应当通过灵活的形式来实现，线上渠道和实体渠道的同时存在并不一定会导致企业内部的渠道冲突。实体零售商应当基于目标顾客和经营商品品类的差异化，避免线上线下渠道的直接竞争[1]，同时用全渠道的思维、在商品交易的特定环节（如传播促销信息、下单、支付等）引入线上渠道，充分挖掘线上线下两种渠道的不同优势。

---

[1] 李飞：《中国零售业发展的八大矛盾及解决思路》，《北京工商大学学报》（社会科学版）2011年第1期。

二是实体零售商应当谨慎地自建网络平台，并侧重通过和第三方平台的合作来引入线上渠道。网络购物平台的规模经济和网络效应很容易使得网络购物平台之间的竞争成为赢者通吃的游戏，因此实体零售商的自建购物网站在与一些成熟的 B2C、C2C 购物网站的竞争中劣势极大，引流比较困难。另外，自建购物网站需要较高的初始投入成本和技术要求，一旦自建购物网站无法吸引大量的消费者进行零售交易，实体零售商就将面临短期巨额亏损的不利局面。如果通过和第三方平台的合作来引入线上渠道，实体零售商虽然难以控制零售活动的所有环节（例如商品展示和在线支付），同时需要向第三方平台缴纳广告费、保证金和年费等费用，但却无须投入大量的初始成本，线上业务成为轻资产业务，经营风险大大降低。发展成熟的第三方平台的流量和信誉也可以直接为实体零售商所用。

本章研究的不足主要有两个方面：第一，企业层面的有效样本数量较少，变量维度有限，这在一定程度上限制了本章研究结论的有效性和普遍性；第二，由于只能获得 2013 年实体零售商的截面数据，触网策略和技术效率之间可能存在潜在的内生性问题，而这一问题尚无法用滞后项作为工具变量的方法解决。未来关于实体零售商数字化转型的研究应当注意这两方面的问题，并着重通过收集连续、大样本的面板数据来提升研究结论的有效性和参考价值。

第七章　零售商店的生产率研究
——基于分销服务的概念

本章将基于最微观的零售组织——零售商店研究零售活动的生产率问题。本章在全书中具有非常重要的作用。

第一，本章实证检验了分销服务在零售活动中的作用机制。本书第二章曾经系统地阐述了零售活动的产出，并提出零售产出应当包括"商品＋服务"两个维度。商品是零售消费者需求的直接物质载体，易于测度，但服务的品质和对消费者消费行为的影响却常常难以直观地描述和测度。本章在零售商店的层面构造了零售分销服务的测度方法，并进一步实证检验了分销服务在零售活动中的微观作用机制，为"零售产出是'商品＋服务'"的观点提供了实证证据。这也是本书对零售分销服务研究做出的一个贡献。

第二，本章首次把分销服务引入了零售生产率的研究中。尽管本书第二章从理论上论证了分销服务在零售活动产出中的重要性，但在行业层面和企业层面，分销服务作为零售活动的一项产出，难以进行有效的测度和加总，因此只能选择用销售额或毛利作为零售产出的指标。零售商店既是零售活动中消费者和零售商交互的场所，同时也是"生产"分销服务的主体。在本章的研究中，我们将把分销服务和商品作为零售产出的两个维度纳入零售商店生产率的研究中。

本章主要分为两个部分：一是结合营销学和零售与分销经济学中的概念框架，从消费者满意度的视角出发，验证分销服务在零售活动中的作用机制；二是基于分销服务在零售活动中的作用，构造一个包含分销服务的零售活动投入产出框架，测度零售商店的生产率。

第一节　分销服务在零售活动中的作用机制
　　——消费者满意度的视角

　　近年来，宏观经济的下行和实体经济的困境对社会内需水平及零售业的发展造成了显著的负面影响，商业租金和人工费用成为零售企业成本上涨的主要来源；百货、超市、便利店等实体业态之间的竞争日趋激烈，业态界限逐渐模糊，网络零售的快速发展则进一步加剧了行业竞争。2014 年，中国连锁经营百强中 23 家企业关店数超过新开店数，百强企业正式用工人数比 2013 年下降 0.3%。为了应对行业形势的变化，许多零售企业的经营者都提出了"回归零售本质"的口号，如银泰商业集团 CEO 陈晓东认为，零售本质就是"零售企业要在品质、信誉和价格上为顾客做真正的背书"[1]；天虹商场董事总经理高书林认为，回归零售本质就是"回归人性"，因为"零售商出售的不仅仅是商品，而是消费者需要的生活"[2]；物美集团总裁张斌认为，商品零售业的本质就是要为消费者提供"高品质、低价格、令人心动的商品和服务"[3]。

　　零售企业家们对"零售本质"的认识莫衷一是。学术界对"零售本质"的内涵有更深层次的理解，例如 Betancourt 和 Gautschi 在 1988 年首先提出：零售企业的经济实质是"为消费者提供具体商品及相关的分销服务（distribution service）"的经济组织，同时"分销

---

[1]《回归零售本质缩短供应链　银泰商业打造新零售生态圈》，《时代周报》2016 年 11 月 15 日。
[2] 陈泽佳：《天虹商场董事总经理高书林：零售正在大步回归人性》，赢商网 2015 年 3 月 24 日。
[3]《物美总裁张斌：全面回归零售本质　彻底拥抱互联网》，新浪财经 2015 年 8 月 31 日。

服务的水平决定了消费者在购买商品过程中所付出的交易成本"[1]。根据这一观点,"回归零售本质"意味着零售企业不仅要为消费者提供优质商品,更需提供相匹配的分销服务,确保消费者在合意的时间、地点,以合意的方式购得需要的商品。本部分将重点研究零售商如何通过提供不同水平的分销服务,影响消费者的消费行为。研究分销服务对消费者满意度的影响,可以进一步深化对分销服务在零售企业经营活动中作用的认识,检验"分销服务是零售企业重要产出"的观点,为零售企业改善零售效率、"回归零售本质"提供直接的参考建议。

一 相关研究综述

(一) 分销服务

长期以来,零售业的研究学者们都非常重视分销服务在零售企业经营过程中的作用。Mathewson 和 Winter[2]、Smith 和 Hitchens[3] 等学者重点研究了某一类分销服务对零售企业经营活动和消费者需求的影响。Betancourt 和 Gautschi 认为,分销服务和商品共同构成了零售商的产出,零售商可以通过提供高水平的分销服务降低消费者的交易成本,但零售商需要为此付出相应的运营成本;他们将分销服务分为五类:环境服务(ambiance)、品类服务(assortment)、区位服务(accessibility of location)、交付服务(assurance)以及信息服务(information)[4]。这五类分销服务可以降低消费者在购物过程中产生的时间

---

[1] Betancourt R., Gautschi D., "The Economics of Retail Firms", *Managerial & Decision Economics*, 1988, 9 (2), pp. 133 – 144.

[2] Mathewson G. F., Winter R. A., "The Economics of Vertical Restraints in Distribution", New Developments in the Analysis of Market Structure, Palgrave Macmillan UK, 1986.

[3] Smith A. D., Hitchens D. M. W. N., "Productivity in the Distributive Trades: A Comparison of Britain, America and Germany", *Journal of Comparative Economics*, 1988, 12 (4), pp. 623 – 625.

[4] Betancourt R., Gautschi D., "The Economics of Retail Firms", *Managerial & Decision Economics*, 1988, 9 (2), pp. 133 – 144.

成本、调整成本、心理成本、储存成本等一系列可能出现的交易成本[1]。Dabholkar 等对分销服务的分类方法在市场营销领域应用甚广，他们构造的 SERVQUAL 服务质量测度模型将零售商的分销服务分为 28 种类型[2]，这些不同类型的分销服务基本都可归入 Betancourt 和 Gautschi 所概括的五类分销服务的概念中。

零售企业提供分销服务的本质目的是促进消费需求，提升零售活动绩效。因此，分销服务对消费者需求的影响是非常重要的研究主题。Betancourt 和 Gautschi 实证地检验了分销服务水平对于提升零售商销量和毛利的作用，研究结论表明分销服务的效应会受到零售市场结构和竞争强度的影响。[3] Barber 和 Tietje 基于 Betancourt 和 Gautschi 提出的分销服务概念和分类方法，研究了各种类型的分销服务在大型连锁零售商和中小零售商的经营活动中的不同作用，发现中小零售商主要可以通过提供高水平的环境服务和信息服务来吸引消费者，赢得市场份额[4]。

（二）消费者满意度

消费者满意度的概念为零售活动和生产率研究提供了重要视角。我们在第二章提到，"零售商店的分销服务水平不仅仅取决于零售商店本身，还和消费者对服务的感知测度和满意度（或消费体验）直接相关，对分销服务水平的测度来自于消费者对服务水平的感知"。消费者满意度是一种从消费者角度客观进行评价的手段，能够间接反映零售商为消费者提供的分销服务水平，从而判断零售商是否具有竞

---

[1] 详见本书第二章。

[2] Dabholkar P. A., Thorpe D. I., Rentz J. O., "A Measure of Service Quality for Retail Stores: Scale Development and Validation", *Journal of the Academy of Marketing Science*, 1995, 24 (1), p. 3.

[3] Betancourt R. R., Gautschi D. A., "The Outputs of Retail Activities: Concepts, Measurement and Evidence from U. S. Census Data", *Review of Economics & Statistics*, 1993, 75 (2), pp. 294 – 301.

[4] Barber C. S., Tietje B. C., "A Distribution Services Approach for Developing Effective Competitive Strategies Against 'Big Box' Retailers", *Journal of Retailing & Consumer Services*, 2004, 11 (2), pp. 95 – 107.

争优势①。在市场营销的研究文献中,消费者满意度(postpurchase satisfaction)一般被视作影响消费者抱怨(complaining)和再购买行为(repurchase)的关键因素②。Howard 和 Sheth 提出一个关于消费者满意度的重要研究框架。他们认为,消费者在将来的消费意愿既取决于消费者消费前的态度(prepurchase attitude),也取决于购后满意度③,即:

$$A_{t+2} = f(S_{t+1} - A_t) + A_t$$

其中,A_t 代表消费者消费前的态度,S_{t+1} 代表消费者对于该次消费行为的购后满意度,A_{t+2} 代表消费者将来消费的意愿。在零售活动中,如果把 A_t 看作消费者对分销服务的事前期望,把 S_{t+1} 看作消费者对消费体验的真实评价,那么($S_{t+1} - A_t$)可以表示消费者的期望和实际分销服务水平的差距。

在前人研究的基础上,Oliver 进一步提出:消费者满意度是消费者期望(expectation)和消费者感受到的"期望失验"(disconfirmation)的函数④。这里的"期望失验"可以理解为消费者消费前的期望和消费体验之间的不一致性。当消费者的消费体验相比其预期越差时,"期望失验"的程度越高,消费者满意度越低。消费者未来的购物意愿又直接受到消费者满意度的影响。Oliver 开创性地构造了包含消费者态度(attitude)、满意度(satisfaction)、对零售分销服务的期望(expectations)和购买意愿(intention)四个概念在内的理论框架,把"期望失验"的概念引入零售活动的分析中。Oliver 构造的概念框

---

① 王高、李飞、陆奇斌:《中国大型连锁综合超市顾客满意度实证研究——基于 20 家大型连锁综合超市的全国调查数据》,《管理世界》2006 年第 6 期。

② Robinson L. M., "Consumer Complaint Behavior: A Review with Implication for Further Research", in New Dimensions of Consumer Satisfaction and Complaining Behavior, Bloomington, Indiana: School of Business, Indiana University, 1979.

③ Howard J. A., Sheth J. N., "The Theory of Buyer Behavior", *Journal of the American Statistical Association*, 1971.

④ Oliver R. L., "A Cognitive Model of the Antecedents and Consequences of Satisfaction Decisions", *Journal of Marketing Research*, 1980, 17 (4), pp. 460 – 469.

架成为消费者行为研究和零售活动研究文献的重要理论基础。一些零售学与市场营销学领域的学者将 Oliver 的理论框架和零售分销服务的概念结合起来,研究了分销服务对消费者满意度的影响。例如,Betancourt 等研究了五类分销服务通过影响消费者满意、进而影响消费者未来购物意愿的作用机制[1];王高等借鉴 Oliver 的理论框架,采用偏最小二乘法实证测度了连锁超市提供的 9 类零售分销服务和超市价格水平对消费者满意度的影响[2]。

总体来看,已有研究文献从消费者满意度的视角研究了分销服务在零售商与消费者交易过程中的作用,但也存在一些缺陷和不足。从理论逻辑框架来看,大部分文献主要侧重于研究分销服务对消费者需求和购物决策的影响,但并没有厘清这一影响的内在机制,分销服务的作用被视为一个"黑匣子",消费者如何根据零售商的分销服务水平进行购物决策,这一微观视角下的问题尚未得到解答。此外,已有研究在实证方法和研究框架上的存在局限性。例如,Betancourt 等学者的研究在实证部分错误地采用了普通最小二乘法(OLS)进行计量分析,而实际上调查问卷得到的消费者满意度是一种离散的"排序数据"(ordered data),OLS 模型无法有效地对这一类数据进行拟合;王高等学者的实证研究则欠缺关于消费者满意度和分销服务的理论基础,同时也忽视了消费者满意度指标的离散性和消费者异质性对实证结果的影响。

本章结合分销服务的概念和 Oliver 的消费者满意度理论,在已有研究文献的基础上,构造一个基于消费者满意度视角的理论框架,实证地研究分销服务在零售活动中的作用机制,从而为"零售活动的产出是'商品+服务'的组合"的观点提供支撑。

---

[1] Betancourt R. R., Cortiñas M., Elorz M., and Mugica J. M., "The Demand for and the Supply of Distribution Services: A Basis for the Analysis of Customer Satisfaction in Retailing", *Quantitative Marketing and Economics*, 2007, 5 (3), pp. 293 – 312.

[2] 王高、李飞、陆奇斌:《中国大型连锁综合超市顾客满意度实证研究——基于 20 家大型连锁综合超市的全国调查数据》,《管理世界》2006 年第 6 期。

二 基于消费者满意度和分销服务的理论框架

Betancourt 和 Gautschi 认为，分销服务既是零售活动的产出，也是消费者家庭生产活动的投入[1]。因此，零售企业的经营成本（不包括购进商品支付的成本）不仅与销售商品的数量有关，更与相应的分销服务水平有关。同样的，消费者购买商品的数量也不仅取决于零售价格水平，还将直接受到零售分销服务水平的影响。

图 7.1 简单展示了零售企业和消费者交互的机制：一方面，零售企业的产出是"商品+服务"的组合，企业提供高水平的分销服务需要付出相应的运营成本；另一方面，分销服务作为家庭生产活动的一项固定投入，可以降低消费者的交易成本，从而影响消费者购买商品的数量。零售商和消费者之间存在成本转移[2]，例如，为了让消费者享受便利的零售服务，降低消费者的交通成本，零售商可能会选择在地铁站、公交车站附近开设商店网点，相应的也需付出更高的商业租金；零售商也可能选择开设往返的购物班车沿途接送消费者，降低消费者出行购物成本，但同样会增加零售商自身经营成本。再如：为了能够给消费者提供更多的购物选择，降低消费者搜寻商品所付出的时间、精力，零售商可能会增加库存单位（Stock Keeping Unit，SKU）的数量，而这意味着更高的货架成本、价签成本、展示面积及相应的人力成本。

为了一般化图 7.1 的零售活动模型，可以用零售企业的成本函数表示零售生产活动[3]，即：

$$C = C(Q^s, D^s, v) \tag{7.1}$$

其中，C 为商店的经营成本，Q^s 代表商品供给数量，D^s 代表商店提

---

[1] Betancourt R., Gautschi D., "The Economics of Retail Firms", *Managerial & Decision Economics*, 1988, 9 (2), pp. 133 – 144.

[2] Betancourt R. R., *The Economics of Retailing and Distribution*, Cheltenham, UK and Northampton, MA: Edward Elgar Publishing, 2004, pp. 208 – 211.

[3] 成本函数是生产函数的对偶形式，因此可用来表示零售企业的生产活动过程。

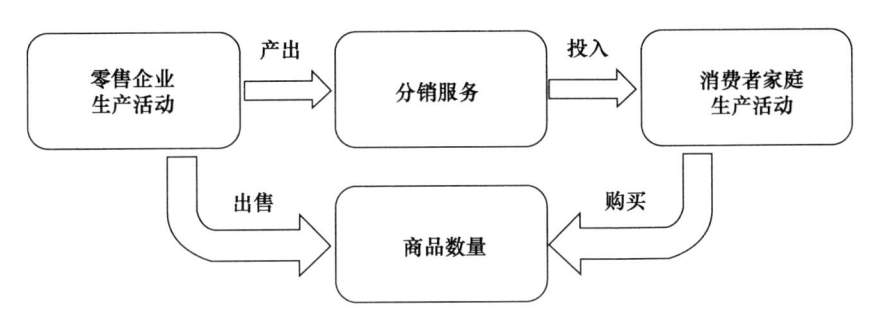

第七章　零售商店的生产率研究　◇　169

图 7.1　零售活动模型

供的分销服务水平，v 代表工资、租金、水电价格等零售投入的价格向量[①]。成本函数是商品供给数量 Q^s 和分销服务水平 D^s 的非减函数，即无论销售更多数量的商品，还是提供更高水平的分销服务，商店的经营成本都会增加。消费者需求函数为：

$$Q^d = Q(p, D^s, W, p^*) \tag{7.2}$$

其中，Q^d 代表消费者选择购买的商品数量，p 代表商店对商品的定价，W 代表消费者的预算约束或收入水平，p^* 代表其他商店对应的商品价格。消费者需求函数是该商店商品价格的 p 非增函数，是商店分销服务水平 D^s 的非减函数，是其他商店商品价格 p^* 的非减函数，是消费者收入水平 W 的非减函数。

下面把 Oliver 的消费者满意度框架引入零售活动模型。图 7.2 反映了 Oliver 消费者满意度框架下的消费者决策流程。我们把这个框架放在零售活动的语境中，将其分为四个阶段：（1）在进行消费行为之前，消费者对零售商店的分销服务水平形成一种预期，这种预期决定了消费者的消费态度和购买意愿；（2）在交易过程中，消费者在商店感知到的购物体验和预期之间存在不一致，形成"期望失验"；（3）消费行为完成之后，"期望失验"的程度和消费之前的预期共同形成消费者满

[①]　由于零售企业的经营成本中不包括进货成本，因此对应的价格向量也不包括商品的进价。

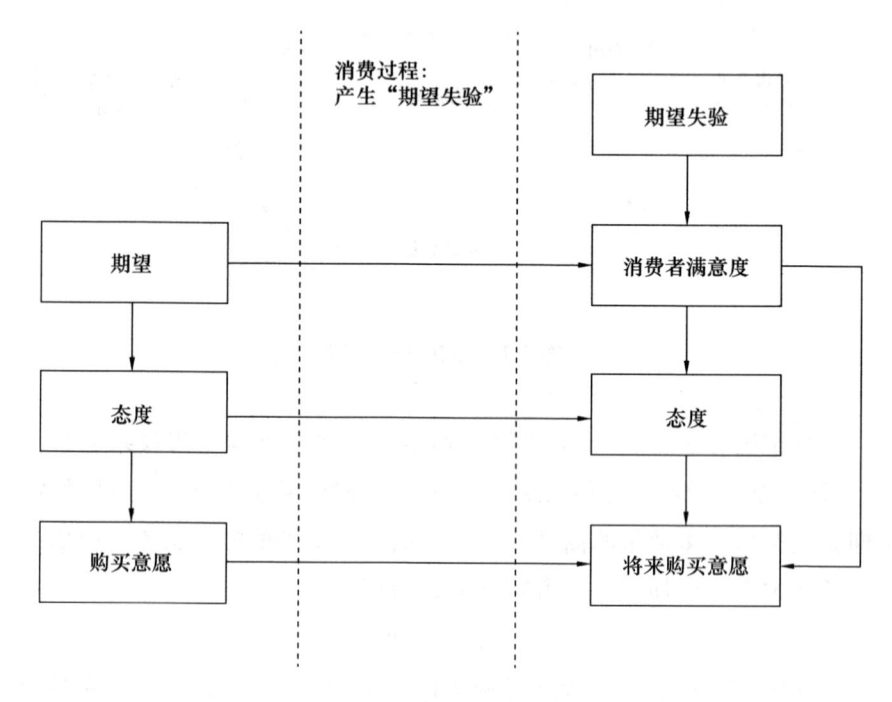

图 7.2　消费者决策过程

意度，消费者满意度使得消费者态度发生变化，形成新的消费者态度；(4)消费者未来的购买意愿取决于消费之前的购买意愿、消费过程中形成的消费者满意度，以及消费之后的消费者态度。

为了进一步简化上述的消费者决策流程，结合分销服务的概念，我们作出以下假设：(1)由于零售活动的产出是"商品+服务"的组合，因此消费者对商店的期望既包含对商品质量的期望，也包括对分销服务水平的期望；消费者的消费体验既包括对零售商提供的商品质量的感知，也包括对其分销服务水平的感知。(2)消费者的满意度主要取决于其"期望失验"的程度。如前文所述，"期望失验"的程度和消费之前的预期共同形成消费者满意度，而"期望失验"本身已经包含了消费之前的预期的信息，因此"期望失验"的程度决定了消费者的满意度。(3) 消费者的购买意愿主要取决于消费者满意度。

这一假设略去了"消费之后的消费者态度"这一变量，因为消费者"态度"难以观测和量化。

综合上述假设，设定如下的消费者满意度模型：

$$S_t^{i,j} = S(E_q^i - q_t^j, E_D^i - D_t^j, p^j, p^*, Z^{i,j}) \tag{7.3}$$

$$I_{t+1}^{i,j} = I(S_t^{i,j}, p^j, p^*, Z^{i,j}) \tag{7.4}$$

其中，$S_t^{i,j}$ 为第 t 期消费者 i 在商店 j 消费后形成的满意度，$I_{t+1}^{i,j}$ 为消费者 i 将来在商店 j 购物的意愿。E_q^i、E_D^i 分别代表消费者 i 在购物前对商品质量 q 和分销服务水平 D 的期望，且不随时间和商店的变化而变化，即消费者对所有零售商店的事前期望是一样的。q_t^j、D_t^j 分别代表第 t 期商店 j 提供的商品质量和分销服务水平。因此，$(E_q^i - q_t^j)$ 和 $(E_D^i - D_t^j)$ 可以代表消费者对商品质量和分销服务水平"期望失验"程度。p^j 和 p^* 分别代表商店 j 和其他商店的价格水平。$Z^{i,j}$ 代表包括消费者收入水平在内的其他影响消费者满意度的控制变量。因此，第 t 期消费者 i 在商店 j 消费后形成的满意度由消费者对商店 j 的商品质量和分销服务水平的"期望失验"程度、商店价格水平以及消费者个体的异质性变量（包括收入水平）共同决定；消费者 i 将来在商店 j 购物的意愿由第 t 期消费者 i 在商店 j 消费后形成的满意度、商店价格水平、其他商店的价格水平和消费者个体的异质性变量共同决定。

假设（7.3）式均采取线性形式，且各变量系数在各期间无差异，因此一段时期内（T 期内）消费者 i 对商店 j 的平均满意度水平可由（7.3）式加总求均值得到，即：

$$\overline{S^{i,j}} = \frac{1}{T}\sum_t^T S_t^{i,j} = S(E_q^i - \overline{q^j}, E_D^i - \overline{D^j}, p^j, p^*, Z^{i,j}) \tag{7.5}$$

下面进一步对（7.4）式进行处理。为了量化消费者购物意愿 $I_{t+1}^{i,j}$，假设 $I_{t+1}^{i,j}$ 由两部分信息组成：消费者 i 将来购物是否选择光顾商店 j；将来在商店 j 购买的商品数量。因此，一段时期 T 内消费者 i 对商店 j 购物意愿可以综合表现为在商店 j 的购买行为，包括购物频次和购物总额。因此，可以用三个变量来描述消费者 i 在商店 j 的购物意愿：购买总额（$Q^{i,j}$）、购买总次数（$fq^{i,j}$）和单次平均购买额（$\overline{Q^{i,j}}$）。因此，T 期内消费者 i 在商店 j 购物意愿可以表示为：

$$I^{i,j} = I(\overline{S^{i,j}}, p^j, p^*, Z^{i,j}) \tag{7.6}$$

其中，$I^{i,j}$ 的代理变量分别为 $Q^{i,j}$、$fq^{i,j}$、$\overline{Q^{i,j}}$。

（7.5）式、（7.6）式是对消费者需求函数（7.2）式的进一步拓展和简化。图 7.3 总结了本部分研究构造的理论框架：零售商通过提供一定水平的分销服务和商品质量，影响消费者"期望失验"的程度，促使消费者产生相应水平的满意度，而满意度又可能进一步影响消费者在商店的消费行为。图 7.3 上半部分体现了传统理论对分销服务作用的认识，下半部分则打开了分销服务影响消费者购买行为的内在作用机制。

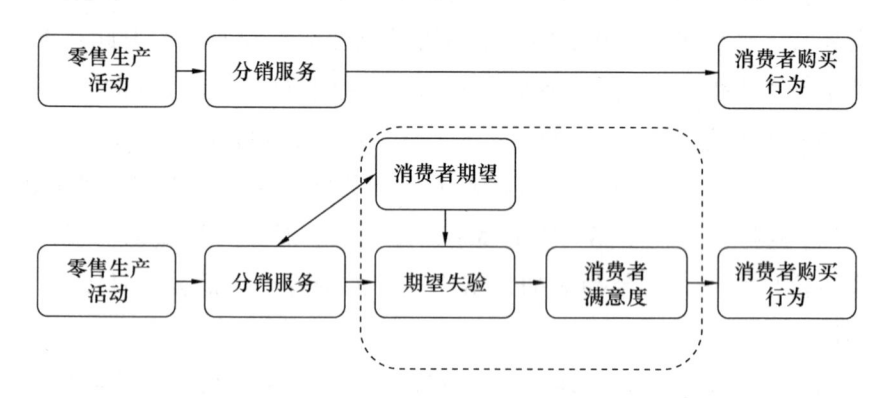

图 7.3 分销活动在零售活动中的作用

三 实证分析方法

（一）指标构建

本部分将基于前文构造的理论分析框架来设定实证研究的计量模型和数据指标，检验分销服务在零售活动的作用。我们采用了北京某区域连锁超市企业的消费者问卷调查数据和商店数据。调查问卷面向该超市的会员消费者发放，每个参与调查的消费者都针对 2016 年

"最常光顾商店"[①] 的购物体验填写了调查问卷。调查问卷是由 9 个问题组成的消费者满意度量表（见表 7.1），量表的形式参考五级李克特量表（调查选项从最不满意到最满意分别对应 1—5 分）。利用消费者的会员编码和 2016 年消费者在该连锁企业旗下超市的消费记录，可以得到消费者最常光顾商店的编码，从而确定消费者和商店的配对关系。此外，会员消费者还在问卷调查中填写了一系列人口统计学相关的调研问题。

表 7.1　　　　　　　　　消费者调查问卷

变量	问　题	分销服务类别
D1	对最常光顾超市的购物环境和氛围的评价	环境服务
D2	对最常光顾超市的排队结账时间的评价	交付服务
D3	对最常光顾超市的交通便利程度的评价	区位服务
D4	能否及时地获知最常光顾超市的促销活动信息	信息服务
D5	对最常光顾超市整体价格水平的评价	价格
D6	请评价在最常光顾超市搜索所需商品的难易程度	品类服务
D7	请评价在最常光顾超市购得所需商品的难易程度	品类服务
D8	请评价最常光顾超市工作人员的服务态度	环境服务
D9	对最常光顾超市购物体验的整体评价	满意度

注：分销服务的类别参考了 Betancourt 提出的五类分销服务。相关内容见本书第二章。

根据调查问卷数据，对（7.5）式、（7.6）式作进一步的处理。首先，可以略去（7.5）式中与商品质量相关的变量，因为在连锁企业内部，所有商店均共享上游供应链和供货渠道，不同商店内的商品质量基本没有显著差异。考虑到本部分的研究重心是考察分销服务在零售活动中的作用，略去商品质量变量既不影响实证研究的科学性，也大大简化了实证研究的难度。其次，由于无法观测到消费者对分销

[①] 本部分采用的问卷调查数据仅统计了消费者对最常光顾商店的满意度情况，因此相关的所有购物数据均代表某个消费者在其最常光顾商店的消费行为。相比于较少光顾的商店，消费者对最常光顾商店的消费者满意度更加稳定和可信。

服务水平的期望,根据 Betancourt 等学者提出的"消费者总是期望零售商提供最优水平的分销服务"的假设①,可以将消费者对分销服务水平的期望 E_D^i 设为五级李克特量表的最高分值为 5。因此可以把 (7.5) 式转化为:

$$\overline{S^{i,j}} = S(5 - \overline{D^j}, p^j, p^*, Z^{i,j}) + \varepsilon^{i,j}$$

其中,$\varepsilon^{i,j}$ 为随机扰动项。由于本章假设 (7.5) 式为线性形式,因此略去代表满意度期望的常数"5"不影响计量结果,从而得到

$$\overline{S^{i,j}} = S(\overline{D^j}, p^j, p^*, Z^{i,j}) + \varepsilon^{i,j} \tag{7.7}$$

(7.6) 式可以转化为:

$$I^{i,j} = I(\overline{S^{i,j}}, p^j, p^*, Z) + \eta^{i,j} \tag{7.8}$$

其中,$\eta^{i,j}$ 为随机扰动项。上述两式是本部分实证分析的计量模型。结合表 7.1 中的消费者调查问卷问题,上述模型中相关变量的指标可以构建如下:问题"对最常光顾超市购物体验的整体评价"(D9) 测度消费者对最常光顾商店的满意度水平 $\overline{S^{i,j}}$;问题"对最常光顾超市整体价格水平的评价"(D5) 代表了特定商店相对消费者其他购物选择的价格水平,因此可以涵盖 p^j 和 p^* 的信息②。

问题 D1 - D4 和 D6 - D8 测度了特定商店的分销服务水平。已有文献中量化测度分销服务的方法有两类:一类是设计调查问卷,利用因子分析方法等统计方法,从多项问卷问题中析出主因子,以作为分销服务的测度指标③;另一类则直接把消费者对某一类服务的评价作

---

① Betancourt R. R., Cortiñas M., Elorz M., and Mugica J. M., "The Demand for and the Supply of Distribution Services: A Basis for the Analysis of Customer Satisfaction in Retailing", *Quantitative Marketing and Economics*, 2007, 5 (3), pp. 293 – 312.

② 由于难以衡量消费者其他购物渠道的价格水平,因此通过消费者对最常光顾商店价格水平的评价来反映最常光顾商店和其他购物渠道的价格水平的差异。

③ Dabholkar P. A., Thorpe D. I., Rentz J. O., "A Measure of Service Quality for Retail Stores: Scale Development and Validation", *Journal of the Academy of Marketing Science*, 1995, 24 (1), p. 3.

为该服务水平的测度指标[1]。本章采用后一种方法。根据 Betancourt 的观点，零售商店为消费者提供五种分销服务：环境服务，指消费者在零售商店的购物场景中感受到的氛围、物理环境以及服务人员的服务态度；品类服务，指商店提供的商品品类宽度（不同的商品种类）和品类深度（同一商品种类的进一步细化）水平；区位服务，指在便捷的地理位置开设商店，以降低消费者时间成本、运输成本；交付服务，指保障消费者结算、交易的各类服务；信息服务，指提供商品价格水平、销售状况、商品属性等信息的各类服务。基于上述五类分销服务的概念，问题 D1 和 D8 测度了消费者从物理环境和服务态度两方面感知的环境服务水平；问题 D2 反映了包括收银台个数、收银人员工作熟练程度等因素在内综合的交付服务水平；问题 D3 和 D4 分别测度了区位服务水平和信息服务水平；问题 D6 和 D7 共同测度了消费者在商店内搜索商品的成本和购得所需商品的概率，从而反映商店提供的品类服务水平。

最后，为了充分控制其他因素对实证结果可能产生的影响，我们在 (7.7) 式、(7.8) 式引入了一系列控制变量（$Z^{i,j}$）。这些变量主要包含两方面的内容：

一是消费者的人口统计学特征，引入消费者性别（男、女）来控制性别对消费偏好的影响，引入消费者年龄和职业阶段（学生、在职、退休）来控制消费者的消费生命周期阶段对边际消费倾向的影响[2]，引入子女数量（0、1、2、3 个及以上）和家庭规模（1、2、3、4 人及以上）来控制消费者家庭特征对购物需求的影响，引入家庭总收入（3 万元及以下、3 万—8 万元、8 万—12 万元、12 万—30 万元、30 万—100 万元、100 万元及以上）和"是否开车

---

[1] Betancourt R. R., Cortiñas M., Elorz M., and Mugica J. M., "The Demand for and the Supply of Distribution Services: A Basis for the Analysis of Customer Satisfaction in Retailing", *Quantitative Marketing and Economics*, 2007, 5 (3), pp. 293–312.

[2] 黄卉、沈红波：《生命周期、消费者态度与信用卡使用频率》，《经济研究》2010 年第 s1 期。

购物"的虚拟变量来分别控制消费者预算约束和交通方式对购物决策的影响。

二是商店的特征,主要包括经营年限、经营业态(大卖场、生活超市、标准超市),其中后者可以控制不同细分业态的商店在营业面积、营业时间和经营品类等方面的差异。

(二)关于估计方法的讨论

对(7.7)式、(7.8)式的估计存在一些潜在的计量问题:一是如何控制难以观测的因素可能对实证结果造成的影响。一方面,未观测到的商店特征可能会导致异方差问题,使得普通最小二乘法(OLS)难以估计得到精确的估计结果;另一方面,居住在不同地区的消费者可能具有一些无法观测的地域性、集聚性特征,而这些特征可能导致"组间异方差"问题,影响估计结果的有效性。一个解决方法是:在回归过程中引入以商店虚拟变量作为"聚类变量"的"聚类稳健标准误"(Cluster Robust Standard Error)。如果消费者倾向于选择距离较近的零售商店,那么商店的异质性和消费者的地域分布特征将存在极强的对应关系,此时"聚类稳健标准误"可以同时缓解商店异方差和消费者组间异方差的问题。

二是如何处理离散变量的回归问题。(7.7)式的因变量"消费者平均满意度水平 $\overline{S^{i,j}}$"是取值为 1—5 的离散变量,该变量从"最不满意"($\overline{S^{i,j}}=1$)到"最满意"($\overline{S^{i,j}}=5$)呈现一定的排序,构成所谓的"排序数据"。当"排序数据"作为因变量时,传统的最小二乘估计和离散选择模型均不再适用。为解决这一问题,可使用"排序逻辑模型(ordered logit model)"的方法[1],假设(7.7)式满足:

---

[1] Baum G. E., *An Introduction to Modern Econometrics Using Stata*, College Station, Texas: Stata Press, 2006.

$$\begin{cases} S^* = S(\overline{D^j}, p^j, p^*, Z^{i,j}) + \varepsilon^{i,j} \\ P(\overline{S^{i,j}} = 1) = P(S^* \leqslant S_1 \mid \overline{D^j}, p^j, p^*, Z^{i,j}) = P(\varepsilon^{i,j} \leqslant S_1 - \\ \qquad S(\overline{D^j}, p^j, p^*, Z^{i,j})) = f(S_1 - S(\overline{D^j}, p^j, p^*, Z^{i,j})) \\ P(\overline{S^{i,j}} = 2) = \Phi(S_2 - S(\overline{D^j}, p^j, p^*, Z^{i,j})) - f(S_1 - S(\overline{D^j}, p^j, p^*, Z^{i,j})) \\ \qquad \cdots\cdots \\ P(\overline{S^{i,j}} = 5) = 1 - f(S_4 - S(\overline{D^j}, p^j, p^*, Z^{i,j})) \end{cases}$$

其中，S^* 为连续的潜变量（latent variable），$P(\cdot)$ 代表消费者选择不同满意度水平对应的概率，$f(\cdot)$ 为随机误差项 $\varepsilon^{i,j}$ 的概率分布函数。S_1 到 S_4 为待估参数，代表 S^* 的"切点"（cutoff points）。由此可以得到样本似然函数，从而进行最大似然估计。假设随机扰动项 $\varepsilon^{i,j}$ 服从"logistic 分布"，此时极大似然估计量即为一致估计量。

三是如何处理遗漏变量导致的内生性问题。（7.7）式实际上暗含一个前提假设：消费者 i 最常光顾的商店为商店 j。只有满足这一假设，才能在调查问卷中观测到消费者 i 针对商店 j 的评价。定义：

$$V^{i,j} = 1，当且仅当 F^{i,j} \geqslant \max(F^{i,j})$$

$V^{i,j} = 1$ 表明商店 j 是消费者 i 最常光顾的商店。当且仅当消费者 i 光顾商店 j 的次数（$F^{i,j}$）大于商店 j 以外任意一家其他商店的次数时，$V^{i,j} = 1$ 才成立，才能观测到消费者平均满意度水平 $\overline{S^{i,j}}$。为此，需要引入 $V^{i,j} = 1$ 的条件。设 $V^{i,j} = 1$ 的概率为 P_V，那么在 $V^{i,j}$ 不影响（7.7）式自变量的外生性前提下，可以得到 $\overline{S^{i,j}}$ 在 $\overline{D^j}, p^j, p^*, Z^{i,j}, V^{i,j}$ 等变量条件下的条件期望为：

$$E(\overline{S^{i,j}} \mid \overline{D^j}, p^j, p^*, Z^{i,j}, V^{i,j} = 1) = S(\overline{D^j}, p^j, p^*, Z^{i,j}) + P_V$$

因此可以将（7.7）式拓展为：

$$\overline{S^{i,j}} = S(\overline{D^j}, p^j, p^*, Z^{i,j}) + P_V + \varepsilon^{i,j}$$

显然，"消费者 i 最常光顾商店为商店 j"的概率 P_V 和商店 j 的分销服务水平、价格水平及商店 j 的其他特征 $Z^{i,j}$ 相关，如果在计量估计中遗漏 P_V，会导致误差项与自变量相关，造成典型的内生性问题。

解决内生性问题的一般方法是寻找被遗漏变量的代理变量,即应当寻找 P_V 的代理变量。P_V 由消费者在最常光顾商店购物的次数和其他商店购物的次数共同决定(参考对 $V^{i,j}=1$ 的定义),按照选取代理变量的"剩余独立性"原则①,由于消费者到其他商店购物的次数与商店 j 的分销服务水平、价格水平基本不存在相关关系,不会造成内生性问题,因此可以用消费者在最常光顾商店的购物次数 ($fq^{i,j}$) 作为 P_V 的代理变量。另一方面,消费者在商店的购物次数可能受到消费者满意度 $\overline{S^{i,j}}$ 的影响,从而导致新的内生性问题。在后面的实证部分,我们用 $fq^{i,j}$ 对 $\overline{S^{i,j}}$ 和一系列控制变量做回归分析,结果发现 $\overline{S^{i,j}}$ 对 $fq^{i,j}$ 的影响并不显著,从而表明 $fq^{i,j}$ 作为 P_V 的代理变量时能够有效避免内生性问题。由此得到实证估计方程:

$$\overline{S^{i,j}} = S(\overline{D_t^j}, p^j, p^*, Z^{i,j}, fq^{i,j}) + \varepsilon^{i,j} \qquad (7.9)$$

四 实证结果

(一) 数据处理

在本部分研究中,消费者满意度问卷调查一共持续约两周时间,共收到有效问卷 3037 份。样本相关信息如表 7.2 所示。可以看到,在全部消费者样本中:女性消费者占较大比重;大部分消费者处于在职状态;拥有一个子女的消费者占据多数,同时大部分消费者的家庭成员为 3 人及以上;采用自驾的形式在商店购物的消费者占较大比例;大部分消费者的家庭总收入分布在 3 万—8 万元、8 万—12 万元、12 万—30 万元这三个区间内,高收入和低收入的消费者比例较小;在消费者满意度方面,从"很不满意""较不满意""一般""较满意""很满意",对应的消费者比例分别为 0.52%、1.35%、27.89%、46.00%、24.24%,满意度均值为 3.92,表明整体而言消费者对商店的服务水平比较满意。

---

① 陈强:《高级计量经济学及 Stata 应用》(第二版),高等教育出版社 2013 年版。

通过匹配消费者的会员编码和消费记录，可以获得消费者所评价的"最常光顾商店"的编码，并进一步得到商店的相关信息。样本中经消费者评价的商店共有56家。这些商店平均经营年限约10年，其中40家商店的经营年限超过5年。大部分商店的经营业态属于生活超市和标准超市，少数属于大卖场；不同商店经营业态的区别主要体现在营业面积和经营品类的差异上。

表7.2　　　　　　　　　消费者及商店信息统计

变量	类别	占比（%）	变量	类别	占比（%）
性别	男	34.5	家庭总收入（万元）	小于等于3	14.96
	女	65.5		3—8	28.76
职业阶段	学生	3.3		8—12	27.05
	在职	76.5		12—30	23.05
	退休	20.2		30—100	5.51
子女个数（人）	0	22.4		大于等于100	0.68
	1	64.64	消费者满意度	很不满意	0.52
	2	11.8		较不满意	1.35
	大于等于3	1.16		一般	27.89
家庭规模（人）	1	3.13		较满意	46
	2	12.57		很满意	24.24
	3	42.59	商店经营业态	大卖场	12.5
	大于等于4	41.72		生活超市	46.43
是否自驾购物	是	68.47		标准超市	41.07
	否	31.53			

（二）分销服务对消费者满意度的影响

本部分将基于排序逻辑模型和（7.9）式，实证地考察商店的分销服务对消费者满意度的影响。首先需要检验两方面的问题。

第一，内生性问题。正如前文提到的，把"最常光顾商店购物次数"（$fq^{i,j}$）作为"消费者i最常光顾商店为商店j"的概率P_V的代理变量，可能导致新的内生性问题，因此消费者在商店的购物次数可能受到消费者满意度 $\overline{S^{i,j}}$ 的影响。通过用 $fq^{i,j}$ 对消费者满意度（D9）、价格水平评价（D5）和一系列控制变量作回归，我们发现消费者满意度对应系数 t 值的绝对值仅为 0.7，p 值则高达 0.49，即消费者满意度对消费者购物次数的影响并不显著（见表 7.4），因此把"最常光顾商店购物次数"（$fq^{i,j}$）作为"消费者 i 最常光顾商店为商店 j"的概率 P_V 的代理变量，不存在严重的内生性问题。

第二，"比例优势假定"（Proportional Odds Assumption）的问题。ordered logit 模型的设定暗含了"比例优势假定"，即在多项有序选择中，任意一项选择相对于其他更高次序选择的概率比（Odds Ratio）必须保持不变的。在本部分的研究中，"比例优势假定"意味着消费者进行满意度评价时，选择"较不满意"选项和选择更高次序的其他三项的概率比，必须等于选择"一般"选项和选择更高次序的其他两项选择的概率比。如果打破这一假设，ordered logit 模型将不再适用。本章采用 Brant 检验对这一假设进行验证[①]。该检验构造了一个"卡方统计量"，对应的原假设为"比例优势假定"成立。检验结果表明卡方统计量对应的 p 值接近于 1，原假设未被拒绝，即"比例优势假定"成立。因此，ordered logit 模型适用于本章的研究。

在上述两项检验之后，利用 ordered logit 模型，可以得到 (7.9) 式的实证结果。如表 7.3 所示，五类分销服务对消费者满意度的正面影响均高度显著。根据前文对"期望失验"的定义，表 7.3 的结果也同时意味着：与五类分销服务相关的"期望失验"程度对消费者满意度存在显著负面影响，这佐证了 Oliver 等学者的观点。从估计系数来看，工作人员的服务态度（D8）对消费者满意度的影响最大，说

[①] 王全众：《序次 Logistic 回归模型中因变量分类数的确定》，《统计研究》2006 年第 11 期。

明服务态度在消费者满意度形成过程中的作用极为重要[①]。消费者从商店购得所需商品的难易程度（D7）、商店的购物氛围和环境（D1）和搜索商品的难易程度（D6）对消费者满意度的影响分列2、3、4位。环境服务（D1、D8）和品类服务（D6、D7）对应的系数均大于0.6，而交付服务（D2）、区位服务（D3）、信息服务（D4）对应的系数则小于0.3，可见和环境服务、品类服务相比，交付、区位、信息服务在消费者满意度形成过程中的影响要相对低得多。环境服务和品类服务对应系数的 z 值也远大于交付、区位、信息服务，说明环境服务和品类服务对消费者满意度的影响作用相对更加稳健。

表7.3　　　　　　　　　分销服务对消费者满意度的影响

变量含义	变量名	估计系数	聚类标准误	z 值	概率比
环境服务1	D1	0.932***	0.080	11.660	2.540
交付服务	D2	0.209***	0.053	3.960	1.233
区位服务	D3	0.273***	0.059	4.630	1.314
信息服务	D4	0.237***	0.052	4.550	1.268
价格水平评价	D5	-0.061	0.055	-1.110	0.941
品类服务1	D6	0.608***	0.067	9.140	1.837
品类服务2	D7	1.026***	0.083	12.320	2.791
环境服务2	D8	1.439***	0.074	19.520	4.218
性别	sex	0.021	0.066	0.320	1.021
年龄	age	-0.002	0.003	-0.620	0.998
在职	occupation2	-0.344	0.258	-1.330	0.709
退休	occupation3	-0.395	0.250	-1.580	0.674
子女数量为1	children2	-0.208	0.169	-1.230	0.812
子女数量为2	children3	-0.280	0.211	-1.330	0.756
子女数量大于等于3	children4	0.123	0.475	0.260	1.131

---

① 唐小飞、贾建民、周庭锐：《遭遇员工态度问题和不公平价格的顾客满意度补救研究——基于顾客赢回管理的一个动态纵向评估模型》，《管理世界》2009年第5期。

续表

变量含义	变量名	估计系数	聚类标准误	z 值	概率比
家庭规模为2人	familysize2	0.024	0.216	0.110	1.024
家庭规模为3人	familysize3	0.193	0.237	0.810	1.212
家庭规模大于等于4人	familysize4	0.269	0.234	1.150	1.309
选择自驾购物	car	0.159	0.104	1.530	1.173
家庭收入3万—8万元	income2	0.234**	0.107	2.180	1.263
家庭收入8万—12万元	income3	-0.056	0.116	-0.480	0.946
家庭收入12万—30万元	income4	0.049	0.112	0.440	1.050
家庭收入30万—100万元	income5	-0.077	0.144	-0.530	0.926
家庭收入100万元以上	income6	-1.097*	0.588	-1.860	0.334
最常光顾商店购物次数	frequency	0.000	0.001	0.220	1.000
商店为生活超市	type2	-0.162*	0.094	-1.710	0.851
商店为标准超市	type3	-0.060	0.148	-0.410	0.942
商店经营年限	shopage	0.024***	0.008	2.950	1.024

注：*、**、***分别代表在10%、5%、1%的置信水平上显著。

值得注意的是，表7.3中显示的价格水平评价对消费者满意度的影响与已有文献的观点有所不同[1]：虽然价格水平评价对消费者满意度的形成存在负面效应，但系数绝对值很小，且在10%的置信水平上不显著。这说明样本中的消费者对价格水平的感知并不会对其满意度造成显著影响。此外，消费者的大部分人口统计学特征，如性别、职业阶段、子女数量、家庭规模和购物交通方式等对消费者满意度均无显著影响。

消费者家庭收入的效应则呈现出区间性的变化规律：总体来看，

---

[1] Wang X., Liu J., "The Relationship between Perceived Performance and Consumer Satisfaction: The Moderating Role of Price, Price Consciousness and Conspicuous Consumption", International Conference on Service Systems and Service Management, IEEE Xplore, 2007, pp. 1-6; Bei L. T., Chiao Y. C., "An Integrated Model for the Effects of Perceived Product, Perceived Service Quality, and Perceived Price Fairness on Consumer Satisfaction and Loyalty", *Journal of Consumer Satisfaction*, Dissatisfaction & Complaining Behavior, 2001.

第七章 零售商店的生产率研究 ◇ 183

和家庭收入小于等于3万元的消费者相比,家庭收入在3万—8万元的消费者满意度更高,家庭收入在中间三个区间内的消费者满意度则无显著区别,家庭收入在100万元以上的高收入消费者满意度则更低。为了进一步解释实证结果,可以利用排序逻辑模型的分布函数和估计系数,得到消费者满意度水平随家庭收入变化的概率变化图,如图7.4、表7.5所示。图中坐标纵轴表示消费者在评估其消费满意度时,分别选择"很不满意""较不满意""一般""较满意""很满意"的概率[①];坐标横轴表示消费者由低到高的家庭收入区间。随着消费者收入区间的提高,消费者选择"很不满意"和"较不满意"的概率都极小且无明显变化(对应两条折线几乎重合且贴近坐标横轴);家庭收入区间为3万元以下、8万—12万元、12万—30万元和30万—100万元的消费者选择不同满意度水平的概率几乎没有差异;家庭收入区间位于3万—8万元的消费者选择"一般"的概率更低,选择"很满意"的概率则更高;家庭收入区间位于100万元及以上的消费者选择"很满意"的概率接近于0,选择"较满意"的概率较小,选择"一般"的概率则非常高。综上所示,家庭收入水平较低的消费者总体满意度水平更高,而高收入消费者总体满意度偏低。家庭收入区间和消费者满意度的这种关系体现出不同收入阶层的消费者和不同零售业态之间的匹配。我们调查的这家连锁超市企业是以社区超市、标准超市和大卖场等业态为主的零售企业,具有以量制价、物美价廉的特征,商品以日常百货、生鲜为主,主要面向中低收入的消费者;高收入消费者往往青睐高档精致的商品,也因此更偏好高档、进口超市,而非大众性的普通超市。这一现象为零售企业的经营者提供了一条非常重要的启示:零售企业应当针对当地消费者家庭收入阶层结构的变化,进行相匹配的异质化业态经营,从而保证目标消费者有良好的购物体验和消费满意度。

---

① 在消费者家庭收入区间变化的同时,其他变量取平均值且保持不变。

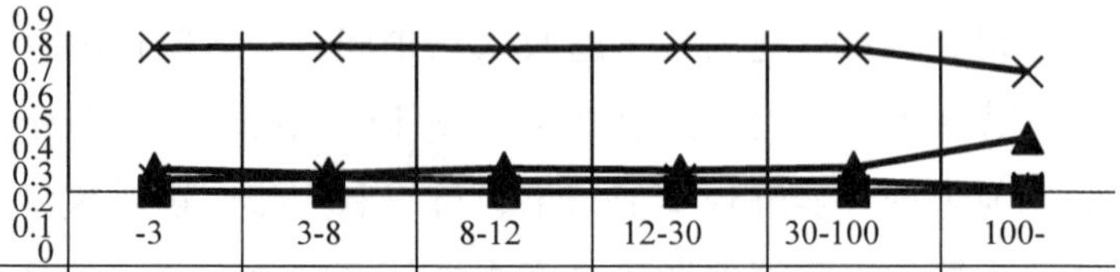

184 ◇ 中国零售业生产率测度及影响因素研究

	-3	3-8	8-12	12-30	30-100	100-
◆ 很不满意	0.0001	0.0001	0.0001	0.0001	0.0001	0.0002
■ 较不满意	0.0005	0.0004	0.0006	0.0005	0.0006	0.0016
▲ 一般	0.1269	0.1031	0.133	0.1216	0.1352	0.3024
✕ 较满意	0.8064	0.8143	0.8036	0.8087	0.8024	0.6727
✳ 很满意	0.0661	0.0822	0.0628	0.0691	0.0617	0.0231

图 7.4 消费者收入与满意度选择

表 7.4　　　各收入组选择不同满意度水平的概率分布

收入分组 满意度水平	3万元以下	3万—8万元	8万—12万元	12万—30万元	30万—100万元	100万元以上
很不满意	0.0001	0.0001	0.0001	0.0001	0.0001	0.0002
较不满意	0.0005	0.0004	0.0006	0.0005	0.0006	0.0016
一般	0.1269	0.1031	0.133	0.1216	0.1352	0.3024
较满意	0.8064	0.8143	0.8036	0.8087	0.8024	0.6727
很满意	0.0661	0.0822	0.0628	0.0691	0.0617	0.0231

如前文所述，为了解决（7.4）式可能存在的内生性问题，我们引入了"消费者在最常光顾商店购物次数"这一变量，结果发现其系数极小且不显著，因此在一定程度上说明内生性问题并不严重。

最后，实证结果还表明消费者对不同业态商店的满意度水平有所差异。和大卖场相比，消费者对生活超市的满意度要低一些，对标准超市的满意度则没有显著区别。这可能反映出当地消费者特有的业态偏好。商店的经营年限对消费者满意度有着显著的正面影响，即消费者对经营年限更久的商店有着更高的满意度水平。这一现象可能有两方面的原因：第一，经营年限较久的商店更容易培养当地消费者的购物习惯，使得消费者形成较高水平的零售商店品牌依存度；第二，经营年限较久的商店在零售经营、服务等方面具备较高的专业水平，从而促使消费者形成高水平的满意度。

（三）消费者满意度对购买行为的影响

根据前文的假设，可以用三个变量来描述消费者的购物意愿：消费者在最常光顾商店的购买总额、购买次数和单次平均购买额；其中单次平均购买额是购买总额和购买次数的比值。下面分别用这三个变量作为消费者购物意愿的代理变量，检验消费者满意度对其购物行为的影响。

对（7.8）式的OLS回归结果如表7.5所示。其中，标准误依然采取聚类稳健标准误。为了便于解释，消费者的购买总额和单次平均购买额均采取对数形式。另外，由于前文的研究表明商店特征（经营业态和经营年限）对消费者满意度有显著影响，为了避免多重共线性问题，表7.4中的控制变量不包括商店特征。

表7.5　　　　　　　　　消费者满意度和购买行为

变量含义	变量名	购买总额为因变量	购买次数为因变量	单次平均购买额为因变量	购买总额为因变量
消费者满意度	D9	0.032	-0.924	0.053 **	0.046 *
价格水平评价	D5	-0.049	0.508	-0.045 ***	-0.057 **
购买次数	frequency				0.015 ***
性别	sex	-0.090	1.511	-0.037	-0.112 ***
年龄	age	0.021 ***	0.814 ***	-0.003 **	0.009 ***
在职	occupation2	0.058	-5.986	0.057	0.149

续表

变量含义	变量名	购买总额为因变量	购买次数为因变量	单次平均购买额为因变量	购买总额为因变量
退休	occupation3	0.134	-3.833	0.105	0.192
子女数量为1	children2	0.243 ***	6.894 ***	0.113 ***	0.139 **
子女数量为2	children3	0.259 **	7.230	0.113 **	0.150 *
子女数量大于等于3	children4	0.223	9.121	0.016	0.086 ***
家庭规模为2人	familysize2	0.496 ***	3.559	0.037	0.442 ***
家庭规模为3人	familysize3	0.637 ***	-0.756	0.095	0.649 ***
家庭规模大于等于4人	familysize4	0.668 ***	3.759	0.088	0.612 ***
选择自驾购物	car	0.239 ***	-3.948 *	0.274 ***	0.299 ***
家庭收入3万—8万元	income2	0.006	-3.472	0.042	0.058
家庭收入8万—12万元	income3	-0.025	-4.659	0.054	0.045
家庭收入12万—30万元	income4	0.225 **	-3.494	0.196 ***	0.278 ***
家庭收入30万—100万元	income5	-0.011	-10.444 **	0.200 **	0.147
家庭收入100万元以上	income6	-0.747 *	-25.879 ***	0.004	-0.358

注：*、**、***分别代表在10%、5%、1%的置信水平上显著。

从表7.5的实证结果来看，消费者满意度对消费者购买行为的影响，主要体现在对单次平均购买额的影响。消费者满意度从1—5每上升一个单位，消费者的单次平均购买额将显著地增加5.3%，而购买总次数和购买总额并无显著变化。由于购买次数、单次平均购买额共同决定了购买总额,因此表7.5的结果暗含了一个结论,即消费者满意度主要通过影响消费者的单次平均购买额来影响其购买总额,购买次数在这一过程中没有显著作用。为了进一步验证这一结论,可以把购买次数作为控制变量,引入购买总额对消费者满意度的回归方程。表7.5最后一列显示,在控制了购买次数之后,消费者满意度对购买总额的影响从不显著变为显著为正(置信水平为10%)。满意度每上升一单位,购买总额可以显著地增加4.6%,这一比例与满意度上升一单位后单次平均购买额增加的比例(5.3%)相近,这进一步说明当消费者满意度上升时,其购买总额的提升主要来源于消费者单次平均购买额的提升。由此可见,消费者满意度的上升促进了消费者单次购买额,并进一步促进消费者在一定时期内的对商店商品的总需求。

此外,表7.5还表明,消费者价格水平评价对消费者总需求的影响机制类似于消费者满意度。当消费者的价格水平评价上升一个单位时,消费者单次平均购买额将显著地降低4.5%;在控制购买次数之后,价格水平评价上升一个单位会使得购买总额显著地降低5.7%;价格水平评价的变化对购买次数没有显著的影响(估计系数为0.508且不显著)。

为什么商店的服务和价格水平影响消费者的单次购买额,却不影响消费者的购物频次呢?我们尝试对这一现象做一个合理的推断。在经济学中,根据需求弹性的区别,商品可分为必需品和非必需品。当消费者存在对必需品(如生鲜食物、日用品等)的需求时,出于时间和交通成本的考虑,往往会选择附近区域最便利的零售商店进行购买,而对商店的服务和价格水平并不敏感,因此消费者去商店购物的频次更多地体现了消费者的生活习惯、需求和个体特征,与商店的分销服务水平、价格水平没有显著的相关性。而在进入商店后进行购物的过程中,由于非必需品(如休闲零食、装饰品等)的需求价格弹性和分销服务弹性都较高[①]，消费者是否选购非必需品直接取决于商品价格和分销服务水平，相应的，消费者单次购买额也将受到商品价格和分销服务水平的影响。

结合前一部分的研究，我们可以得到零售商的经营策略（包括分销服务和价格策略）对消费者需求的影响机制。零售商的产出是"商品+服务"，相应的，影响消费者需求的因素主要包括商店的价格水平和分销服务水平。零售商提供一定水平的分销服务，消费者将由此形成相应水平的"期望失验"进而影响消费者满意度，消费者满意度通过影响消费者单次购买行为的消费需求来影响总需求。另一方面，消费者通过比较不同购物选择在价格上的差异，形成对商店价格水平的评价，价格水平评价并不直接作用于消费者满意度的形成过程，而是通过影响消费者单次购买行为的消费需求来影响总需求。图7.5 展示了这一机制的作用过程：零售商的经营策略对消费者的购物频次没有直接影响，购物频次可能更多反映了消费者特定的购物习惯。

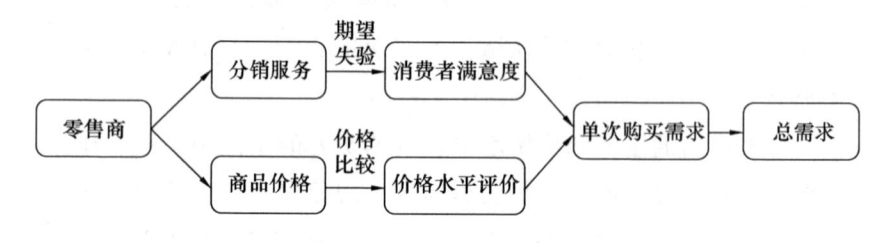

图 7.5 零售商经营策略对消费者需求的影响

除上述结论外，表7.5还显示了一些消费者特征对消费行为的影响。

首先，随着子女数量和家庭规模的增加，消费者的购买次数、一

[①] 即商店的分销服务水平和价格水平会显著影响消费者购买非必需品的决策，但对必需品的购买决策影响不大。

定时期内的购买总额和单次平均购买额均有了较显著的增加,可见消费者在商店的个人消费行为直接反映了家庭的整体消费需求。

其次,选择自驾购物的消费者光顾商店的次数更少,但单次平均购买额和购买总额却更多。很多与家庭消费相关的文献都认为拥有私家车会直接促进家庭消费,因为自驾购物可以减少单位商品消费额对应的交通成本和时间成本[①]。本部分的实证结果进一步说明,自驾购物可以提高消费者每次购物时的消费品携带数量,从而减少消费者往返商店和住所之间的次数,降低消费者的运输成本;同时,采取自驾形式购物的消费者也具有更高水平的消费需求。

最后,消费者的家庭收入状况将直接影响其消费行为。高家庭收入的消费者较少光顾大众性的零售商店,尽管单次平均购买额较多,但购买总额相对较少。中低家庭收入的消费者则是零售商店的主要顾客。当消费者处于中低家庭收入阶层时,家庭收入的提升会促进其购买总额和单次平均购买额。这一结论和前一部分中家庭收入对消费者满意度的影响是一致的。随着家庭收入区间的变化,消费者和不同业态的零售商店存在动态变化的匹配过程。不同收入阶层的消费者往往偏好不同业态和档次的零售商店。从这个角度来看,零售商应当及时地对消费者进行调研、了解目标消费者的收入分布,因时因地发展不同形式的零售业态,通过业态转型、品类转型和业态融合,更好地匹配消费者的购买需求。

五 小结

本部分结合了已有文献对零售商分销服务和消费者满意度的研究,以"期望失验"理论为基础,从消费者满意度的视角系统研究了分销服务在零售活动中的作用。通过构造基于分销服务、消费者满意度和购买行为三个变量的理论框架,本节既为传统的零售需求模型

---

① Blundell R., Pashardes P., Weber G., "What do we Learn about Consumer Demand Patterns from Micro Data?", *American Economic Review*, 1993, 83 (83), pp. 570–597.

和零售产出的相关理论提供了微观基础，也拓展了"期望失验"理论在零售经济学分析中的应用外延。在实证过程中，我们处理了计量模型可能存在的选择性偏误、内生性和异方差等问题，并利用一家区域零售企业的消费者调查问卷数据，实证检验了零售商通过分销服务影响消费者满意度、进而影响消费者需求的作用路径。

第一，零售企业提供的分销服务可以使得消费者产生相应的满意度水平，而满意度水平进一步决定了消费者单次购买的消费额，从而最终影响消费者一定时期内的总需求。本部分的结论验证了"分销服务→期望失验→消费者满意度→单次购买额→总需求"链式作用机制。

第二，商店制定的价格水平会使得消费者形成价格认知，价格认知并不作用于消费者满意度的形成过程，而是对消费者单次购买额和总需求产生负面影响。本部分研究展示了价格水平对消费者需求负面效应的内在机理，这是零售领域已有文献较少关注的内容。

第三，零售商的分销服务策略和商品价格策略对消费者的购物频次无显著影响。在消费者进入商店消费之前，商店的分销服务水平和价格水平并不影响消费者的商店选择，消费者在某个商店的购物频次可能更多地体现其生活习惯、地理位置和个体特征；当消费者进入商店进行购物时，商店的分销服务水平和价格水平会直接影响单次购买额、进而一定时期内的总需求。

第四，和中低收入的消费者相比，高收入消费者对综合超市（包括大卖场、生活超市、标准超市）的满意度水平和消费需求更低，购物频次也更少。这表明不同家庭收入阶层的消费者对不同档次、业态的零售商店有着不同的偏好。

本节的实证结论给了我们两方面的启示：第一，分销服务是零售活动的重要产出。但和商品不同，零售商并不对分销服务本身进行显性的定价，而是用分销服务的水平影响消费者的消费行为，从而间接影响商品的销量。这一观点在一些零售文献中得到过证明①。

第二，只用零售活动的销售额或销售毛利来测度零售产出，会低估分销服务对消费者消费行为的作用。本部分研究发现，分销服务水平额度提高并不能直接显著地提高商店销售额，只有控制一段时期内消费者的购物频次时，才能观测到商店整体销售额的显著提升。Betancourt曾经给出过一个关于零售商店生产率的例子②：假设某地区的零售商店提供给消费者的分销服务主要是区位服务（或地理便利性），一段时期内该地区所有的零售商店都通过迁址，使得商店位置离当地消费者的平均距离减少了一半，同时这些商店的面积和雇佣员工维持不变，那么消费者依然会在各商店保持同样的购物频次和购物额，商店之间的相对距离并没有发生变化。此时如果用销售额作为零售商店产出，来衡量零售商店的生产率，那么必然得到商店生产率没有发生变化的结论，由于地理位置的变化而导致的区位服务的提升、进而零售产出的提升无法在生产率测度的过程中得到体现。由于消费者的零售消费行为（尤其是购物频次）在很大程度上受到其个体消费习惯的制约，因此零售商店分销服务的提升不一定能带来销售额的显著提高。但这并不意味着分销服务的提升毫无作用，因为较高水平的分销服务有助于构造零售商店的进入壁垒③。

第二节　商店生产率研究

在本章第一节相关研究结论的基础上，本部分主要通过构造商店

---

① Betancourt R. R., Gautschi D. A., "The Outputs of Retail Activities: Concepts, Measurement and Evidence from U. S. Census Data", *Review of Economics & Statistics*, 1993, 75 (2), pp. 294 – 301.

② Betancourt, R. R., *The Economics of Retailing and Distribution*, Cheltenham, UK and Northampton, MA: Edward Elgar Publishing, 2004, pp. 208 – 211.

③ 考虑到地理便利性对零售活动的重要性，提供高水平的区位服务（如更加接近人口密集的居民区）通常是便利店、超市等零售业态构造进入壁垒的重要手段。

层面零售生产率的测度方法，研究影响商店生产率测度的因素，为零售商店的经营者提供直接的参考建议。本部分依然采用第一节的数据，对问卷调查中消费者评价过的某区域连锁零售企业旗下53家商店进行生产率测度①。第一节的结论证明，分销服务是零售产出的重要组成部分，而销售额或毛利无法完全涵盖分销服务水平的信息。因此在本节，我们将把分销服务和零售毛利共同作为零售活动的产出，对零售商店的生产率进行测度。

　　前文曾提到，在零售效率和零售运营管理的研究领域，零售生产率的测度通常采用随机前沿方法和数据包络法，其中数据包络法在零售商店生产率研究领域的运用最为广泛。数据包络法最大的优点是能够使得零售经营者可以清晰准确地"对标"绩效最高、规模相近的零售企业或商店，对自身运营的效率进行系统地评估，从而帮助零售经营者作出恰当的经营决策、提升经营绩效。另外，数据包络法也充分考虑了多个维度投入和产出的情况，相比之下一些传统的零售绩效分析指标，如坪效、人效等，往往只考虑了一种要素投入。图7.6列出了调查问卷中涉及的53家商店的人效和坪效，可以看到，商店的人效和坪效并未呈现明显的线性相关。坪效最高的A商店，人效仅列中等平均水平；人效最高的B商店，坪效大约仅为A商店的一半，因此A、B之间的绩效难以进行直接地比较。可见，仅从一种投入（劳动人数或面积）的角度评价零售商店的绩效，通常难以得到客观准确的结论。

　　本部分将用数据包络法对53家商店的经营绩效进行评估。根据数据包络法的相关理论，零售商店在经营活动中将投入转化为产出的效率是一种相对生产率，而利用数据包络法所得到的技术效率（Technical Efficiency）则衡量了被评价商店和表现最优商店之间的相对距离。因此，本部分用技术效率或效率的概念来指代零售生产率。

---

　　① 和第一节的研究相比，第二节的数据中删除了3家在当年年中开店的商店所对应的数据，以避免零售经营活动的季节性特征对零售生产率测度的影响。

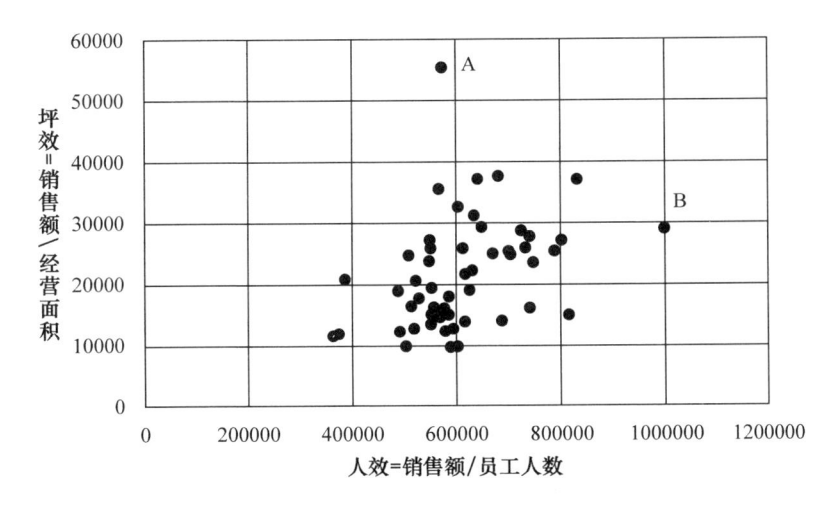

图 7.6　56 家商店的人效和坪效分布

考虑到不同业态的商店可能存在不同的产出前沿和最优规模，因此本节选用规模收益可变的 BCC 模型，该模型的原理在第三章有详细的论述。

一　商店投入产出的测度

（一）产出的测度

如前文所述，零售商店的产出可以由商店毛利和分销服务水平共同测度。商店毛利用调查问卷期间（2016 年 1 月至 2016 年 11 月）各商店的累计毛利来表示。根据第一节的研究，商店的分销服务水平来自于消费者对分销服务水平的感知，因此可以用问卷调查中所有消费者对 53 家商店分销服务的评价来得到各个商店的综合分销服务水平。回顾第一节中设置的消费者调查问卷，与商店分销服务水平相关的调查问题分别为 D1、D2、D3、D4、D6、D7、D8[①]。如表 7.6 所示，这 7 项问题共同测度了 5 个类别的分销服务水平。我们把对每个

---

① D5 为消费者对商店价格水平的评价，此处不把 D5 列入其中。

商店每项分销服务问题对应的消费者评价进行加权求均值，权重为参与评价的消费者在这期间的购物频次①，即：

$$D_j = \sum_{i}^{n} D_{ij} \left(\frac{f_{ij}}{\sum_{i}^{n} f_{ij}} \right)$$

其中，D_{ij}代表消费者i为商店j打出的分值，f_{ij}为消费者i在商店j的购物频次。因此，消费者在某商店购物的频率越高，他对该商店分销服务水平的评分就被赋予越高的权重。由此可以得到53家商店关于D1、D2、D3、D4、D6、D7、D8的7项分销服务所得到的加权平均分值。

表7.6　　　　　　　　　分销服务调查问题

变量	问　题	分销服务类别
D1	对最常光顾超市的购物环境和氛围的评价	环境服务
D2	对最常光顾超市的排队结账时间的评价	交付服务
D3	对最常光顾超市的交通便利程度的评价	区位服务
D4	能否及时地获知最常光顾超市的促销活动信息	信息服务
D6	请评价在最常光顾超市搜索所需商品的难易程度	品类服务
D7	请评价在最常光顾超市购得所需商品的难易程度	品类服务
D8	请评价最常光顾超市工作人员的服务态度	环境服务

以53家商店7项调查问题的加权平均分值为基础，可以利用灰色关联分析方法得到各商店综合的分销服务水平。灰色关联分析方法在小样本和有限信息的研究问题中有着广泛的运用，因为该方法对样本数量和样本的规律性没有任何要求②——这也是灰色关联分析相比于主成分分析法、因子分析法等其他指标构造方法的最大优点。借鉴

---

① 频繁到某一商店购物的消费者对该商店分销服务水平的评价更加客观稳定，偶尔光顾该商店的消费者对该商店的评价可能具有偶然性。

② 刘思峰：《灰色系统理论及其应用》，科学出版社1999年版。

王恩旭和武春友①的研究，使用灰色关联分析方法得到各商店分销服务水平的基本思路是：设定一家虚拟商店，虚拟商店在 7 项分销服务调查问题上的分值分别等于 53 家商店在这 7 项问题中出现的最高分值，此时各商店和虚拟商店之间的灰色关联度越高，代表综合分销服务水平距离最优水平越近，因此，可将计算得到的灰色关联度作为样本中各个商店分销服务水平的综合指标。具体步骤如下。

第一，根据 53 家商店在分销服务调查问题的加权平均分值，虚拟商店在 7 项分销服务调查问题上的分值为：

$$D1 = 5, D2 = 4.78, D3 = 4.78, D4 = 4.72,$$
$$D6 = 5, D7 = 4.86, D8 = 5$$

每个问题对应的分值为所有商店中出现的最大分值。

第二，将所有商店（包括虚拟商店）写作 1×7 的横向量形式，向量内元素的值依次取 7 项分销服务调查问题的分值，例如虚拟商店可以写为：

$$X_0 = (x_0(1), x_0(2), x_0(3), x_0(4), x_0(5), x_0(6), x_0(7))$$
$$= (5, 4.78, 4.78, 4.72, 5, 4.86, 5)$$

下标 0 代表虚拟商店是第 0 个商店。虚拟商店成为整个灰色关联系统的特征序列。

第三，求初值像，即：

$$X_i = \frac{X_i}{x_i(1)} = (x_i^{'}(1), x_i^{'}(2), x_i^{'}(3), x_i^{'}(4), x_i^{'}(5), x_i^{'}(6), x_i^{'}(7))$$

其中 $i = 0, 1, 2, \cdots, 53$，代表虚拟商店和 53 家商店。

第四，求差序列，即：

$$\Delta_i(k) = |x_i^{'}(k) - x_0^{'}(k)|$$

其中，$i = 0, 1, 2, \cdots, 53$；$k = 1, 2, \cdots, 7$ 代表 7 项分销服务的调查问题。

---

① 王恩旭、武春友：《基于灰色关联分析的入境旅游服务质量满意度研究》，《旅游学刊》2008 年第 11 期。

第五，求两极差，即：

$$M = \max_i \max_k \Delta_i(k) \quad m = \min_i \min_k \Delta_i(k)$$

其中，$i = 0,1,2,\cdots,53$，$k = 1,2,\cdots,7$。

第六，求关联系数，即：

$$r_i(k) = \frac{m + 0.5M}{\Delta_i(k) + 0.5M}$$

其中，$i = 0,1,2,\cdots,53$，$k = 1,2,\cdots,7$。

第七，求解灰色关联度，即：

$$\gamma_i = \frac{1}{7}\sum_{k=1}^{7} r_i(k)$$

其中，$i = 0,1,2,\cdots,53$，$k = 1,2,\cdots,7$。第 i 家商店和虚拟商店的灰色关联度代表该商店 7 项分销服务分值和最优商店（虚拟商店）之间接近的程度[①]，因此可作为衡量分销服务水平的综合指标。表 7.7 显示了 53 家商店的毛利和利用灰色关联分析方法得到的分销服务水平。

表 7.7　　　　　　　　商店毛利和分销服务水平

产出指标	均值	最大值	最小值
毛利（元）	2346058.5	22664430.1	314234.6
分销服务（0—1 之间）	0.832	0.948	0.602

（二）投入的测度

本章把零售商店的产出设定为商店毛利和分销服务水平的组合，因此，和产出相对应的零售投入应当包括两个方面：一方面是零售活动必要的投入要素：资本和劳动；另一方面是商店用来产出分销服务的投入。

---

① 53 家商店与虚拟商店分销服务水平的灰色关联度均小于等于 1，其中虚拟商店和自身的灰色关联度为 1。

具体而言，为了更便利地服务消费者、减少消费者交通时间成本，商店需要付出更贵的商业租金，以将店址设置于交通便利的位置，从而提供高水平的区位服务；为了减少消费者的调整成本或搜索成本，商店需要付出更多的商品包装、分拣、配送费用，从而为消费者提供更多可供选择的商品种类，提供高水平的品类服务；为了保证消费者随时得到需要的商品、完成交付过程，商店需要保证充足的货源、收银台，从而提供高水平的交付服务；为了降低消费者搜寻商品价格、属性信息以及促销信息的成本，商店需要付出更高的广告、促销、营销费用，从而提供高水平的信息服务。为了提升消费者的购物体验，商店需要提供高水平的环境服务，不断优化购物环境。

综上所述可以构造投入指标。如表 7.8 所示，我们用商店经营面积衡量商店的固定资产存量，因为店内的固定设施（如货架）一般与面积成正比；用员工工资总额而非员工人数来衡量劳动投入，因为工资总额不仅包含了员工的数量，还可以体现员工整体的技能水平（相关结论见第六章）；距最近公交车站或地铁站的直线距离反映了商店为了提供区位服务而付出的成本，因为交通便利的店址往往有着更贵的商业租金；商店分拣、配送、包装商品的成本一般和品类数量和品牌数量成正比，因此品类数量和品牌数量可以反映与品类服务相关的成本；高水平的交付服务和商店货源、交付设施相关，因此收银台数量和断货率可以反映与交付服务相关的成本；营销广告费用可以衡量商店为了提供信息服务而付出的成本。需要说明的是，这些投入指标和分销服务之间的对应关系并非完全割裂。例如，工资总额反映了员工的技能水平，而技能水平可能影响所有类别的分销服务水平；营销广告费用不仅和信息服务直接相关，也和品类服务水平成正比，因为商品的种类越多，需要付出的营销广告费用也越多。

表7.8　　　　　　　　　商店的零售投入指标

投入指标	均值	最大值	最小值
经营面积（平方米）	841.3	3598.0	157.0
工资总额（元）	982446	5654946	210386
距最近公交距离（米）	421	2000	5
品类数量（个）	81	96	68
品牌数量（个）	1010	1820	645
收银台数量（个）	4.2	30	1
断货率（％）	12.5	32.4	4.4
营销广告费用（元）	14893	212116	469

关于零售业投入指标还需要做两点说明：第一，这里没有专门设置和环境服务对应的零售投入，因为所有的投入指标都可能会直接影响整个零售商店的购物环境和氛围，而和环境服务直接对应的投入难以单独定义和衡量。第二，正如第一节提到的，零售分销服务水平主要由消费者感知到的分销服务水平来衡量，而根据消费者调查问卷计算得到的各商店的灰色关联度反映了消费者对分销服务的感知和评价，因此可以作为分销服务水平的测度指标。商店为了提供分销服务所采取的经营策略则反映了分销服务对应的投入成本。这两者存在本质的区别。例如，商店提供的品类深度和品类宽度（即品类数量和品牌数量）与对应的零售营销成本成正比，但并不能直接反映真实的品类服务水平——后者只能由消费者对品类深度和品类宽度的反馈和感知来获得。类似的观点在市场营销领域和零售领域的经典文献中得到广泛认同，例如，Oliver[1]和Chiu[2]都认为，"服务水平本质上是一种消费者态度"，"只有消费者对服务水平的感知（Cognition）才会直接

---

[1] Oliver R. L., "A Cognitive Model of the Antecedents and Consequences of Satisfaction Decisions", *Journal of Marketing Research*, 1980, 17 (4), pp. 460–469.

[2] Chiu H. C., "A Study on the Cognitive and Affective Components of Service Quality", *Total Quality Management*, 2002, 13 (2), pp. 265–274.

影响其购买行为";Betancourt 等也认为,在零售活动中,消费者对服务水平的评价才是分销服务的真实水平①。图 7.7 显示了分销成本(零售活动投入)、经营策略和分销服务水平之间的关系:经营策略可以反映商店的成本,但分销服务的真实水平则是零售商店经营策略和消费者感知的共同产物。

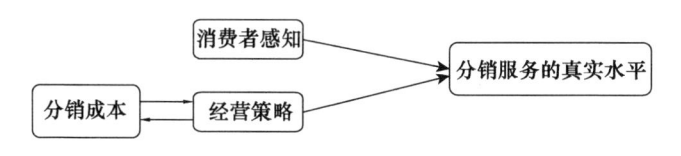

图 7.7 分销成本、经营策略和分销服务

二 商店效率测度

在得到零售商店的投入产出指标后,可以利用基于规模收益可变的 BCC 模型对商店的技术效率进行研究。如第 3 章所述,和 CCR 模型相比,BCC 模型增加了一个对权重系数的线性约束条件,因此对应的投入导向的线性规划问题变为:

$$\min \theta$$

$$s.t. \sum_{1}^{q} \lambda_r x_{jr} \leq \theta x_{jk}$$

$$\sum_{1}^{q} \lambda_r y_{ir} \geq y_{ik}$$

$$\lambda \geq 0$$

$$\sum \lambda_r = 1$$

$$i = 1, 2, \cdots, m; j = 1, 2, \cdots, n; r = 1, 2, \cdots, q$$

增加的线性约束条件 $\sum \lambda_r = 1$ 的含义是:不同规模的决策单元

---

① Betancourt R. R., Cortiñas M., Elorz M, and Mugica J. M., "The Demand for and the Supply of Distribution Services: A Basis for the Analysis of Customer Satisfaction in Retailing", *Quantitative Marketing and Economics*, 2007, 5 (3): 293 - 312.

可以拥有不同的规模收益。我们利用软件 Deap2.1，对 BCC 模型的线性规划问题进行求解，得到各个零售商店的技术效率值。

表 7.9 列出了 53 家商店的技术效率值。可以看到，53 家商店中有 31 家商店处于技术有效状态（即技术效率为 1），技术有效的比例约 60%。由于样本来自同一家区域性的连锁零售商，而连锁商店在信息管理、经营决策、物流管理和价格设立等方面都具有标准化和高度复制性的特点[1]，大部分商店的经营效率比较接近。技术效率反映了被评价单位相对于最佳的决策单位的效率，因此表 7.9 中出现较多技术效率值为 1 的商店。

表 7.9　　　　　基于规模收益可变的商店技术效率值

商店 ID	效率值	商店 ID	效率值	商店 ID	效率值	商店 ID	效率值
1	1.000	15	0.921	29	1.000	43	1.000
2	1.000	16	1.000	30	0.979	44	1.000
3	1.000	17	1.000	31	0.940	45	1.000
4	1.000	18	1.000	32	1.000	46	0.934
5	0.973	19	1.000	33	0.835	47	1.000
6	0.864	20	0.864	34	1.000	48	0.856
7	0.905	21	1.000	35	0.889	49	1.000
8	0.885	22	1.000	36	1.000	50	0.974
9	1.000	23	1.000	37	1.000	51	0.991
10	0.797	24	0.928	38	0.895	52	1.000
11	0.883	25	0.952	39	0.904	53	0.740
12	1.000	26	1.000	40	0.767		
13	1.000	27	1.000	41	1.000		
14	1.000	28	1.000	42	1.000		

为了进一步甄别不同零售商店之间经营绩效的差异，我们引入基于规模收益可变的超效率 DEA 模型，对效率值为 1 的商店进行效率测度。超效率 DEA 模型最先由 Andersen 和 Petersen[2] 提出，该模型的主要目的是为了进一步甄别有效决策单元（技术效率为 1 的决策单

---

[1] 李平、王小彬：《零售业连锁商店在中国的发展前景及对策研究》，《南开管理评论》1998 年第 6 期。

[2] Andersen P., Petersen N. C., "A Procedure for Ranking Efficient Units in Data Envelopment Analysis", *Management Science*, 1993, 39 (10), pp. 1261 – 1264.

元）之间产出效率的大小。超效率 DEA 模型的核心是在评价某一决策单元的技术效率时，将该决策单元从生产可能集中剔除，即被评价决策单元的效率是参考其他决策单元的前沿得出的[①]。

下面用一个简单的图示说明超效率 DEA 模型原理。如图 7.8 所示，所有决策单元均有一种产出和两种投入，横纵坐标分别为单位产出的两种投入，A、B、C 三个技术有效的决策单元均位于产出前沿上。根据传统的 BCC 模型，这三个决策单元的技术效率值均为 1。而根据超效率模型的原理，当对决策单元 B 进行评价时，需要将 B 从生产可能集中剔除，除 B 以外其他的决策单元则共同组成产出前沿。此时，对于 B 而言产出前沿是 AC，而不再是 ABC，B 在产出前沿上的投影为 B'。因此，BB' 反映了决策单元 B 优于产出前沿的部分，而根据技术效率的定义可以得到，B 的技术效率为 $\dfrac{OB'}{OB} \geqslant 1$[②]。显然，只有在 BCC 模型中技术有效的决策单元，才可能在超效率模型中得到大于 1 的技术效率值；而在 BCC 模型中处于技术无效的决策单元，利用 BCC 模型得到的效率值等于超效率模型得到的效率值。

根据上文对超效率模型原理的简述，易得基于规模收益可变的超效率模型线性规划问题（被评价单元为 k）：

$$\min \theta$$

$$s.t. \sum_{1}^{q} \lambda_r x_{jr} \leqslant \theta x_{jk}$$

$$\sum_{1}^{q} \lambda_r y_{ir} \geqslant y_{ik}$$

$$\lambda \geqslant 0$$

$$\sum \lambda_r = 1$$

$$i = 1, 2, \cdots, m; j = 1, 2, \cdots, n; r = 1, 2, \cdots, q, r \neq k$$

---

① 成刚：《数据包络分析方法与 MaxDEA 软件》，知识产权出版社 2014 年版。
② 如果 B 点恰好位于 A、C 的连线上，那么此时利用超效率模型得到的技术效率值将等于 BCC 模型的技术效率值，即等于 1。

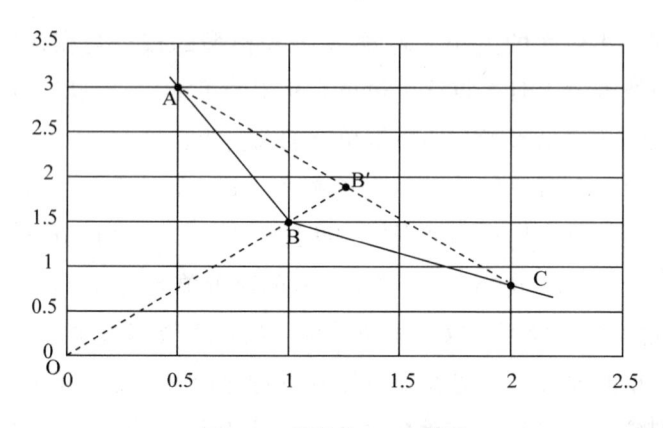

图 7.8　超效率 DEA 模型

可以看到，基于规模收益可变的超效率模型和 BCC 模型的唯一区别是施加了约束条件 $r \neq k$，即在评价决策单元 k 的技术效率时，将其从生产可能集中剔除。利用软件 Deap2.1 对超效率 DEA 模型进行求解，可以进一步得出 53 家商店的技术效率值及排序，如表 7.9 所示。显然，在表 7.8 中技术无效的商店，在表 7.9 仍然保持技术无效，同时两个表中的技术效率值相同；在表 7.8 中技术有效（技术效率为 1）的商店，在表 7.10 中则呈现大于 1 的技术效率值。因此，利用超效率 DEA 模型可以更加完全地比较不同商店在零售活动中经营效率的区别。考虑到连锁零售企业高度复制化的特征，如果在连锁企业内部进行技术效率测算，超效率 DEA 方法要优于传统的 BCC 模型。

表 7.10　基于规模收益可变超效率模型的商店技术效率值

ID	效率值	排序	ID	效率值	排序	ID	效率值	排序	ID	效率值	排序
1	2.003	3	15	0.921	40	29	1.042	26	43	1.269	11
2	1.434	9	16	1.018	28	30	0.979	33	44	7.480	1
3	1.075	22	17	1.141	15	31	0.940	37	45	1.025	27
4	1.078	21	18	1.162	14	32	1.457	8	46	0.934	38
5	0.973	35	19	1.121	17	33	0.835	50	47	1.049	24
6	0.864	48	20	0.864	47	34	1.263	12	48	0.856	49

续表

ID	效率值	排序	ID	效率值	排序	ID	效率值	排序	ID	效率值	排序
7	0.905	41	21	1.109	18	35	0.889	44	49	1.136	16
8	0.885	45	22	1.072	23	36	1.772	4	50	0.974	34
9	1.619	6	23	1.295	10	37	1.191	13	51	0.991	32
10	0.797	51	24	0.928	39	38	0.895	43	52	2.310	2
11	0.883	46	25	0.952	36	39	0.904	42	53	0.740	53
12	1.045	25	26	1.009	29	40	0.767	52			
13	1.081	20	27	1.096	19	41	1.006	30			
14	1.508	7	28	1.642	5	42	1.004	31			

三 商店绩效指标的比较

在零售经营活动中，常用的绩效指标主要包括人效、坪效、利润率[1]。为了研究技术效率和人效、坪效、利润率这三项指标之间的相关性，我们引入斯皮尔曼等级（Spearman Rank）相关系数，原因有以下两点。

第一，斯皮尔曼系数较适用于商店绩效指标之间的比较。该系数测度了各商店根据不同指标进行排序所得到的秩次[2]之间的相关度，这就排除了个别指标在计算过程中所存在的微小测度误差对结果造成的影响。

第二，与皮尔逊（Pearson）相关系数等常用的相关系数相比，斯皮尔曼系数对数据的要求更加宽松[3]。

表7.11列出了53家商店的技术效率和人效、坪效、利润率的斯皮尔曼等级相关系数。可以看到，技术效率和人效的斯皮尔曼相关系数极低，且不显著（P值高达0.308），说明人效（或劳动生产率）很难反映零售商店真实的经营效率。技术效率和坪效的斯皮尔曼相关

---

[1] 此处不讨论毛利率的原因是，样本中的商店同属于一家区域性的连锁零售企业，商品的进价和售价是统一制定的，各商店的毛利率没有区别。
[2] 秩次指根据被观测样本某一变量从大到小进行排序所得到的序数。
[3] 刘艳春：《一种循环修正的组合评价方法》，《数学的实践与认识》2007年第4期。

系数达到了0.389,且在1%的置信水平上显著,因此和人效相比,坪效能更真实地反映商店的经营效率。最后,我们发现商店利润率和技术效率的相关系数最高(0.450),且显著性较好(P值为0.070)。这一结果说明,利用本部分构造的投入产出指标测度得到的商店技术效率,和商店利润最大化的能力(即盈利能力或利润率)有较高的契合度。实际上,技术效率越高,意味着商店的产出相比于投入越高,而利润率恰恰反映了产出减去总成本所剩余的比例。技术效率和商店利润率的高度相关性说明:利用技术效率对商店进行评价能够反映零售活动的真实产出,而改进技术效率的过程也有利于促使商店实现更高水平的盈利。

表7.11　技术效率和人效、坪效、利润率的斯皮尔曼相关系数

变量	Spearman Rank 相关系数	P值
技术效率和人效	0.143	0.308
技术效率和坪效	0.389	0.004
技术效率和利润率	0.450	0.070

四　产出投入指标的重要性探析

前面的论述曾经提到,人效和坪效在零售商店的效率评价中存在的主要缺陷是:仅考虑了某一项要素投入(面积或劳动人数),而忽略了其他投入的变化对商店经营效率的影响;仅考虑了销售额,但忽略了分销服务也是零售活动的重要产出。实际上,在大部分零售业生产率研究文献中,投入产出指标往往只包括销售额(或毛利)、资本以及劳动,分销服务水平以及一系列与分销服务相关的投入常常被忽略。当使用数据包络法对零售活动的技术效率进行测度时,忽略关键的投入产出指标会直接造成测度结果的偏误,影响对商店绩效的判断,因为数据包络法对被评价单元(商店)的产出投入指标的设置有着极高的敏感度。因此,在使用数据包络法进行零售技术效率测度

的过程中，应当对不同变量在测度过程中的重要性进行评估。为此我们借鉴 Donthu 等[①]提出的敏感度分析方法，设计以下操作程序：第一步，删除某一指标，并用规模收益可变的超效率 DEA 模型得到对应的商店技术效率；第二步，对于所有其他指标重复第一步的过程；第三步，依次测度第一、第二步所得技术效率和表 7.10 中原始技术效率的相关系数，并按照相关系数从小到大对指标进行排序。

上述程序的核心思想是：如果某一项指标在零售技术效率测度过程中具有关键作用，那么删除该指标所得到的技术效率应当和原始技术效率有较大的差异，因而有较低的相关系数。换而言之，相关系数越低，所删除的指标越重要。显然，这一方法建立在 DEA 对指标构建高度敏感性的基础上。

传统的零售商店绩效评估常常忽略分销服务水平以及一系列与分销服务相关的投入，因此我们依次删除产出指标中的"分销服务水平"，以及投入指标中的"距最近公交距离""品类数量""品牌数量""收银台数量""断货率"和"营销广告费用"，研究这七项指标在零售商店技术效率测度中的重要性。从表 7.12 中可以看到，对零售商店效率测度比较重要的投入产出指标依次是分销服务水平（皮尔逊、斯皮尔曼系数分列第 1、第 2 位），距最近公交距离（皮尔逊、斯皮尔曼系数均列第 3 位）、收银台数量（皮尔逊、斯皮尔曼系数均列第 4 位）以及营销广告费用（皮尔逊、斯皮尔曼系数分列第 4、第 2 位）也应当作为效率测度的重要指标。

第三节　总结

本章的研究对全文零售业生产率的研究有着重要的作用。本章聚

[①] Donthu N., Hershberger E. K., Osmonbekov T., "Benchmarking Marketing Productivity Using Data Envelopment Analysis", *Journal of Business Research*, 2005, 58 (11), pp. 1474 – 1482.

表 7.12　指标重要性分析（按相关系数从小到大排序）

被删除变量		产出指标	投入指标				
		分销服务水平	距最近公交距离	品类数量	品牌数量	收银台数量	断货率	营销广告费用
和原始技术效率的 Pearson 相关系数	系数	0.9624*	0.9681*	0.9991*	0.9999*	0.9907*	0.9526*	0.9907*
	次序	2	3	6	7	4	1	4
和原始技术效率的 Spearman 相关系数	系数	0.6982*	0.8592*	0.9586*	0.9948*	0.8917*	0.9650*	0.8530*
	次序	1	3	5	7	4	6	2

注：*、**、***分别代表在10%、5%、1%的置信水平上显著。

焦于最微观的零售主体——零售商店的技术效率研究,对零售经营者而言具有非常直观和现实的意义。本章的主要内容和结论为两个方面。

第一,本章揭示了分销服务在零售活动中发挥作用的微观作用机制。这一章从理论和实证层面系统地论证了"分销服务是零售活动的主要产出"的观点,从而为全书的实证研究提供了直接的微观基础。实证结果表明,分销服务在零售活动中的作用呈现"分销服务→期望失验→消费者满意度→单次购买额→总需求"链式机制,同时零售商店的分销服务策略并不直接影响消费者购物的频次,而是通过影响消费者单次购物额来影响总需求。这一结论对零售经营者制定营销策略有着重要的参考价值。另外,不同家庭收入阶层的消费者对不同档次、业态的零售商店有着显著不同的偏好,例如高收入人群对超市、便利店等平价业态的满意度评价就显著低于中低收入人群。

第二,本章构造了零售微观单位——零售商店的生产率(技术效率)的测度方法。首先,基于"分销服务是零售活动的主要产出"的结论,构造了多产出多投入的零售指标。其次,由于连锁零售高度复制化、标准化和统一经营的特点,传统的数据包络法难以有效甄别同一零售企业内各商店之间经营绩效的差别,由此引入更适用于零售商店技术效率测度比较的超效率 DEA 模型。再次,由超效率 DEA 模型得到的技术效率和商店的利润率有着显著的正向关联,说明对零售经营者而言,提升商店的技术效率、缩小商店和绩效最优商店之间距离的过程,与零售商店追求利润最大化的目标相一致。最后,本章检验了包含分销服务水平在内的 7 项重要指标在零售商店技术效率测度中的重要性,发现如果忽略分销服务水平、地理便利程度(据最近公交距离)、收银台数量和营销广告费用,那么测度得到的商店技术效率将较大程度地偏离其真实值,因此构建完善系统的零售投入产出指标对测度商店的技术效率、评价商店经营绩效至关重要。

第八章 结论和展望

第一节 主要结论和建议

本书基于流通理论、营销学和经济学的相关理论，构造了零售活动的投入产出框架，并将这一框架运用于中国零售业生产率的测度和影响因素的研究中。基于中国零售业的发展现实，本书首先展示了中国零售业近年来全要素生产率的演进过程，并分别从行业和企业的角度研究了零售业生产率的影响因素，为连锁化经营、外资进入、网络购物冲击和实体零售"触网"等焦点问题对零售业生产率的影响提供了直接的实证证据。本书还首次引入了零售微观主体——零售商店，利用商店的微观数据，验证了分销服务在零售投入产出框架中的重要性，并构建了零售商店绩效评估的方法，为零售经营者提供了有益的参考。本书的主要结论及建议包含以下几个方面。

第一，从行业整体发展状况来看，中国零售业全要素生产率的变化率呈现周期性的剧烈波动。两个重要的时间节点是2004年和2008年——无论是外资全面进入中国零售业，还是全球性的金融危机，都对我国零售业的整体发展产生了不小的负面冲击。这一冲击既体现在对零售产出、要素投入等静态变量的冲击上，也体现在对全要素生产率变化率、技术变化率和技术效率变化率等一系列动态变量的冲击上。通过对零售子行业全要素生产率的测度，我们发现，无论是以电子零售为主的无货铺零售业,还是以综合零售业、家电产品零售业和服装日用品零售业为主的实体零售业,近年来的全要素生产率指数均保持较低水平,这直接反映了相关行业的发展现状和困境,也揭示了中国零售业近年来发展停滞的原因。经过对全要素生产率变化率的进一步分解之后,我们还发现零售业全要素生产率的提升速度不仅和技术进步速度保持联动关系,更离不开零售技术效率持续改进的贡献。技术进步变化率的剧烈波动可能反映了零售业技术外生的快速迭代,而技术效率的持续改进则反映了零售管理效率的内在提升。此外,中国零售业呈现典型的规模报酬不变的特征,同时资源配置扭曲的现象长期存在,这既可能由于劳动密集型的零售企业承担了保就业的功能,因此面临信贷软约束,更容易从地方政府和金融机构获得贷款及其他资源,不容易退出市场;也可能与中国流通体制不够健全、地方割裂严重、零售资源无法自由流动有着直接的关联。

第二,在行业层面,连锁化经营对零售业的技术效率并没有体现显著的正面效应,但外资进入和网络购物均显著地促进了中国零售业的技术效率。零售业的连锁化程度与技术效率之间的弱关联性恰恰反映出目前连锁经营规模不足所带来的负面效应,因此各地政府应当注意避免地方保护主义对连锁零售企业发展的限制,鼓励连锁零售企业有序有度扩张,积极推进企业兼并重组审批制度的改革,鼓励、引导金融机构对企业兼并重组的资本支持,鼓励、吸引民间资本注入,推动零售连锁企业做大做强,以全面提升零售业连锁经营的规模化程度。外资进入对中国零售业技术效率正面效应呈现倒"U"形变化,同时外资挤占效应为主的省份个数正在呈现逐年递增的趋势,这表明零售业外资引入必须因时制宜,因地制宜,学术界和政府部门应当建立完善、即时的外资引入评估体系和预警系统,注重外资政策的灵活性,必须在确保零售业产业安全的前提下,发挥外资在供应链管理、信息系统构建和新型业态拓展等多方面的技术溢出作用。网络购物对传统零售业技术效率的显著促进作用表明,网络购物的冲击固然对个别实体零售企业造成了负面的影响，但从整体来看这一冲击可能加速了实体零售业优胜劣汰的过程，并倒逼实体零售商积极拓展线上渠道，施行数字化营销和全渠道零售等多种新的经营技术、策略，积极提升自身绩效。因此，对电子商务和实体零售商之间的竞争不能盲从于某种特定的价值导向，而应当从整体行业健康发展的角度进行认识和评价。

第三，为了应对网络购物的冲击，实体零售商应当积极"触网"，并侧重通过与第三方平台合作来引入线上销售渠道。这一结论对许多依然处于观望状态的实体零售商而言具有非常重要的启示作用。在电子商务如火如荼的现代零售业，实体零售商应当如何面对网络购物的冲击、是否应当引入线上渠道以及如何选择何种方式"触网"，这一系列问题在本书的实证研究中得到了一定程度的验证。研究显示，"触网"确实对零售企业的技术效率产生了正面影响。同时和自建网站相比，与第三方平台合作是更好的"触网"模式。这一结论在控制零售企业的人力资源水平、范围经济性和组织形式的情况下高度显著。对实体零售商"触网"实践的研究来自于中国连锁零售百强企业的经营实践，因此结论具有较高的可信度和借鉴意义。

第四，本书验证了零售活动的重要产出——分销服务在零售活动中的作用机制。本书发现，分销服务在零售活动中的作用呈现"分销服务→期望失验→消费者满意度→单次购买额→总需求"链式机制。零售商的分销服务策略和商品价格策略对消费者的总需求和购物频次均无直接的显著影响。此外，本书还发现不同家庭收入阶层的消费者对不同档次、业态的零售商店有着不同的偏好。基于本书的研究，我们建议：首先，零售经营者应当更加关注如何挖掘消费者在每一次购买过程中的消费潜力，通过提供高水平的分销服务，在和消费者交互的过程中增进其消费体验，注重零售服务的"人本精神"[①]，从而实

---

① 黄国雄：《零售业的格言与警语》，《商业经济研究》2008年第32期。

现商店绩效的整体提高；其次，超市经营者应当更加注重营造舒适、整洁的购物环境，改进服务人员的服务态度和技能，同时注重品类管理和货架展示，确保消费者需求得到迅速、便捷、全面的满足；最后，零售经营者应当关注目标消费者收入分布的变化，为不同类别的消费者提供不同类型的零售服务，并积极通过业态转型、品类转型，满足各阶层消费者多层次、多元化的消费习惯，匹配不同类型消费者特定的购物需求。

最后，本书构建了零售商店技术效率的测度方法。研究表明，在同一连锁零售企业内，超效率数据包络模型是测度连锁零售商店技术效率的有效方法，利用超效率数据包络模型得到的商店技术效率和利润率有着显著的正向关联，证明技术效率指标和零售经营者利润最大化的目标具备内在一致性。本书还证明，在零售商店技术效率的测度过程中，忽略分销服务水平、地理便利程度、收银台数量和营销广告费用将直接导致对商店绩效评估出现偏误，因此构建系统完善的零售投入产出指标至关重要。在经营理念快速迭代、经营环境变化剧烈的行业现实下，零售企业的经营者必须及时地评估和把握零售商店的绩效。从这个角度讲，本书的研究对现实中零售企业制定经营策略、发展目标和绩效考核标准具有现实的指导意义。

第二节 研究创新点、不足和展望

本书主要的创新点如下：第一，本书通过引入"分销服务"的概念，对零售活动及其投入产出等相关概念进行了明确界定，系统讨论了零售投入产出等指标的构造方法，这是已有零售实证研究常常忽略的内容。

第二，本书首次从较长的时间跨度，系统、直观地展示了中国零售业全要素生产率的增长路径，不仅从生产率分解的角度、还从子行业发展路径变化的角度剖析了零售业生产率变化的来源，由此进一步深化了对零售发展规律的认识。

第三，本书从行业的维度研究了当前零售产业部门和经营者密切关注的连锁经营、外资进入和网络购物冲击等问题对零售业生产率的影响，并从企业的维度验证了实体零售商的"触网"实践对企业经营绩效的影响。关注行业焦点问题、从行业现实挖掘研究主题，是本书最大的特色之一。

第四，本书首次引入了最微观的零售个体——零售商店，在零售商店的维度实证研究了分销服务在零售活动中作用机制，为"分销服务是零售活动的重要产出"的观点提供了实证证据；在此基础上，本书还构造了适用于零售商店的生产率测度方法，这使得本书的研究兼具学术价值和实践价值。

本书对零售业生产率的研究是侧重实证的研究，在研究过程中常常会受到实证方法和数据可得性的限制，因此文章的研究过程和结论必然存在一些问题。

在第五章对行业层面影响中国零售业技术效率因素的研究中，研究结论显示外资进入对中国零售业整体技术效率总体呈现正面影响，但由于难以分别收集、统计内外资零售业的投入产出数据，因此外资进入对内资零售业的具体影响无法甄别。第五章的研究还表明，网络购物的冲击显著地促进了传统零售业技术效率的改进，但由于缺乏覆盖整个行业的零售普查数据，因而无法甄别这一正面效应的来源是技术效率低下的实体零售企业在网购冲击之下退出市场，还是持续在位的实体零售企业实现了技术效率的改进和飞跃。

在第六章对零售企业"触网"实践的研究中，企业层面的有效样本数量较少，变量维度有限，时效性有所不足，这些因素在一定程度上限制了研究结论适用的范围。另外，由于只能获得2013年实体零售商的截面数据，零售商"触网"策略和技术效率之间可能存在潜在的内生性问题，这一问题无法用滞后项作为工具变量加以解决。最后，由于样本数据中只包含零售企业是否自建网站或与第三方平台合作的信息，因此很难对企业的"触网"投入成本和"触网"业务经营情况作进一步的甄别和分析。

在第七章对商店技术效率测度的研究中，由于研究结论都建立在同一家连锁零售企业旗下商店数据的基础上，因此研究结果的普适性和可靠性都有所欠缺。同一连锁企业内的商店往往面临相同的经营管理环境和外部需求环境，因此研究结论难以反映商店层面的外生因素（市场结构变化、外来企业进入等）对商店内在的经营效率的影响。

可以看到，零售企业（商店）微观数据的缺乏，不仅是本书在研究零售业生产率过程中面临的主要挑战，也是国内零售乃至流通领域微观实证研究所面临的主要障碍。微观数据不足是目前流通领域实证研究数量较少且缺乏深度的根本原因，这与企业、高校、行业协会、研究机构和政府统计部门之间缺乏协同研究和资源共享不无关系。仅就本书关于零售生产率的研究而言，只有基于企业甚至商店的微观数据，才能甄别行业层面发展状况变化的深层次原因，并得到对零售经营者有实践意义的结论。因此，未来的相关研究应当注重和行业协会、企业、政府统计部门的合作，逐步建立完善、连续的零售企业（商店）微观数据库，完善零售业实证研究的数据基础，以提升零售业实证研究的学术贡献、政策参考价值和企业借鉴价值。

参考文献

艾文卫：《溢出递减与持续挤出：外资零售在华影响再议》，《商业经济与管理》2015年第8期。

陈福中、刘向东：《开放经济条件下外资进入对中国流通企业的影响——基于批发和零售业企业省级面板数据的实证考察》，《财贸经济》2013年第3期。

陈建中：《中国流通经济体制改革新探》，人民出版社2014年版。

陈强：《高级计量经济学及Stata应用》（第二版），高等教育出版社2013年版。

陈云、王浣尘、沈惠璋：《电子商务零售商与传统零售商的价格竞争研究》，《系统工程理论与实践》2006年第1期。

陈泽佳：《天虹商场董事总经理高书林：零售正在大步回归人性》，赢商网2015年3月24日。

成刚：《数据包络分析方法与MaxDEA软件》，知识产权出版社2014年版。

崔敏、魏修建：《服务业各行业生产率变迁与内部结构异质性》，《数量经济技术经济研究》2015年第4期。

邓成梁：《运筹学的原理和方法》，《华中科技大学出版社》2014年版。

邓先宏、傅军胜、毛立言：《对劳动和劳动价值理论几个问题的思考》，《经济研究》2002年第5期。

杜丹清：《FDI 对中国零售市场与企业绩效的影响及对策》，《经济学家》2011 年第 10 期。

樊秀峰、王美霞：《我国零售企业经营效率评价与微观影响因素分析——基于 22 家百强零售上市公司的实证》，《西北大学学报》（哲学社会科学版）2011 年第 3 期。

方虹、冯哲、彭博：《中国零售上市公司技术进步的实证分析》，《中国零售研究》2009 年第 1 期。

菲利普·科特勒：《营销管理》，梅汝和、梅清豪、周齐柱译，中国人民大学出版社 2001 年版。

傅晓霞、吴利学：《技术效率、资本深化与地区差异——基于随机前沿模型的中国地区收敛分析》，《经济研究》2006 年第 10 期。

郭庆旺、贾俊雪：《中国全要素生产率的估算（1979—2004）》，《经济研究》2005 年第 6 期。

郭燕、王凯、陈国华：《基于线上线下融合的传统零售商转型升级研究》，《中国管理科学》2015 年第 1 期。

国家统计局贸易外经统计司：《中国市场统计年鉴（1994）》，中国统计出版社 1995 年版。

《回归零售本质缩短供应链 银泰商业打造新零售生态圈》，《时代周报》2016 年 11 月 15 日。

洪涛：《一次零售全业态、全渠道的革命——〈第四次零售革命——流通变革与重构〉书评》，《北京财贸职业学院学报》2015 年第 1 期。

黄国雄：《零售业的格言与警语》，《商业经济研究》2008 年第 32 期。

黄国雄：《流通效益是社会效益，流通实现是社会价值的实现》，《北京工商大学学报》（社会科学版）2013 年第 1 期。

黄国雄：《流通新论》，《商业时代》2003 年第 4 期。

黄国雄：《中国零售业发展中变与不变的战略选择》，《商业经济研究》2015 年第 3 期。

黄国雄：《中国零售业如何应对金融危机的挑战》，《商业研究》2009年第3期。

黄卉、沈红波：《生命周期、消费者态度与信用卡使用频率》，《经济研究》2010年第S1期。

黄莉芳、黄良文、洪琳琳：《基于随机前沿模型的中国生产性服务业技术效率测算及影响因素探讨》，《数量经济技术经济研究》2011年第6期。

纪宝成、李陈华：《对中国流通产业安全的几点认识》，《经济理论与经济管理》2012年第1期。

纪宝成、李陈华：《我国流通产业安全：现实背景、概念辨析与政策思路》，《财贸经济》2012年第9期。

蒋殿春、张宇：《经济转型与外商直接投资技术溢出效应》，《经济研究》2008年第7期。

蒋萍、谷彬：《中国服务业TFP增长率分解与效率演进》，《数量经济技术经济研究》2009年第8期。

荆林波：《外资进入中国零售业：狼来了》，联商网2004年12月3日。

雷蕾：《我国零售业技术效率及影响因素的实证研究——基于2001—2012年30个省份限额以上零售业的数据》，《北京工商大学学报》（社会科学版）2014年第6期。

李飞：《全渠道零售的含义、成因及对策——再论迎接中国多渠道零售革命风暴》，《北京工商大学学报》（社会科学版）2013年第2期。

李飞：《迎接中国多渠道零售革命的风暴》，《北京工商大学学报》（社会科学版）2012年第3期。

李飞：《中国零售业发展的八大矛盾及解决思路》，《北京工商大学学报》（社会科学版）2011年第1期。

李平、王小彬：《零售业连锁商店在中国的发展前景及对策研究》，《南开管理评论》1998年第6期。

李小平、朱钟棣：《国际贸易、R&D 溢出和生产率增长》，《经济研究》2006 年第 2 期。

李英宣：《后 WTO 时代中国零售企业的发展战略研究》，湘潭大学，硕士论文，2006 年。

林梨奎：《网络购物发展概况及对传统零售业态的影响》，《商业经济研究》2014 年第 5 期。

刘丹鹭：《国际化与服务企业生产率：微观层面的分析》，《南京社会科学》2012 年第 11 期。

刘丹鹭：《什么影响了服务业的生产率？——一个研究综述》，《产业经济评论》（山东）2013 年第 3 期。

刘国光：《推进流通改革加快流通业从末端行业向先导性行业转化》，《商业时代》1999 年第 1 期。

刘培标、宋传珍：《连锁经营原理》，北京师范大学出版社 2015 年版。

刘培标：《零售业全要素生产率增长、纯技术效率及其影响因素》，《商业经济研究》2013 年第 35 期。

刘思峰：《灰色系统理论及其应用》，科学出版社 1999 年版。

刘向东、李子文、王庚：《超市通道费：现实与逻辑》，《商业经济与管理》2015 年第 2 期。

刘向东、王庚、李子文：《国内零售业盈利模式研究——基于需求不确定性下的零供博弈分析》，《财贸经济》2015 年第 36 期。

刘向东：《2014 年中国零售业互联网实践的回顾与思考》，联商网 2014 年 12 月 16 日。

刘艳春：《一种循环修正的组合评价方法》，《数学的实践与认识》2007 年第 4 期。

罗格·R. 贝当古：《零售与分销经济学》，刘向东、沈健译，中国人民大学出版社 2009 年版。

《马克思恩格斯全集》第 26 卷Ⅰ，人民出版社 1972 年版。

《马克思恩格斯全集》第 23 卷，人民出版社 1972 年版。

《马克思恩格斯全集》第 24 卷，人民出版社 1972 年版。

《马克思恩格斯全集》第 26 卷Ⅲ，人民出版社 1972 年版。

马克思：《资本论》第 2 卷，郭大力等译，人民出版社 1975 年版。

迈克尔·利维、巴顿·A. 韦茨：《零售学精要》，张永强译，机械工业出版社 2010 年版。

欧阳文和：《零售企业规模复制可能性定理的实证与理论——沃尔玛案例及其启示》，《云南社会科学》2009 年第 6 期。

商场现代化编辑部：《2002 年中国零售业重大新闻回顾》，《商场现代化》2003 年第 1 期。

史玉光：《商品流通企业会计》，电子工业出版社 2016 年版。

唐小飞、贾建民、周庭锐：《遭遇员工态度问题和不公平价格的顾客满意度补救研究——基于顾客赢回管理的一个动态纵向评估模型》，《管理世界》2009 年第 5 期。

万典武：《市场经济与商品流通体制改革的目标模式》，《商业经济研究》1992 年第 12 期。

汪旭晖、徐健：《基于超效率 CCR-DEA 模型的我国物流上市公司效率评价》，《财贸研究》2009 年第 6 期。

汪旭晖、杨东星：《我国流通服务业 FDI 溢出效应及其影响因素——基于省际面板数据的实证检验》，《宏观经济研究》2011 年第 6 期。

王成荣：《第四次零售革命：流通的变革与重构》，中国经济出版社 2014 年版。

王恩旭、武春友：《基于灰色关联分析的入境旅游服务质量满意度研究》，《旅游学刊》2008 年第 11 期。

王高、李飞、陆奇斌：《中国大型连锁综合超市顾客满意度实证研究——基于 20 家大型连锁综合超市的全国调查数据》，《管理世界》2006 年第 6 期。

王婧:《我国服务业生产率的变动轨迹及启示(1978—2012)——基于 DEA 技术的省际分析》,《中国社会科学院研究生院学报》2014 年第 5 期。

王俊芳:《生产函数与成本函数的对偶关系及其特征》,《青海师专学报》2007 年第 5 期。

王琴:《连锁经营管理》,北京理工大学出版社 2009 年版。

王全众:《序次 Logistic 回归模型中因变量分类数的确定》,《统计研究》2006 年第 11 期。

王恕立、滕泽伟、刘军:《中国服务业生产率变动的差异分析——基于区域及行业视角》,《经济研究》2015 年第 8 期。

王瑛、柴华奇:《中国连锁零售业集中度研究——基于地理区位角度》,《财贸经济》2007 年第 10 期。

王志刚、龚六堂、陈玉宇:《地区间生产效率与全要素生产率增长率分解(1978—2003)》,《中国社会科学》2006 年第 2 期。

吴小丁、王锐、王晓彦:《零售业过度竞争的理论界定及判断标准》,《财贸经济》2007 年第 8 期。

吴振球、李华磊:《我国上市零售企业行业内并购技术效率研究》,《数量经济技术经济研究》2011 年第 7 期。

徐健、汪旭晖:《中国区域零售业效率评价及其影响因素:基于 DEA-Tobit 两步法的分析》,《社会科学辑刊》2009 年第 5 期。

许宪春:《中国服务业核算及其存在的问题研究》,《统计研究》2004 年第 7 期。

颜鹏飞、王兵:《技术效率、技术进步与生产率增长:基于 DEA 的实证分析》,《经济研究》1997 年第 12 期。

晏维龙:《马克思主义流通理论当代视界与发展》,中国人民大学出版社 2009 年版。

杨青青、苏秦、尹琳琳:《我国服务业生产率及其影响因素分析——基于随机前沿生产函数的实证研究》,《数量经济技术经济研究》

2009 年第 12 期。

杨顺勇、魏栓成、郭伟：《连锁经营管理》，复旦大学出版社 2008 年版。

应翔君、诸惠伟：《中国连锁零售业运营效率研究》，《商业经济研究》2016 年第 1 期。

余淼杰：《中国的贸易自由化与制造业企业生产率》，《经济研究》2010 年第 12 期。

岳希明、张曙光：《我国服务业增加值的核算问题》，《经济研究》2002 年第 12 期。

张建华：《现代商品流通学》，吉林大学出版社 2006 年版。

张群：《大型零售业过度竞争判断标准——以大型超市为例》，《中国流通经济》2015 年第 9 期。

张庶平：《中国零售业——应对金融危机中的创新与发展》，《商业经济研究》2010 年第 1 期。

章上峰、许冰：《时变弹性生产函数与全要素生产率》，《经济学》2009 年第 8 期。

赵凯：《零售企业规模经济的实证分析——百货、超市和专业店的角度》，《财贸经济》2008 年第 3 期。

赵向阳：《独家解析关店潮：中国零售业集体彷徨》，联商网 2014 年 8 月 8 日。

中国连锁经营协会：《2009 年中国零售企业资金链风险研究——中国商业发展报告（2009—2010）》，社会科学文献出版社 2010 年版。

周振华：《现代经济中生产劳动内涵及其外延扩展》，《上海经济研究》2002 年第 10 期。

祝合良：《零售商创建品牌之道》，《中国商贸》2008 年第 6 期。

N. 格里高利·曼昆：《宏观经济学》，陈岱孙等译，中国人民大学出版社 2011 年版。

参考文献

Abramovitz M., "Resource and Output Trends in the United States Since 1870", *American Economic Review*, 1956, 46 (2): 5 – 23.

Ackerberg D., Caves K., Frazer G., "Structural Identification of Production Functions", MPRA Paper, 2006, 88 (453): 411 – 425.

Aigner D., Lovell C. A. K., Schmidt P., "Formulation and Estimation of Stochastic Frontier Production Function Models", *Journal of Econometrics*, 1977, 6 (1): 21 – 37.

Andersen P., Petersen N. C., "A Procedure for Ranking Efficient Units in Data Envelopment Analysis", *Management Science*, 1993, 39 (10): 1261 – 1264.

Babakus E., Boller G. W., "An Empirical Assessment of the SERVQUAL Scale", *Quality Control & Applied Statistics*, 1992, 24 (3): 253 – 268.

Banker R. D., Charnes A., Cooper W. W., "Some Models for Estimating Technical and Scale Inefficiencies in Data Envelopment Analysis", *Management Science*, 1984, 30 (9): 1078 – 1092.

Barber C. S., Tietje B. C., "A Distribution Services Approach for Developing Effective Competitive Strategies Against 'Big Box' Retailers", *Journal of Retailing & Consumer Services*, 2004, 11 (2): 95 – 107.

Basker E., Klimek S., Van P. H., "Supersize It: The Growth of Retail Chains and the Rise of the 'Big – Box' Store", *Journal of Economics & Management Strategy*, 2012, 21 (3): 541 – 582.

Basker E., "The Causes and Consequences of Wal-Mart's Growth", *Journal of Economic Perspectives*, 2007, 21 (21): 177 – 198.

Battese G. E., Coelli T. J., "A Model for Technical Inefficiency Effects in a Stochastic Frontier Production Function for Panel Data", *Empirical Economics*, 1995, 20 (2): 325 – 332.

Battese G. E., Coelli T. J., "Frontier Production Functions, Technical Efficiency and Panel Data: With Application to Paddy Farmers in India", *Journal of Productivity Analysis*, 1992, 3 (1): 153 – 169.

Battese G. E., Corra G. S., "Estimation of A Production Frontier Model: With Application to the Pastoral Zone of Eastern Australia", *Australian Journal of Agricultural and Resource Economics*, 1977, 21 (3): 169 – 179.

Baum G. E., *An Introduction to Modern Econometrics Using Stata*, College Station, Texas: Stata Press, 2006.

Baumol W. J., Ide E. A., "Variety in Retailing", *Management Science*, 1956, 3: 93 – 101.

Bei L. T., Chiao Y. C., "An Integrated Model for the Effects of Perceived Product, Perceived Service Quality, and Perceived Price Fairness on Consumer Satisfaction and Loyalty", Journal of Consumer Satisfaction, Dissatisfaction & Complaining Behavior, 2001.

Bernstein F., Song J. S., Zheng X. N., " 'Bricks-and-mortar' vs. 'Clicks-and-mortar': An Equilibrium Analysis", *European Journal of Operational Research*, 2008, 187 (3): 671 – 690.

Betancourt R. R., Cortiñas M., Elorz M, and Mugica J. M., "The Demand for and the Supply of Distribution Services: A Basis for the Analysis of Customer Satisfaction in Retailing", *Quantitative Marketing and Economics*, 2007, 5 (3): 293 – 312.

Betancourt R. R., Gautschi D. A., "The Outputs of Retail Activities: Concepts, Measurement and Evidence from U. S. Census Data", *Review of Economics & Statistics*, 1993, 75 (2): 294 – 301.

Betancourt R. R., *The Economics of Retailing and Distribution*, Cheltenham, UK and Northampton, MA: Edward Elgar Publishing, 2004: 208 – 211.

Betancourt R. R., Gautschi D., "The Economics of Retail Firms", *Managerial & Decision Economics*, 1988, 9 (2): 133 – 144.

Betancourt R. R., *The Economics of Retailing and Distribution*, Cheltenham, UK and Northampton, MA: Edward Elgar Publishing, 2004: 208 – 211.

Beveren I. V. , "Total Factor Productivity Estimation: A Practical Review", *Licos Discussion Papers*, 2007, 26 (1): 98 – 128.

Biyalogorsky E. , Naik P. Clicks and Mortar, "The Effect of On-line Activities on Off-line Sales", *Marketing Letters*, 2003, 14 (1): 21 – 32.

Blundell R. , Pashardes P. , Weber G. , "What do we Learn About Consumer Demand Patterns from Micro Data?", *American Economic Review*, 1993, 83 (83): 570 – 597.

Bond S. , Sderbom M. , *Adjustment Costs and the Identification of Cobb Douglas Production Functions*, Economics Papers, 2005.

Brensinger R. P. , Lambert D. M. , "Can the SERVQUAL Scale be Generalized to Business-to-business Services?", Knowledge Development in Marketing, 1990, 289.

Bureau of Labor Statistics, "Productivity Measures: Business Sector and Major Subsectors", in BLS Handbook of Methods, 1997: 89 – 96.

Carlaw K. I. , Lipsey R. G. , "Productivity, Technology and Economic Growth: What is the Relationship?", *Journal of Economic Surveys*, 2003, 17 (3): 457 – 495.

Caves D. W. , Diewert W. E. , "The Economic Theory of Index Numbers and the Measurement of Input, Output, and Productivity", *Econometrica*, 1982, 50 (6): 1393 – 1414.

Charnes A. , Cooper W. W. , Rhodes E. , "Measuring the Efficiency of Decision Making Units", *European Journal of Operational Research*, 1978, 2 (6): 429 – 444.

Chiu H. C. , "A Study on the Cognitive and Affective Components of Service Quality", *Total Quality Management*, 2002, 13 (2): 265 – 274.

Dabholkar P. A. , Thorpe D. I. , Rentz J. O. , "A Measure of Service

Quality for Retail Stores: Scale Development and Validation", *Journal of the Academy of Marketing Science*, 1995, 24 (1): 3.

Denison E., *Trends in American Economic Growth: 1929 – 1982*, Brookings Institution Press, 1985.

Diewert W. E., "Exact and Superlative Index Numbers", *Journal of Econometrics*, 1976, 4 (2): 115 – 145.

Donthu N., Hershberger E. K., Osmonbekov T., "Benchmarking Marketing Productivity Using Data Envelopment Analysis", *Journal of Business Research*, 2005, 58 (11): 1474 – 1482.

Donthu N., Yoo B., "Retail Productivity Assessment Using Data Envelopment Analysis", *Journal of Retailing*, 1998, 74 (1): 89 – 105.

Dubelaar C., Bhargava M., Ferrarin D., "Measuring Retail Productivity: What Really Matters?", *Journal of Business Research*, 2002, 55 (5): 417 – 426.

Farrell M. J., "The Measurement of Productive Efficiency", *Journal of the Royal Statistical Society*, 1957, 120 (3): 253 – 290.

Flath D., "Regulation, Distribution Efficiency, and Retail Density", Nber Working Papers, 2003, 128 (4): 1547 – 1584.

Foster L., Krizan J. H. J., "Market Selection, Reallocation, and Restructuring in the U. S. Retail Trade Sector in the 1990s", *The Review of Economics and Statistics*, 2006, 88 (4): 748 – 758.

Fuss M., Mcfadden D., *Production Economics: A Dual Approach to Theory and Applications*, Amsterdam: North-Holland, 1978.

Färe R., Norris M., "Productivity Growth, Technical Progress, and Efficiency Change in Industrialized Countries: Comment", *American Economic Review*, 1994, 84 (1): 66 – 83.

Gary S. B. A., "Theory of the Allocation of Time", *The Economic Journal*, 1965, 75 (9): 493 – 517.

Gatto M. D., Liberto A. D., Petraglia C., "Measuring Productivity", *Journal of Economic Surveys*, 2011, 101 (5): 272.

Gauri D. K., "Benchmarking Retail Productivity Considering Retail Pricing and Format Strategy", *Journal of Retailing*, 2013, 89 (1): 1 – 14.

Gensler S., Leeflang P., Skiera B., "Impact of Online Channel Use on Customer Revenues and Costs to Serve: Considering Product Portfolios and Self-selection", *International Journal of Research in Marketing*, 2012, 29 (2): 192 – 201.

Gordon R. J., "Why was Europe Left at the Station when America's Productivity Locomotive Departed?", C. E. P. R. Discussion Papers, 2004.

Greenwood J., Krusell P., "Growth Accounting with Investment-specific Technological Progress: A Discussion of Two Approaches", *Journal of Monetary Economics*, 2007, 54 (4): 1300 – 1310.

Grewal D., Levy M., Mehrotra A., et al., "Planning Merchandising Decisions to Account for Regional and Product Assortment Differences", *Journal of Retailing*, 1999, 75 (3): 405 – 424.

Griffith R., Harmgart H., "Retail Productivity", 2004 – 11 – 1, https://core.ac.uk/download/pdf/6470240.pdf.

Gutman J., Alden S. D., "Adolescents'Cognitive Structures of Retail Stores and Fashion Consumption: A Means-end Chain Analysis of Quality", Perceived Quality How Consumers View Stores & Merchandise, 1985.

Hall R. E., Jones C. I., "Why do Some Countries Produce So Much More Output Per Worker Than Others?", NBER Working Papers, 1999, 114 (1): 83 – 116.

Hall R. E., "The Relation between Price and Marginal Cost in U. S. Industry", *Journal of Political Economy*, 1988, 96 (5): 921 – 947.

Haltiwanger J., Jarmin R., Krizan C. J., "Mom-and-Pop meet Big-Box: Complements or Substitutes?", *Journal of Urban Economics*, 2010, 67

(1): 116 - 134.

Haskel J., Sadun R., "Regulation and UK Retailing Productivity: Evidence from Microdata", *Economica*, 2012, 79 (315): 425 - 448.

Hotelling H., "Stability in Competition", *Economic Journal*, 1929, 39 (153): 41 - 57.

Howard J. A., Sheth J. N., "The Theory of Buyer Behavior", *Journal of the American Statistical Association*, 1971.

Hummel J. W., Savitt R., "Integrated Customer Service and Retail Strategy", *International Journal of Retailing*, 1988, 3 (2): 5 - 21.

Ingene C. A., "Scale Economies in American Retailing: A Cross-Industry Comparison", *Journal of Macromarketing*, 1984, 5 (2): 49 - 63.

Johnston A., Porter D., Cobbold T., et al., "Productivity in Australia's Wholesale and Retail Trade", *SSRN Electronic Journal*, 2001.

Kamakura W. A., Lenartowicz T., Ratchfrord B. T., "Productivity Assessment of Multiple Retail Outlets", *Journal of Retailing*, 1996, 72 (4): 333 - 356.

Kato A., "Productivity, Returns to Scale and Product Differentiation in the Retail Trade Industry: An Empirical Analysis Using Japanese Firm-level Data", *Journal of Productivity Analysis*, 2012, 38 (3): 345 - 353.

Khumbakar S. C., Ghosh S., Mcgukin J. T., "A Generalized Production Frontier Approach for Estimating Determinants of Inefficiency in U. S. Dairy Farms", *Journal of Business & Economic Statistics*, 1991, 9.

Koopmans, Tjalling C., "Analysis of Production as an Efficient Combination of Activities". Activity Analysis of Production and Allocation, Cowles Commission Monograph No. 13. John Wiley & Sons, Inc., New York, N. Y.; Chapman & Hall, Ltd., London, 1951.

Kumar V., Karande K., "The Effect of Retail Store Environment on Retailer Performance", *Journal of Business Research*, 2000, 49 (2): 167 - 181.

Kumbhakar S. C., Lovell C. A. K., *Stochastic Frontier Analysis*, Cambridge University Press, 2000.

Levinsohn J., Petrin A., "Estimating Production Functions Using Inputs to Control for Unobservables", *Review of Economic Studies*, 2003, 70 (2): 317–341.

Lewis B., Ballek M., Craig C., et al., "Driving Productivity and Growth in the UK Economy", *Management Services*, 1999 (1): 8–14.

Liberto A. D., Pigliaru F., Mura R., "How to Measure the Unobservable: A Panel Technique for the Analysis of TFP Convergence", *SSRN Electronic Journal*, 2005, 60 (2): 343–368.

Livingstone G., "Measuring Customer Service in Distribution", *International Journal of Physical Distribution & Logistics Management*, 1992 (6): 4–6.

Maddison A., "Monitoring the World Economy 1820–1992", *Organization for Economic Cooperation and Development*, Paris, 1995.

Manser M. E., "Productivity Measures for Retail Trade: Data and Issues", *Monthly Labor Review*, 2005, 128 (7): 30–38.

Marschak J., Andrews W., "Random Simultaneous Equations and the Theory of Production", *Econometrica*, 1944, 12: 3–4.

Mathewson G. F., Winter R. A., *The Economics of Vertical Restraints in Distribution, New Developments in the Analysis of Market Structure*, Palgrave Macmillan UK, 1986.

McGuckin R. H., Spiegelman M., Van Ark B., "Perspective on a Global Economy: The US Advantage in Trade Performance; How can Europe Catch-up?" The Conference Board, 2005.

Meeusen W., Broeck J. V. D., "Efficiency Estimation from Cobb-Douglas Production Functions with Composed Error", *International Economic Review*, 1977, 18 (2): 435–444.

Melitz M. J., *Estimating Firm-Level Productivity in Differentiated Product Industries*, Harvard, mimeo, 2000.

Melvyn Fuss, Production Economics: A Dual Approach to Theory and Applications (II): Applications of the Theory of Production, McMaster University Archive for the History of Economic Thought, 1978.

Nazrul Islam, "Productivity Dynamics in a Large Sample of Countries: A Panel Study", *Review of Income and Wealth*, 2003, 49 (2): 247 –272.

Nazrul Islam, "Growth Empirics: A Panel Data Approach", *Quarterly Journal of Economics*, 1998, 113 (1): 325 –329.

Ofer G., "Returns to Scale in Retail Trade", *Review of Income and Wealth*, 1973, 19 (4): 363 – 384.

Oi W. Y., "Productivity in the Distributive Trades: The Shopper and the Economies of Massed Reserves", in *Output Measurement in the Service Sectors*, University of Chicago Press, 1992.

Oi W. Y., "Productivity in the Distributive Trades: The Shopper and the Economies of Massed Reserves", NBER Working Paper, 1992.

Oi W. Y., "Retail Trade in a Dynamic Economy", paper prepared for "Measuring the Output of Retail Trade", unpublished paper presented at the Brookings Institution Workshop on productivity measurement in the services sector, Washington, DC, September, 2000.

Oliver R. L., "A Cognitive Model of the Antecedents and Consequences of Satisfaction Decisions", *Journal of Marketing Research*, 1980, 17 (4): 460 –469.

Olley G. S., Pakes A., "The Dynamics of Productivity in the Telecommunications Equipment Industry", *Econometrica*, 1992, 64 (6): 1263 –1297.

Park T. A., King R. P., "Evaluating Food Retailing Efficiency: The Role of Information Technology", *Journal of Productivity Analysis*, 2007, 27 (2): 101 –113.

Paul C. J. M., Nehring R., "Product Diversification, Production Systems, and Economic Performance in U. S. Agricultural Production", *Journal of Econometrics*, 2005, 126 (2): 525 – 548.

Pozzi A., "The Effect of Internet Distribution on Brick-and-mortar Sales", *The RAND Journal of Economics*, 2013, 44 (3): 569 – 583.

Ratchford B. T., "Retail Productivity", in Basker E., *Handbook on the Economics of Retailing and Distribution*, Edward Elgar, 2016: 54 – 69.

Ray S. C., Desli E., "Productivity Growth, Technical Progress, and Efficiency Change in Industrialized Countries: Comment", *The American Economic Review*, 1997, 87 (5): 1033 – 1039.

Reifschneider D., Stevenson R., "Systematic Departures from the Frontier: A Framework for the Analysis of Firm Inefficiency", *International Economic Review*, 1991, 32 (3): 715 – 723.

Reynolds J., Howard E., Dragun D., Rosewell B., Ormerod P., "Assessing the Productivity of the UK Retail Sector", *International Review of Retail, Distribution and Consumer Research*, 2005 (3): 237 – 280.

Robinson L. M., "Consumer Complaint Behavior: A Review with Implication for Further Research", in *New Dimensions of Consumer Satisfaction and Complaining Behavior*, Bloomington, Indiana: School of Business, Indiana University, 1979.

Ronald W. Shephard, *Cost and Production Functions*, Springer-Verlag, 1981.

Sellersrubio R., Másruiz F. J., "Technical Efficiency in the Retail Food Industry: The Influence of Inventory Investment, Wage Levels, and Age of the Firm", *European Journal of Marketing*, 2007 (5 – 6): 652 – 669.

Sena V., "Technical Efficiency and Human Capital in the Retail Sector", *The Service Industries Journal*, 2011, 31 (16): 2661 – 2676.

Shephard, Ronald William, *Theory of Cost and Production Functions*, Princeton University Press, 2015.

Smith A. D., Hitchens D. M. W. N., "Productivity in the Distributive Trades: A Comparison of Britain, America and Germany", *Journal of Comparative Economics*, 1988, 12 (4): 623 – 625.

Smith A., Hitchens D., *Productivity in the Distributive Trades*, London: Cambridge University Press, 1985.

Solow R. M., "Technical Change and the Aggregate Production Function", *Review of Economics & Statistics*, 1957, 39 (3): 554 – 562.

Spreng R. A., Singh A. K., "An Empirical Assessment of the SERVQUAL Scale and the Relationship Between Service Quality and Satisfaction", *Journal of Business Research*, 1992, 24 (3): 253 – 268.

Stiglitz J., "Equilibrium in Product Markets with Imperfect Information", *American Economic Review*, 1979, 69 (2): 39 – 45.

Timmer M. P., Inklaar R., Ark H. H. V., "Alternative Output Measurement for the US Retail Trade Sector", *Monthly Labor Review*, 2005, 128 (7): 39 – 45.

US Bureau of Labor Statistics, "Technical Information about the BLS Multifactor Productivity Measures", 26 September, 2007, Washington, DC.

US Bureau of Labor Statistics, "Productivity Measures: Business Sector and Major Subsectors", in BLS Handbook of Methods, 1997: 89 – 98.

US Bureau of Labor Statistics, "Technical information about the BLS multifactor productivity measures", 2007 – 09 – 26, https://www.bls.gov/mfp/mprtech.pdf.

Varian H. R., "A Model of Sales", *American Economic Review*, 1980, 70 (4): 651 – 659.

Vaz C. B., Camanho A. S., "Guimarães R C. The Assessment of Retailing Efficiency Using Network Data Envelopment Analysis", *Annals of Operations Research*, 2010, 173 (1): 5 – 24.

Wang X., Liu J., "The Relationship between Perceived Performance and Consumer Satisfaction: The Moderating Role of Price, Price Consciousness and Conspicuous Consumption, International Conference on Service Systems and Service Management", IEEE Xplore, 2007: 1-6.

Weltevreden J. W. J., "Substitution or Complementarity? How the Internet Changes City Centre Shopping", *Journal of Retailing & Consumer Services*, 2007, 14 (3): 192-207.

Westbrook R. A., "Sources of Consumer Satisfaction with Retail Outlets", *Journal of Retailing*, 1981, 57 (3): 68-85.

Zofio J. L., "Malmquist Productivity Index Decompositions: A Unifying Framework", *Applied Economics*, 2007, 39 (18): 2371-2387.

附　　录

附表1　　中国各地区零售业技术变化率（2003—2013 年）

年份 地点	2003	2004	2005	2006	2007	2008	2009	2010	2011	2012	2013
全国	0.009	0.020	0.014	0.006	0.015	0.024	0.004	0.012	0.007	0.005	0.012
北京	0.006	0.023	0.017	0.011	0.013	0.012	0.011	0.013	0.009	0.002	0.004
天津	0.010	0.025	0.018	0.017	0.052	-0.008	0.004	0.017	-0.007	0.005	0.008
河北	-0.004	0.055	0.028	-0.046	0.012	0.023	-0.002	0.018	0.017	0.007	0.005
山西	-0.003	0.032	0.020	-0.011	0.053	0.009	0.002	0.020	0.010	-0.002	0.007
内蒙古	0.012	0.079	0.036	0.004	0.026	0.045	0.010	0.013	-0.005	-0.007	0.017
辽宁	0.014	0.024	0.017	0.006	0.020	0.029	-0.015	0.020	0.012	0.003	0.005
吉林	0.014	0.040	0.024	-0.009	0.016	0.032	-0.005	0.002	0.034	0.031	-0.005
黑龙江	0.005	0.029	0.019	-0.014	0.032	0.015	0.056	-0.012	0.000	0.006	0.007
上海	0.014	0.022	0.016	0.009	0.007	0.014	-0.004	0.007	0.015	0.006	0.006
江苏	0.016	0.018	0.014	0.010	0.011	0.036	-0.001	0.011	0.008	0.008	0.022
浙江	0.022	0.018	0.014	0.007	0.015	0.027	0.008	0.014	0.011	0.000	0.013
安徽	0.002	0.025	0.017	0.012	0.022	0.023	0.009	0.024	0.015	0.020	0.015
福建	0.020	0.003	0.003	0.039	0.004	0.017	0.021	0.017	0.016	0.015	0.010
江西	0.006	0.036	0.023	-0.003	0.028	0.060	-0.012	0.016	-0.006	0.021	0.019
山东	0.016	0.024	0.017	0.012	0.028	0.053	-0.017	0.020	-0.002	0.011	0.017
河南	0.011	0.023	0.016	0.015	0.008	0.043	0.011	0.007	0.008	0.008	0.021
湖北	0.015	0.025	0.017	-0.006	0.039	0.012	0.003	0.037	0.013	-0.024	0.058
湖南	0.007	0.032	0.021	0.029	-0.015	0.058	0.012	0.013	0.005	0.010	0.013

续表

年份 地点	2003	2004	2005	2006	2007	2008	2009	2010	2011	2012	2013
广东	0.009	0.027	0.019	0.005	0.021	0.027	0.012	0.012	0.005	0.005	0.008
广西	-0.026	0.024	0.017	-0.002	0.029	0.011	0.012	0.015	0.006	-0.024	0.040
海南	0.001	0.014	0.012	-0.002	0.081	0.025	0.013	0.024	0.022	0.003	0.010
重庆	0.040	0.005	0.004	0.031	0.013	0.046	0.038	-0.010	0.016	0.010	0.026
四川	0.016	0.026	0.018	0.010	0.025	0.024	0.013	0.027	0.011	0.021	0.004
贵州	0.018	0.018	0.014	0.004	0.021	0.057	0.034	-0.003	0.018	-0.016	0.069
云南	0.010	0.019	0.015	0.002	0.012	0.051	0.004	0.021	0.011	0.018	0.013
西藏	0.083	0.007	0.007	-0.030	0.080	0.029	-0.002	0.008	0.016	0.042	-0.026
陕西	0.004	0.023	0.017	0.013	0.027	0.054	0.025	0.022	-0.007	0.012	0.011
甘肃	0.000	0.021	0.015	0.011	0.018	-0.003	0.036	0.008	0.026	0.022	0.003
青海	0.011	0.039	0.024	-0.013	0.001	0.060	-0.023	-0.047	0.086	0.009	0.023
宁夏	0.008	0.021	0.016	0.005	0.020	0.053	-0.005	0.018	0.013	-0.004	0.008
新疆	-0.002	0.024	0.017	-0.002	0.003	0.036	0.008	0.012	0.015	-0.001	0.016

附表2　中国各地区零售业技术效率变化率（2003—2013年）

年份 地点	2003	2004	2005	2006	2007	2008	2009	2010	2011	2012	2013
全国	0.022	0.021	0.020	0.019	0.019	0.018	0.017	0.016	0.015	0.015	0.014
北京	0.007	0.007	0.006	0.006	0.006	0.006	0.005	0.005	0.005	0.005	0.004
天津	0.020	0.019	0.019	0.018	0.017	0.016	0.015	0.015	0.014	0.013	0.013
河北	0.050	0.048	0.046	0.044	0.042	0.040	0.038	0.037	0.035	0.033	0.032
山西	0.047	0.045	0.043	0.041	0.039	0.037	0.036	0.034	0.032	0.031	0.030
内蒙古	0.025	0.024	0.023	0.022	0.021	0.020	0.019	0.018	0.017	0.017	0.016
辽宁	0.031	0.029	0.028	0.027	0.025	0.024	0.023	0.022	0.021	0.020	0.019
吉林	0.040	0.038	0.036	0.035	0.033	0.032	0.030	0.029	0.027	0.026	0.025
黑龙江	0.036	0.035	0.033	0.032	0.030	0.029	0.028	0.026	0.025	0.024	0.023
上海	0.005	0.005	0.004	0.004	0.004	0.004	0.004	0.003	0.003	0.003	0.003
江苏	0.023	0.022	0.021	0.020	0.019	0.018	0.017	0.017	0.016	0.015	0.014

续表

年份 地点	2003	2004	2005	2006	2007	2008	2009	2010	2011	2012	2013
浙江	0.023	0.022	0.021	0.020	0.019	0.018	0.017	0.017	0.016	0.015	0.014
安徽	0.038	0.036	0.035	0.033	0.032	0.030	0.029	0.028	0.026	0.025	0.024
福建	0.022	0.021	0.020	0.019	0.018	0.017	0.017	0.016	0.015	0.015	0.014
江西	0.035	0.033	0.032	0.030	0.029	0.028	0.026	0.025	0.024	0.023	0.022
山东	0.031	0.029	0.028	0.027	0.026	0.024	0.023	0.022	0.021	0.020	0.019
河南	0.055	0.052	0.050	0.048	0.046	0.044	0.042	0.040	0.038	0.036	0.035
湖北	0.036	0.034	0.033	0.031	0.030	0.029	0.027	0.026	0.025	0.024	0.023
湖南	0.025	0.024	0.023	0.022	0.021	0.020	0.019	0.018	0.017	0.016	0.016
广东	0.006	0.006	0.005	0.005	0.005	0.005	0.004	0.004	0.004	0.004	0.004
广西	0.034	0.033	0.031	0.030	0.029	0.027	0.026	0.025	0.024	0.023	0.022
海南	0.029	0.028	0.027	0.025	0.024	0.023	0.022	0.021	0.020	0.019	0.018
重庆	0.020	0.019	0.018	0.018	0.017	0.016	0.015	0.015	0.014	0.013	0.013
四川	0.020	0.019	0.019	0.018	0.017	0.016	0.015	0.015	0.014	0.013	0.013
贵州	0.030	0.029	0.027	0.026	0.025	0.024	0.023	0.022	0.021	0.020	0.019
云南	0.026	0.025	0.024	0.023	0.022	0.021	0.020	0.019	0.018	0.017	0.017
西藏	0.005	0.004	0.004	0.004	0.004	0.004	0.003	0.003	0.003	0.003	0.003
陕西	0.031	0.030	0.029	0.027	0.026	0.025	0.024	0.023	0.022	0.021	0.020
甘肃	0.038	0.037	0.035	0.033	0.032	0.031	0.029	0.028	0.027	0.025	0.024
青海	0.050	0.048	0.046	0.044	0.042	0.040	0.038	0.036	0.035	0.033	0.032
宁夏	0.045	0.043	0.041	0.039	0.037	0.036	0.034	0.032	0.031	0.030	0.028
新疆	0.030	0.029	0.027	0.026	0.025	0.024	0.023	0.022	0.021	0.020	0.019